翻译专业课程实施研究

董晓华　著

科学出版社

北京

内 容 简 介

　　翻译专业课程实施研究是翻译教育研究中的重要课题之一。本书以我国翻译专业教育的快速发展为背景，聚焦《高等学校翻译专业本科教学要求（试行）》在翻译院校的实施现状，在梳理翻译专业课程实施研究中核心概念的内涵及其构成要素的基础上，采用质性研究与量化研究相结合的混合研究模式，从翻译专业教师课程实施意愿、《高等学校翻译专业本科教学要求（试行）》在课程计划中的落实、翻译专业教师课程实施程度、翻译专业课程实施效果评价维度对翻译专业课程实施现状进行了研究，继而探析了翻译专业课程实施现状之成因，并提出了优化翻译专业课程实施的路径。

　　本书适合翻译教育研究领域的教师以及研究生阅读和参考，也可供其他人文社科领域对教育生态、课程和教学设计感兴趣的学者阅读。

图书在版编目（CIP）数据

翻译专业课程实施研究 / 董晓华著. —北京：科学出版社，2023.11
ISBN 978-7-03-076310-5

Ⅰ. ①翻⋯　Ⅱ. ①董⋯　Ⅲ. ①翻译学–研究　Ⅳ. ①H059

中国国家版本馆 CIP 数据核字（2023）第 170738 号

责任编辑：常春娥　赵　洁 / 责任校对：贾伟娟
责任印制：赵　博 / 封面设计：润一文化

科　学　出　版　社 出版
北京东黄城根北街 16 号
邮政编码：100717
http://www.sciencep.com
天津市新科印刷有限公司印刷
科学出版社发行　各地新华书店经销
*
2023 年 11 月第　一　版　开本：720×1000 1/16
2024 年 11 月第二次印刷　印张：15 1/2
字数：266 000
定价：108.00 元

（如有印装质量问题，我社负责调换）

前　　言

　　翻译作为跨语言、跨文化的交流活动，在人类文明演进历程中起着重要的桥梁与纽带作用。当今世界经济与文化全球化程度加深，通信技术等领域不断创新，跨语言交际活动日益频繁，交际模态发生了翻天覆地的变化，因此社会对翻译人才的需求数量不断增加，对翻译人才的层次与类型的要求日益多元，翻译教育作为专业人才培养的载体也随之发展，在推动社会发展中起着重要作用。

　　我国翻译专业教育经历了从无到有的演变过程，逐步从"自在"教育发展为"自为"教育。从 1977 年恢复高考至 1994 年北京外国语大学成立高级翻译学院的这一阶段，翻译课程[①]以附属课程元素的形态存在于英语专业课程体系之中；1997—2005 年，翻译课程逐渐模块化发展，一些院校在英语专业中增设翻译方向（穆雷，1999；祝朝伟，2014）。2006 年我国开始设立三所翻译本科试点院校，自此开启了翻译专业教育体系化发展的新时代；到 2021 年 8 月，全国开设本科翻译专业的高校已经达到 293 所，我国已经成为世界上翻译人才培养规模最大的国家，并且人才培养质量也在逐步提高（仲伟合，2021：20）。我国开设本科翻译专业的院校不仅数量多，而且学校类型多样，既包括"双一流"院校（如复旦大学），也有大学下属的二级学院（如四川外国语大学成都学院）；既有知名外国语大学（如北京外国语大学），也有专业门类丰富的综合院校（如武汉大学）；既有全国知名的百年老校（如南京师范大学），也有新兴院校（如天津城建大学）。因此，我国翻译专业教育是在多元化的教育生态中生发并快速发展的，但是这些院校在外语教学历史、翻译师资、生源等多方面存在诸多差异。如何引领数量快速增长、类型多样的翻译院校科学办学？这成为我国翻译教育界的时代之问。

---

　　① "翻译课程"不同于"翻译专业课程"，"翻译课程"可指翻译专业下设的课程也可指其他专业下设的翻译课程；"翻译专业课程"除了包括翻译课程，也包括如中外文学与文化等课程。

为引领并规范我国翻译专业建设，2010 年 10 月，教育部发文成立高等学校翻译专业教学协作组，组织翻译教学①研究专家起草《高等学校翻译专业本科教学要求（试行）》（以下简称《教学要求》），并于 2012 年正式发布（仲伟合，2011），这是我国翻译专业建设的第一份规范性文件，出版以来成为翻译专业建设的重要依据。"迄今为止，很多开设翻译本科专业的高校还是以《教学要求》为指导文件进行专业建设。"（仲伟合，2021：20）

《教学要求》颁布以来，翻译院校是如何实施的？实施过程存在哪些问题？积累了哪些经验？哪些因素影响了实施？实施中的经验与问题对我国翻译专业教育建设有何价值？对这些问题的研究是目前翻译教育研究中的重要课题之一。"我国翻译专业人才培养历史较短，人才培养的教育教学体系尚不成熟，学科教育的课程结构及其实施方式还处于逐步完善的过程。迄今为止，对翻译课程的研究，主要局限于对课程内容及相关部分的分析研究，课程实施及其系统关系的分析与研究尚不充分，特别是系统内外关系的研究，即专业课程实施的内在系统要素与外在教育系统、教育生态结构的相互作用关系等。"（姜秋霞，2014：39）本书以我国翻译专业教育的快速发展为背景，聚焦于《教学要求》在翻译院校的课程实施状况研究。翻译专业课程实施研究是翻译教学研究中的新课题。本书尝试将课程实施领域中体系化的研究理论和研究工具运用到翻译专业课程实施研究中，将教育学中课程实施理论、研究方法和工具运用到翻译教育研究这一领域中。本书在分析翻译专业课程实施研究核心概念与特征的基础上，采用质性研究与量化研究相结合的混合研究模式，综合采用翻译专业课程变革教师认同感调查问卷和翻译专业课程变革教师关注阶段测量问卷等研究工具收集数据，沿着从现象描述到影响因素分析的研究路径，描述翻译专业课程实施的现状，从翻译专业教师课程实施意愿、《教学要求》在翻译专业院校课程计划中的落实、翻译专业教师课程实施程度、课程实施效果评价四个维度进行调查研究，力图系统反映翻译专业课程实施中的实践经验和存在问题，继而从系统论原理、课程论、教育生态理论和翻译能力相关研究角度，探析翻译专业课程实施现状之成因，对翻译专业课程实施现象进行理论阐释，从系统整体性与关联性的视角力图揭示课程实施现象之

---

① "翻译教学"不同于"翻译专业教学"，"翻译专业教学"仅指对翻译专业的教学，"翻译教学"可以指对其他专业中翻译课程的教授。

下的本质，最后提出优化翻译专业课程实施的路径。

愿本书的拙见能够为翻译人才培养院校优化课程实施尽绵薄之力，提供些许经验借鉴与参考。登高山而知天之高远，临深溪而知地之深厚，学术天地广阔高深，研究之路漫漫无尽，作为翻译专业发展的亲历者，我深知拙作有诸多不足之处，切盼学界前辈和翻译专业同仁不吝赐教。

本书出版之际，我心中充满感激。表达感谢是最易之事也是最难之事。最易是因它源自深切情感，最难是因言不尽意。但愿在这短短篇幅里能将谢意传递一二。

在此首先感谢我的导师姜秋霞教授。我的导师带领我走进广阔的学术天地。导师给予我的不仅仅是学术上的指引与栽培，同时也是一个生命对另一个生命的引领，对此我常常充满感恩。在此也感谢给我授课的每位教授，他们分别是胡德海教授、王嘉毅教授、万明钢教授、王鉴教授、周爱保教授和武和平教授。感谢赵明仁教授在我选题迷茫之时给予我指导并借给我书籍；感谢曾天山教授、傅敏教授和王兆璟教授在预答辩时提出的宝贵意见；感谢白亮教授和张善鑫教授在论文架构方面给予的建议。

感谢在研究实施过程中，给我回复问卷、接受访谈、提出建议的钱多秀教授、陶友兰教授、南方教授、朱琳教授、张蕾教授、陈志杰教授、齐建晓副教授等多位翻译界前辈、同仁以及西北师范大学的同事，他们的慷慨相助与大力支持才使得数据收集这一复杂工作得以顺利完成。囿于篇幅，虽然不能将所有给予我帮助与支持的同仁、朋友与学生一一列出表达感谢，但他们的名字我会一直铭记心上。

本书的出版得到西北师范大学外国语言省级重点学科、校级优势学科的资助。感谢西北师范大学外国语学院的曹进教授、凌茜教授、高育松院长、俞婷副院长等领导以及杨海琴、李绣海、李红霞、王蕾等同事及好友在我攻读博士期间给予的关心与帮助。

最后，感谢我的父母和其他亲人，感谢儿子在我集中撰写博士学位论文期间对粗糙三餐的忍耐。亲人的爱与支持、帮助与陪伴让我在辛劳之中有休憩的港湾，在困顿之时有前进的力量。对家人和挚友的诸多亏欠，无法回溯时光之流加以弥补，唯有在今后的日子里多多陪伴亲人，关爱挚友，自己更加幸福地生活，聊以表达对他们衷心的感谢。

董晓华

2023 年 3 月 22 日

目　　录

第一章

翻译教育发展概述

翻译专业教育与其他专业教育一样都是基于社会经济文化的需求应运而生，但与物理、语文和历史等专业教育相较，翻译专业起步较晚，但发展迅速，目前呈系统化、规模化发展态势，翻译专业教育已成为我国大学教育的重要组成部分。

第一节　翻译教育发展回顾

"纵观人类自古及今教育演变的过程，其基本线索有二。第一，人类历史上存在着自在教育和自为教育的这样两种不同层次、不同体系、不同形式、不同特点的教育……教育从'自在之物'向'为我之物'的发展，是历史的必然。"（胡德海，2013：165）翻译教育的发展也遵循着从"自在"向"自为"的线索演进，经历了从译员个体适应性教育到以高等院校为主体的系统化、规模化教育的发展过程。

一、西方翻译教育发展回顾

根据中、西方翻译学者（Baker，2004；谭载喜，2004；谢天振、何邵斌，2013）的研究，西方早期翻译实践活动主要为《圣经》的翻译和古希腊、古罗马经典著作的翻译，在 9 世纪和 10 世纪，西班牙的托莱多（Toledo）成为西方重要的翻译和学术研究重镇。早期的翻译活动成为西方经典文化的继承与传播的重要形式，推动了欧洲民族语言的形成与演变，促进了翻译理论的萌芽与发展。然而，从翻译活动出现到翻译组织化的培训萌发之前，翻译活动是相对个体化的工作，缺乏专职教师、教学场所与教材，也无一定的教学制度和形式，因而早期的翻译教育具有自发性和随机性的特点，翻译教育处于漫长的"自在"状态。

西方经济和文化的发展催生了对译员的需求，最早在国家层面设立的译员培训中心的历史可追溯至 1669 年。法国颁布了"科尔伯特法令"（Colbert Decree），要求培养土耳其语、阿拉伯语和波斯语译员，随后促成了康斯坦丁堡学院（Constantinople School）的成立。1754 年，玛丽亚·特雷莎（Maria Theresa）下令成立了东方学院（Oriental Academy）。19 世纪，最大的翻译学院当属 1835 年成立的埃及翻译学院。19 世纪中期至 20 世纪中期，为了扩大经济与文化影响、加深沟通与交流，西方外交翻译、法律翻译和商务翻译的专门化培训日益增多。1884 年，柏林的洪堡大学开设了最早的翻译培训课程，并授予文凭，在其后的 100 年间，该大学开展了多种类型的针对专门外事译员的翻译教学；在此时期，西班牙政府开始以考试方式选拔专职译员，译员主要负责翻译公文，在美洲的西班牙殖民地也承传了这一做法。法律译员的培养是 20 世纪初翻译培训的主要任务之一。哥本哈根商学院（Copenhagen Business School）1921 年就开始培养公证事务方面的专职笔译和口译人员；自 1931 年，巴黎学院的比较法学院（Paris Institute for Comparative Law）开始培养法律翻译人才。第二次世界大战后，国际合作程度加深，国际社会对译员需求增加，人们对翻译工作特质的认识不断深入，西方翻译教学逐步与语言教育相分离，西方翻译院校随之兴起，如在 1936 年渥太华大学（Universtiy of Ottwa）开始专业翻译教学，1957 年法国巴黎高等翻译学校（Institut Supérieur d'Interprétation et de Traduction）成立。（Baker，2004）

根据谢天振和何邵斌（2013）、谭载喜（2004）等学者对翻译教育机构发展的相关论述，20 世纪 50—70 年代是西方翻译院系蓬勃生发的重要时期：1957 年，法国巴黎高等翻译学校开设了口译系和笔译系，到 1972 年就有十多种语言的翻译专业课程，后来增设翻译研究中心。多年来，该校培养了众多优秀的翻译人才；加拿大渥太华大学从 1936 年开始翻译专业教学，开设了非常丰富的翻译专业课程。美国的翻译专业教学也在此时期得到迅速发展。

与此同时，为保障翻译工作者权益、提高译者的社会地位、优化译者教育质量和环境，西方翻译工作者协会日渐增多。1953 年，国际翻译家联盟（Fédération Internationale des Traducteurs，FIT）成立，目前拥有 60 多个国家和地区的会员组织。同年，在巴黎成立了国际会议口译员协会（Association Internationale des Interprètes de Conférence，AIIC）。西方的翻译协会数量与类型日益增多，并逐渐与翻译院校建立联系，1964 年正式成立了国际大学翻译学院联合会（Conférence Internationale Permanente d'Instituts Universitaires de Traducteurs et Interprètes，CIUTI），该联合会逐渐成为全球顶尖翻译学院的联合组织和国际权威翻译教育认证组织。

经过半个多世纪的持续发展，西方翻译教育体系日趋完善，翻译协会的兴起和翻译行业的快速发展更是有力促进了翻译教育与职业领域的联系和互动。综而观之，目前国外翻译教育具有三方面的显著特征（祝朝伟，2014；张文鹤、文军，2017；焦鹏帅、秦潞山，2022）：①翻译教育呈现专业化、职业化发展的倾向；②翻译人才培养与社会需求紧密结合，学位项目与层次出现细分趋势；③广泛采用产学研一体化模式。

二、我国翻译教育发展回顾

（一）发展线索

我国邻邦众多，中外交流广泛，翻译在历史上一直有着重要地位。根据马祖毅（2006）对我国翻译活动的研究，早期翻译活动的记载散见于史书，主要是在与外事活动的相关记载之中，对译员职位、隶属机构和重要译员培训的记载相对明确，但是译者的相关记载甚少，译者基本是"隐身"的。在唐朝，玄奘组织了大型译场，进行规模化、系统化的佛经翻译。他主持译场时培养翻译人才的远见卓识之举，对后来的佛经翻译发挥了积极作用。我国真正意义上的翻译人才培养机构始于明代的"四夷馆"。从明初开始，外交往来频繁，有些外事活动规模甚大，繁重的翻译任务促使政府设立了"四夷馆"，作为专门的口笔译人员的培养机构，服务于外事往来交际，以解时需。"四夷馆"译员的考评与供职情况在史书中都有较为详细的记载，也有少量关于翻译教学的介绍。

根据穆雷（1999）和邹振环（2017）对我国翻译教学史的研究，在清末民初出现了专门外国语学校，主要有外国传教士设立的语言学校，洋务派兴办的同文馆、书院和学堂以及中华民国政府建立的外国语专门学校。1862年设立的京师同文馆是中国第一所培养译员的正式教学机构。1902年京师同文馆并入京师大学堂，改称翻译科，不久翻译科又并入该校增设的译学馆，以研习英、俄、法、德、日等语言文字为主，成为我国高等教育外语翻译专业的起点。晚清和民国时期的教会大学中多有翻译课程开设，但相关资料较少。邹振环（2017：45）认为"总体上说，在相当长的时期内，中国近代意义的翻译教学还是在外语教学的框架内进行的"。1912—1946年，许多翻译教学活动与当时的国情需求紧密联系在一起，如1941年为配合"飞虎队"作战，成立军委会战地服务团干部训练班（邹振环，2017：50）。1941年，中央军委指示，设在延安的中国人民抗日军政大学第三分校成立俄文队；同年，中共中央决定将中国人民抗日军政大学第三分校改为延安军事学院。1942年，延安军事学院俄文科调整为军委俄文学校。1944年，军委俄文学校增设了英文科，于是更名为延安外国语学校。1944年延安外国语学校以培养军事翻译人才和新中国外交人才为重点，对当时翻译教学中的课程安排、教学内容、教学方法情况有较为详细的记载，这所学校培养了新中国急需的大批翻译人才，也为我国的翻译教学奠定了基础。

中华人民共和国成立后，外语院校数量逐步增多，翻译课程主要作为技能类课程依存于外语专业教学和公共外语教学体系。20世纪50年代开始，翻译确定为必修课程（穆雷，1999），但学校对翻译教学重视程度不一，有些学校未开设专门的翻译课程，而有些学校的翻译课在高年级形成了相对模块化的安排。1964年，《外语教育七年规划纲要》提出了加强翻译教学和培养高级译员的要求，"能够比较准确和通顺地口译和笔译一般的政治文件和浅近的文艺作品。以培养外事翻译为主的高等外语院系，还应该使学生学会外文打字等技术。某些基础和条件较好的学校，还应该举办外语研修班，着重培养高水平的外语师资和高级翻译"（穆雷，1999：13）。但由于时局影响，这一规划未能付诸实施。

1977年高考制度恢复后，高等学校的外语教学逐步发展。1979年，翻译课程正式确立为英语专业的必修课程，随后有专门翻译教材出版，促进了翻译教学内容组织的有序化。在1984年的《高等院校英语专业高年级教学试行方案》和1990

年的《高等学校英语专业高年级英语教学大纲（试行本）》中，对翻译课程的开设要求和学生应达到的翻译水平提出了较为详细的规定，设定了翻译评估的量化要求。2000 年的《高等学校英语专业英语教学大纲》在之前两个大纲的基础上，首次将口译课程纳入翻译教学中，并要求将其作为一门独立的必修课程在高等院校开设。不同时期的大纲，体现出翻译教学在我国外语专业教学体系中的演进历程。整体而言，从新中国成立到 2000 年约半个世纪的时间里，很多高等院校开设了外语专业，但翻译课程在外语专业课程体系中所占比例很小，翻译课程在外语课程体系中以子系统方式存在，课程门数有限、课程类型单一。

21 世纪翻译教育迎来了新时代，2004 年上海外国语大学自主设置了第一个翻译学二级学科学位点，并于 2005 年开始招收翻译学博士研究生。2006 年，我国将 3 所高等院校作为试点，招收翻译专业本科生；2007 年全国 15 所院校获准招收口笔译方向的翻译硕士专业学位学生。至此，我国形成了层级完整、初具规模的高等学校翻译教育体系（仲伟合，2019），具体标志性事件见表 1.1。

表 1.1　我国翻译教育体系构建大事表

年份	学校	标志性事件
1994	北京外国语大学	在"联合国译员训练部"的基础上以"高级翻译学院"的名义招收硕士研究生，培养同传等高级翻译人才
1997	广东外语外贸大学	成立翻译系，培养硕士研究生与本科学历的口笔译人才
2002	南开大学、湖南师范大学	在外国语学院下设翻译系
2003	上海外国语大学	设立高级翻译学院
2004	上海外国语大学	设立国内首个翻译学博士学位点
2004	复旦大学	设立翻译系，招收"英汉双语翻译方向"的本科生
2005	中山大学	设立翻译学院，为综合大学首个翻译学院
2006	广东外语外贸大学、复旦大学、河北师范大学	经教育部批准试点设立本科翻译专业（BTI）
2007	首批 15 所 MTI 高校	经教育部批准试点设立翻译专业硕士学位（MTI）

资料来源：祝朝伟. 2014. 现状、问题与对策：重庆市翻译教育发展研究. 外国语文，（1）：106-111.

我国翻译专业教育的迅速发展引起国际关注，我国翻译院校 2014 年以来逐渐参与到翻译专业教育的国际活动之中（苗菊、杨清珍，2014：55）：北京外国语大学、上海外国语大学、广东外语外贸大学、北京第二外国语学院、北京语言大学已成为 CIUTI 的成员，2014 年，CIUTI 年会在上海外国语大学召开。2016 年，CIUTI 亚太办公室在上海外国语大学正式设立（王静，2016）。这些国际化的翻译教育交流活动体现出我国翻译专业教育与国际同行互动范围不断扩大、合作日益加深，也标志着我国翻译专业教育走向了"全面自为"的新阶段。

（二）我国本科翻译专业教育的独特性

2006 年，第一批本科翻译专业试点培养之后，翻译专业日益受到重视，2012 年翻译专业教育由"目录外试办专业"进入"基本目录"（仲伟合、赵军峰，2015）。自此我国翻译专业教育从外语教育系统中分离了出来，体现出翻译作为专业教育的价值和意义。我国的翻译专业教育发展有以下三方面的独特性。

1. 体系发展的逆向性

从我国翻译教育体系的层级发展来看，翻译专业教育建设起步最晚，"翻译教育在我国呈逆向结构，即先有研究生阶段的翻译方向人才培养，而后在大学本科设立翻译学院或系，且大多数大学研究生阶段的翻译教育均为译学研究，注重以文学翻译研究为主的理论层面的学术研究"（姜秋霞、曹进，2006：8）。翻译专业从外语专业中孕育而出，成立时间晚。但是新专业需要系统化发展。如何促进教育系统内的课程、教学管理、教学资源、评估体系的协调发展以及该系统和翻译职业领域的互动？这一直是我国翻译专业教育者所关注的主要问题（庄智象，2007；柴明颎，2010；仲伟合，2015；焦鹏帅，2018；肖维青、冯庆华，2019）。

2. 翻译院校教育生态的多样性

我国外语大类专业包括英语、商务英语和翻译专业等，其中翻译专业成为近些年发展最快的专业，承担翻译专业教育的培养院校数量大、类型多。2006 年仅 3 所试点院校，但至 2021 年 8 月，我国翻译院校数量已增至 293 所（仲伟合，2021）。在这些学校中既有"双一流"院校，也有大学下属的二级学院；既有知名的外语院校，也有专业门类较多的综合性大学；既有百年老校，也有新兴院校，因此我国翻译专业教育是在纷繁复杂的教育生态环境中发展的。

3. 翻译专业发展的宏观引领

随着我国翻译院校数量日益增多，如何科学化办学成为翻译研究者与教育实践者面对的重要问题。为了规范翻译专业教育，保证其健康发展与人才培养质量，2010 年 10 月，教育部发文成立"教育部高等学校翻译专业教学协作组"（以下根据语境需要部分简称为"翻译教学协作组"），组织翻译教学研究专家起草《教学要求》，2013 年该翻译教学协作组负责人在"教育部高等学校翻译专业教学协作组会议暨第八届全国翻译院系负责人联席会议"以及翻译研究核心刊物《中国翻译》上对《教学要求》进行了逐项阐述，要求翻译院校依照实施（仲伟合，2011）。《教学要求》是我国翻译专业教育的第一份规范性指导文件，它是我国翻译行业规模化发展的外在需求与翻译教育科学化发展的内在要求的体现，为各个翻译院校的课程体系建构提供了依据与框架，对规范我国翻译专业教学、提高育人质量具有重要意义（平洪，2014）。

根据《国家中长期教育改革和发展规划纲要（2010—2020 年）》，教育部在 2018 年颁布了《外国语言文学类本科专业教学质量国家标准》（该文件中涉及翻译专业的部分在下文简称为《国标》），与此同时，教育部高等学校英语专业教学指导分委员会编写了《普通高等学校本科外国语言文学类专业教学指南（上）英语类专业教学指南》（英语类专业包括英语专业、商务英语专业和翻译专业；该文件中涉及翻译专业的部分在下文均简称为《教学指南》），以确保《国标》的实施，并于 2021 年颁布（仲伟合，2021）。

第二节　翻译专业教育的目标和价值

现代高等教育机构以专业为基本单位组织教学活动,培养社会所需专门人才。目前我国设置的普通高等学校本科专业按照社会所需的职业分工和学科进行分类。翻译专业的设置体现了翻译行业的当代需求和翻译学科的快速发展。从教育对象而言，本科生已完成中等教育，与研究生阶段的学生相比，他们的人生观和价值观等尚未稳定，身心需要进一步发展，学校教育需要提高他们的专业知识与能力，提升他们的思想水平，促进他们建构自我身份，增强社会公民意识。因而在本科教育阶段，学校在培养学生专业能力和一定的职业能力的同时，也担负着提升学生道德与人文综合素养水平的重要责任。

一、翻译专业教育的目标

翻译专业教育旨在培养学生专业工作所需的基本知识与技能，掌握翻译学科的基础知识，同时也重视提升学生的道德修养与综合人文素养，它集育人目标和专业教育目标于一体。

（一）育人性

从学生终身学习、终身发展的角度看，育人属性在翻译专业教育中应受到特别关注。如何在本科阶段体现"育人"属性，这是翻译教育研究的重要课题，在翻译专业建设之初，研究者对此关注度较高。

本科阶段的教育虽有职业训练的目的，但更重要的目的是育人。谭载喜（Tan，2008）认为我国翻译专业教育本科阶段的教学过于注重翻译技能方面的训练，没有很好地体现高等教育的本质与教育使命，他认为"翻译培训"与"翻译教育"有重大差别。他从"全人教育"理念和翻译能力理论出发，提出本科翻译专业全人教育的培养理念、模式与实现路径。何刚强（2006）从翻译的"学"与"术"的视角，剖析了我国高校翻译专业建设的问题，指出翻译专业教育应考虑国家翻译事业的长远需求、翻译学科长远建设与学生终身发展，提出翻译专业本科阶段的人才培养应该注重通识教育。他认为"译学无疆，译才不器"，处理好学与术的关系是我国翻译院系要解决的重要问题。"翻译系或翻译专业的学生毕业后当然应当从事专业对口的工作为好。但是我们的专业观不应当是狭窄的。在翻译研究的疆界日益扩展，翻译概念大大延伸的今天，我们的翻译专业自然也不再是一种狭窄专业。"（何刚强，2006：40）翻译工作的类型多样，因此本科阶段应注重学生人文素养和综合能力的发展，促进学生终身学习和职业发展的能力，为其在大学毕业之后多元化、多渠道发展奠定坚实的专业基础和综合素养基础。

（二）专业性

翻译活动经历了三次历史高潮后，目前迎来了第四次全球化时代的发展高潮，成为现代经济的放大器。翻译现在已经成为语言服务产业的重要组成部分，突破了狭义的文化交流范畴，具有纷繁多样的活动形式和内容，翻译工作的内容和能力要求也因此发生了巨大的变化。译者不仅需要良好的语言转换能力，掌握现代翻译技术，了解相关领域的知识，还应熟悉翻译项目的流程和管理，具有高尚的职业伦理道德（柴明颎，2010；王传英、崔启亮，2010；崔启亮，2013；王传英、杨靖怡，2021）。

但是，翻译专业教育有其自身的阶段独特性。有学者指出翻译专业本科教育属于学历教育，应该具有系统性，核心目标是促进个体的成长，发展认知能力，培养学生在未来职业工作中所需的态度和素养（Colina，2003）。有学者认为专业教育环境的学习是一种生成性、成长性的过程，而不是强化式的技能密集训练的培训式过程（Bernardini，2010）。系统化的教育提升学生用所学知识解决问题的能力，当工作情境变化时，学生也知道如何获取新知识，能够自信地运用所学知识和技能，扩展所需资源，这些能力是教育的结果，而非通过短期培训能获取的。在此意义上，翻译专业本科阶段的教育要以专业发展为目标，指向学生在职业领域的可持续发展，以学生为中心，重视教学与社会和职场相联系，使学生获得专业能力，提高学生的理论运用能力，帮助他们学会在充满变化的专业工作环境中提升专业能力，更新知识结构，提高专业水平。"提前预测出几年后或者一生职业生涯中的工作内容，这是不可能的。培养学生对变幻不定市场要求的良好的适应能力非常关键。因此，对译员来讲，知道如何充分有效钻研问题，这才是至关重要的能力。"（Kilary，2000：12）

二、翻译专业教育的价值

高等学校专业教育的价值主要体现在三方面：一是社会价值，即本科专业教育服务于社会对专门人才的需求；二是个体发展价值，个体通过接受本科专业教育，个体得到全面发展；三是学科发展价值，学科知识通过学校系统化的教授和学生系统化的学习得以传承与发展，学科知识的传承与发展反过来又推动学校教育的提升。翻译专业本科教育的价值也表现在这三个方面。

（一）社会价值

"翻译在社会价值的各个方面——经济价值、精神文化价值、科技价值等方面都有非常充分的体现。"（文军，2005：37）自古以来，翻译在推动社会物质文明进步、丰富精神文化内容和促进科技知识传播等方面都起着重要作用，对于从文字的发展、语言的演进、思想的传播到国家的身份构建等人类社会各个方面的发展，都有不可磨灭的贡献。

首先，翻译专业教育的社会价值蕴含在翻译工作的特性中。翻译是多元文化世界存在与发展的重要桥梁。翻译作为一种跨语言、跨文化交际行为，在文化交流日益频繁的今天，具有更加重要的现实价值。翻译工作具有多样性，既包括文化咨询和各种不同类型的翻译活动，也需要处理与客户的关系，要注重交流策略等，它并非单一的语言转换活动。有学者认为，如果理解译者在实际工作中的内容和作用，就会对译者在"社会–文化"中的作用有一个更为宏观的视角（Whitefield，2005）。专业译者培养是提升跨文化交流质量、促进多元文化和谐共存的重要途径。

其次，现代社会所需人才主要依靠学校专门化培养，翻译专业教育的社会价值也体现在翻译人才培养上。近30年来，我国翻译行业快速发展，成为国民经济的重要组成部分，翻译工作类型从单纯的口笔译扩大到整个语言服务外包，工作类型日益多样化，包括技术写作、网站本地化、软件本地化、语言技术工具开发与应用、多语言信息处理、语言教学培训与相关咨询业务等。这对翻译人才培养的模式、类型、能力结构与职业素养等提出了新要求。翻译专业教育的一个重要社会价值就是满足社会对新型翻译人才类型的多样化、职业化需求。

（二）个体发展价值

翻译专业本科阶段的教育具有专业教育与育人的双重目标，在教育内容上包含翻译专业知识与技能，也包含广泛的人文知识和综合素养类技能。因此，通过该阶段的教育，学生可以在专业上有所长，身心健康与思想道德观念得以提升，从而全面发展。具体而言，学生的发展包含以下三个方面：认知；情感；态度和价值观。

1. 认知

"认知包括感知、记忆、思维和想象等。它是一个人认识世界、掌握客观世界和主观世界最基本的方面。在各项认知因素中，思维是最核心、最高级的因素，它不仅决定着一个人的基本素质，也决定着一个人的基本能力。"（王嘉毅，2007：41）促进学生认知发展、培养学生高阶思维能力是翻译专业教育的重要内容。"翻译高阶思维应主要包括决策性思维、创造性思维和批判性思维，三者共同作用于翻译问题解决过程的不同向度，构成以高阶思维为主导的翻译行为机制。"（贺莺，2016：88）决策性思维、创造性思维和批判性思维属于可迁移能力。此外，译者能力是一个动态结构，呈现渐次发展的演进特征（李瑞林，2011）。四年的翻译专业教育为学生认知能力的发展提供了较为充裕的渐进发展空间，对个体认知发展具有基础性价值。

2. 情感

"情感是个体在活动中对客观事物所持的态度的体验。它包括道德、美感和理智感。"（王嘉毅，2007：41）促进学生情感的健康发展是翻译专业教育活动的重要目标之一。学生的翻译知识是一种基于情境积累起来的知识，每个翻译任务都是一个新的情境，翻译能力正是在具有情境化的实践中逐渐形成、提高的。课堂内外多样化的翻译知识内容与情境为学生提供了丰富的情感体验素材，能够拓展学生的情感发展空间，增进学生情感体验深度，从而丰富其情感发展的维度，提升其情感发展水平。

3. 态度和价值观

"态度和价值观是个体依据客观事物满足其社会与个人的需要程度而对其作出肯定或否定评价的观念体系。"（王嘉毅，2007：42）本科阶段的学生正处于态度和价值观形成的重要时期，翻译专业教育具有育人属性，培养院校担负着对学生进行思想道德教育、人生观、价值观和世界观培养的重要任务。我国翻译院校开设相关的显性课程对学生进行专题教育，除此之外，翻译专业知识本身也包含着丰富的态度与价值观内容。在教学中，教师可采用隐性课程的方式引导学生，有助于学生形成良好的态度与价值观。

（三）学科发展价值

翻译教育研究是翻译学科体系的重要内容之一。随着翻译教育的体系化发展，翻译专业本科阶段的教育因其独特的阶段性和复杂性日益受到研究者的关注，研究主题主要包括以下方面：翻译培养的目标与人才培养规格研究、翻译课程设计研究、课程模式研究、翻译课程开发研究、翻译课程实施研究、翻译教材研究、翻译教学模式与方法研究、教育技术和翻译技术在教学中的运用研究、翻译测试研究、翻译教师①研究、翻译学习者研究等。翻译专业教育研究促进了翻译学科内部各个分支的联系与交叉性发展，促进了翻译学科和其他学科领域的跨学科关联，为翻译教育研究提供了丰富的研究视角与课题，也为翻译学科的纵深发展做出了贡献。

翻译专业教育的社会价值、个体价值和学科价值相互联系。翻译既是一种基于文本的认知行为，又是一种社会行为，若将这二者割裂开来，将会导致翻译教育的一系列矛盾，如翻译理论与实践的对立、职业教育与学术教育的分割等问题（Whitefield，2005）。因此，从"文化-社会"综合视角审视翻译教育的意义与价值，将是未来翻译教育思考的方向。社会价值是翻译专业教育发展的动因，个体发展价值是翻译专业教育的基础，学科价值是提升翻译教育的社会价值和个体价值的中介，只有将三者紧密结合起来，形成良性互动，才能有效促进翻译专业教育的内涵式发展。翻译专业本科阶段的教育应以促进学生综合发展为目的，以提升个人、行业与社会生活质量为旨归，形成翻译专业教育更为宏大的愿景。

---

① "翻译教师"不同于"翻译专业教师"，翻译专业教师仅指翻译专业方向的教师，翻译教师可指其他专业下设的翻译课程的任课教师。

第二章

翻译专业课程系统概述

"翻译""课程""课程实施"的含义在不同语境中所指不同。"课程"源自拉丁语"跑道",这一比喻性的命名体现了人们对课程本质、功能与价值的早期认识。在长期课程实践与课程理论建构过程中,研究者从多维理论视角给予课程多种定义,这些定义反映了研究者所处的历史背景、秉持的课程价值观和方法论。"每一种定义都隐含着作者的一些哲学假设和价值取向。"(施良方,1996:10)综而观之,课程的定义是从课程的构成和特征、课程和教育对象的关系以及课程和社会的关系这三个维度界定的。代表性的课程观点如下:①课程即教学科目;②课程即教学内容及其进程;③课程是预期的学习结果;④课程是学习经验;⑤课程是社会文化的再生产;⑥课程即社会改造。(王鉴,2008)课程定义的多维视角为我们认识翻译课程的本质与特点提供了有力的理论工具。

本书主要从课程系统视角考察翻译专业课程实施,采用了美国学者古德拉德(Goodlad)的课程观(转引自李定仁、徐继存,2011:5-6):"古德拉德从课程实施的纵向层面分析,认为有五种不同的课程。(1)理想课程(ideological curriculum),即指由一些研究机构、学术团体和课程专家提出应该开设的课程;(2)正式课程(formal curriculum),即由教育行政部门规定的课程计划、课程标准和教材,也就是学校课程表中的课程;(3)感知课程(perceived curriculum),即任课教师所感觉到的课程;(4)运作课程(operational curriculum),即课堂上实际实施的课程;(5)体验课程(experiential curriculum),即指学生实际体验到的东西。"古德拉德的课程定义指出课程在不同层次、针对不同主体时概念含义的差异性与适用情境。

由于课程本身的复杂性和翻译课程发展的过程性，翻译课程的不同定义也有其生发的历史情境。在我国教育情境中，翻译课程既可以指外语专业教育系统中的一门课程或者几门翻译课程构成的课程模块，也可以指公共外语教育中的翻译课程，又可以指翻译专业教育中的翻译课程。虽然从课程系统的历时演进来看，以上所提到的这些翻译课程曾有交集，但目前这三类翻译课程有各自归属的课程母系统，具有相对独立的课程元素与元素关系。

由于我国翻译专业本科培养院校的翻译课程大多以英语和汉语为语对（仲伟合，2019），以及受限于研究时间和精力，本书的研究对象只选择了以英汉为语对的翻译专业的体系化课程。

第一节　翻译专业课程系统发展回顾

一、国外翻译专业课程发展回顾

课程是实现翻译人才培养的载体，如何建构合理的翻译专业课程体系，是中外研究者和教育实践者共同关注的问题。在国外翻译教育发展过程中，研究者从多维理论视角探讨了本科阶段翻译专业课程建构与开发的理据，提出了课程设计模式，对中观和微观层面的翻译专业课程的目标、课程价值和课程关系等进行了理论分析，并在实践中形成了一些独特的课程类型。

（一）课程体系建构的理论视角

翻译研究的跨学科性具体而微地体现在翻译专业课程研究中。研究者从翻译能力相关研究视角、语言学视角、教育学与心理学视角、翻译专业课程系统建构的原理探寻等方面，对翻译专业课程目标、课程设计、课程开发、课程设置与行业需求关系等进行了研究。

1. 翻译能力相关研究视角

翻译能力研究是翻译过程研究的一个重要组成部分，研究者采用有声思维

（think-aloud protocols，TAPs）、翻译问题与决策报告（integrated problem and decision reporting，IPDR）、问卷与访谈、眼动以及神经成像技术等方法，对翻译能力进行了多维度研究，努力揭示翻译能力的元素构成结构与习得模式，并将研究成果运用到翻译专业课程建构之中。

科莉娜（Colina，2003）认为翻译能力理论是开展翻译教育活动的基础理论之一，指出语言学习课程与翻译专业课程存在区别。翻译能力与语言能力在课程建构中的复杂关系很早就引起研究者的关注。霍恩（Horn，1966）认为翻译专业毕业生的语言能力和翻译能力并非同步发展，毕业生在语言方面应达到专家水平，但学生译者的翻译能力并非必须达到职业译者水平，因为一些翻译工作并不要求十分职业化的翻译能力，学生就业后通过一段时间的训练就能够从事翻译行业某一具体领域的工作。该研究者在分析本科阶段学生译者能力构成的基础上，阐述了语言类课程、翻译类课程、应用翻译课程、专题知识课程的要求，并在此基础上设计了笔译方向和口译方向的培养方案，指出在实施过程中应注重学校的翻译教育与翻译协会、职业译者的合作，在设置翻译专业课程时要关注学生的语对选择。

2. 语言学视角

翻译是在一定社会情境下的跨语言交际活动，语言学理论运用于翻译专业课程研究有其内在需求。埃默里（Emery，1991）认为语篇类型具有多样性及复杂性，提出在教学中应把语篇整体分析作为翻译的基础。哈蒂姆和梅森（Hatim & Mason，1997）从语篇语言学视角提出了翻译专业课程从易到难可设计为三个阶段：首先以无标记的语篇翻译入门，再提升为无标记的语篇、话语和体裁相结合的翻译，最后为有标记的语篇、话语和体裁相结合的翻译。

3. 教育学与心理学视角

翻译专业课程研究属于教育学中学科教育的分支。有些研究者以教育学和心理学理论为基础，阐述了翻译课程系统的建构问题。有学者在分析影响翻译因素的基础上，依据泰勒等的课程理论，探讨了学校课程模式，对翻译课程系统中所涉及的课程内容范围、课程内容难度和序列问题进行了较为详细的阐述，认为翻译专业课程的建构有赖于对翻译活动的整体性认识。但该论文注重对翻译活动本质的解析，缺乏对翻译学科知识结构的讨论，缺乏学生译者翻译能力培养等视角的因素分析。

4. 翻译专业课程系统建构的原理探寻

翻译院校课程设计模式多样，翻译课程设计的共性特征和原则等问题引起了研究者关注。乌尔里奇（Ulrych，2005）分析了多所翻译院校教学计划，以探求课程设置的理据。乌尔里奇通过问卷调查，研究了译者培训机构和翻译教育院校的翻译专业课程设置，分析了翻译教学方式的情况，归纳出翻译专业课程设计共性原则。该研究发现，翻译专业课程设置深受各个国家的高等教育观念和制度的影响，在翻译教学内容和课程结构上显示出较强的异质性。

有些研究者基于量化研究结果提出翻译专业课程体系变革的目标、原则与要素。拉兹姆久（Razmjou，2001）采用德尔菲法以问卷调查方式采集了伊朗 30 名翻译专家的意见，提出了革新翻译专业课程目标与内容的原则。费里埃拉–阿尔维斯（Ferreira-Alves，2006）对葡萄牙翻译机构的工作内容和特征进行了调查，分析了翻译市场的需求与要求，归纳了理想译者应具备的能力与素质，他认为翻译教学机构的翻译专业课程应根据翻译职业标准进行设置，以使翻译教育符合翻译市场商业化的情境要求。

（二）翻译专业课程模式

国外翻译专业课程体系建构以学校为主体展开，翻译院校的翻译专业课程系统建构与实践是课程变革的重点。阿霍纳（Arjona）提出了五种课程设计模式：第一种为线性课程模式（从初级笔译能力向高级笔译能力发展的课程序列模式）；第二种为线性课程模式的变式，是在线性课程模式基础上的变化，在初级笔译课程之上的为高级阶段，高级阶段包含高级笔译阶段课程和口译课程（初级与高级）两个方向；第三种为平行式课程模式，采用初级笔译课程–高级笔译系列与口译系列同步推进模式，两个系列同步发展；第四种为 Y 型课程模式，在此模式中，笔译核心课程与口译核心课程并列设置，高级阶段分支为高级笔译能力训练课程与高级口译能力训练课程；第五种为 Y 型课程模式的变式，笔译核心课程与口译核心课程并列设置，在高级阶段分支为三组，主要为高级笔译能力训练课程、高级口译能力训练课程，以及语言研究、商务知识和政策研究等课程（转引自 Sawyer，2004）。

国外的翻译院校在翻译专业课程课时设计上存在较大差异。根据乌尔里奇（Ulrych，2005）的研究，芬兰和丹麦等国家翻译院校课程设计比较灵活，课时的多寡会根据内容的需求而定，少则 2 天，多至 27 周；芬兰图尔库大学非常重视生成性课程，学生决定课程的开设与学时增减，体现出以学生为中心的教育原则。在课时分配方面，翻译专业课程每学年 25 周至 35 周不等；意大利翻译本科课程设计采用 Y 式编排模式，前两年为翻译本科的基础教育课程，所有学生均修读，三年级分流为口译或笔译方向。皮姆（Pym）认为这种方式过于呆板，不利于融合一些专门用途翻译专业课程（转引自 Bernardini，2010），他对此模式进行了修改，将两个翻译方向又细分为文学学士（Bachelor of Arts，BA）阶段的方向和文学硕士（Master of Arts，MA）阶段的方向，前三年为基础阶段的学习，获得文学学士文凭，也可再修读两年专门领域的翻译方向，获得文学硕士文凭。

在课程内容选择以及组织等方面，各个国家高等教育制度不同，具体实施存在明显差异。加拿大约克大学将翻译专业课程分为翻译实践课和翻译理论课两大类，形成较为分明的层级化设计。一、二年级以翻译方法与技巧为主，三年级关注翻译观的培养，四年级和研究生阶段深入理论研究（Mossop，1994）。随着翻译工作的职业化发展，翻译行业分工越来越细。许多国家的翻译院校进行了翻译专业课程变革，如德国和奥地利课程呈模块化发展，课程组合按照学生的发展需要调整课程结构与内容，灵活性大，体现出以学生为中心的课程理念，并与翻译职业的时代需求相呼应。如何进行课程开发成为研究者思考的重要内容。此外，翻译专业课程开发的价值与流程也受到研究者关注。贾布尔（Gabr，2001）认为翻译专业课程开发既要重视系统性也要重视创造性。他将翻译专业课程开发工作分为启动阶段、开发前阶段和开发阶段，并对每个阶段所要做的工作、参与的人员、流程开发理据和模式进行了详细阐述。

（三）微观翻译专业课程设计的理论与实践

翻译专业课程体系课程多元，课程类型多样。研究者探索了许多微观层面课程的课程目标、课程内容和课程的价值与地位等核心问题。具体而言，翻译理论课程与翻译实践课程的设计是两个重点内容。以渥太华大学的翻译专业课程为例，罗伯茨（Roberts，1988）认为该校本科翻译专业课程中的一个不良倾向，在于实践课程的数量远超理论课程数量。他认为这一现状不利于译者长久发展，理论课程应融入翻译实践课程中，在专门用途类翻译专业课程中也要重视理论的价值，有了这些前期课程基础，在高年级开设专门的理论课对学生来说会更有深度，更容易引发学生深入探究的热情。

沙特尔沃思（Shuttleworth，2001）基于自己的翻译理论课程实践，提出翻译理论课程不是一个静态的知识体系，而是需要将翻译理论内容与该校的翻译专业实践训练结合起来，在课程学习过程中，让学生形成个人的翻译观，能够对自己的翻译形成理性的认识，从多元角度分析翻译问题，提升翻译策略能力，并对翻译行业形成正确的认识。

此外，研究者根据翻译教育发展需要提出了开设新课程的现实需求、理论依据及设计模式。澳大利亚学者惠特利（Wheatley，1996）在 20 世纪 90 年代就指出翻译专业课程中职业内容与规范教育的重要性，阐述了在翻译专业课程中引导学生认识翻译行规、翻译行业文本多样性、译品的社会性和译者的责任感等方面的价值。科尔卡斯和帕夫利德斯（Korkas & Pavlides，2004）认为在翻译专业人才的培养中，背景知识类课程很重要。该研究者根据自己在英国两所大学的教学经验，探讨了背景知识类课程开设的理据、课程目标制定的原则和课程内容选择的依据。卡桑德拉努（Kasandrinou，2006）以艺术类文本的翻译质量为切入点，采用实证方法，分析了设计艺术翻译专业课程要素的要点，在此基础上探讨了艺术翻译的教学方法。

国外翻译专业教育起步较早，在翻译专业课程的理论建构、中观课程的系统性设计、微观课程的新课程开发及课程要素关系等方面进行了理论探讨与教学实践，其成果具有借鉴意义，但是，中西翻译院校的教育生态存在诸多差异。我国翻译专业教育的生发与演进有其独特的教育脉络，相关研究具有其独特价值。

二、我国翻译专业课程发展回顾

分析我国高等学校目前翻译专业课程实施现状，需首先梳理翻译专业课程的成长历程。限于精力，本书研究中所涉及的语对仅涉及英汉语对，在此仅梳理了改革开放后翻译专业课程在英语专业课程系统中的生发过程和进展脉络。

（一）翻译专业课程的生发

长期以来，翻译课程是英语专业课程系统中的构成元素之一。1979 年，翻译课程正式确立为英语专业课程系统中的必修课程，"教育部发出通知，试行高等学校英语专业教学计划和英语专业基础阶段实践教学大纲，计划规定，翻译为专业必修课，这就正式确立了翻译课在英语专业教学中的地位"（穆雷，1999：16）。1984 年的《高等院校英语专业高年级教学试行方案》对翻译课程有了更为明确的要求，1990 年出版了《高等学校英语专业高年级英语教学大纲（试行本）》。这两个指导性文件中设置了翻译课程，提出了对学生翻译能力的要求和一般性的教学要求，对翻译教学具有引导和规范作用。基于穆雷（1999：18-20）对这两个时间节点的翻译教学的研究，笔者将相关内容进行了整理（表 2.1 和表 2.2）。

表 2.1　1984 年《高等院校英语专业高年级教学试行方案》翻译课程要求

各项要求	具体内容
翻译课程设置要求	1. 分设英译汉和汉译英（有条件的学校可开设口译课）
	2. 每周 2 学时，共开 2—4 学期
翻译能力要求	1. 毕业时应达到：能翻译一般文稿，如新闻报道和一般有关文化、文学、政治、经济等文章
	2. 译文基本正确通顺
	3. 汉译英速度为每小时 150 字；英译汉速度为每小时 200 词
教学要求	1. 以学生翻译实践和教师讲评为主，通过实践及讲评，教给学生基本的翻译理论及技巧
	2. 翻译课每学期应要求学生至少做 9—10 次作业，每次 2 小时，英译汉每小时为 300—400 词；汉译英每小时为 150—200 字
	3. 翻译练习可安排在课内进行，以提高翻译速度
	4. 翻译课用材料要适当，注意不同体裁和题材

从表 2.1 可看出，在 1984 年的《高等院校英语专业高年级教学试行方案》中，翻译课程以笔译为主，按语对关系，课程分设为"英汉翻译"和"汉英翻译"两门课程，口译课程不作为必修课，由院校自行选择性开设。这一设置模式是我国高等学校教育体系中翻译课程名称和数量上的雏形。1990 年《高等学校英语专业高年级英语教学大纲（试行本）》中增加了教学目标，将翻译能力要求划分为六

级（表 2.2）和八级两个层级，八级要求层面与六级相似，在其基础上适度增加了难度。由此可以清晰看出翻译课程在此课程体系初期的生发和发展变化。

表 2.2　1990 年《高等学校英语专业高年级英语教学大纲（试行本）》对翻译课程的要求（六级）

各项要求	具体内容
教学目标	通过各种文体的翻译实践，运用翻译基础理论，训练学生从词义、语序、语法形式、句子结构、篇章结构、习惯表达、修辞手段等方面对比分析汉英两种不同语言，掌握翻译基本技巧，从而培养学生独立从事英译汉、汉译英的能力
能力要求	总体要求：能运用翻译基础理论，初步熟悉汉英两种语言，并掌握常用的翻译技巧。具体要求为： 1. 英译汉能力要求：能翻译相当于英美报刊上中等难度的文章，包括如下题材：报刊日常生活记叙、一般政治、经济、文化方面的论述，科普材料和浅近的文学原著。速度为每小时 200～250 英文词。译文忠实原意，语言通顺 2. 汉译英能力要求：能翻译相当于我国《人民日报》等报刊上较浅近的文章，包括如下题材：报刊日常记叙、一般政治、经济、文化方面的短文和浅易的文学作品。速度为每小时 200～500 汉字。译文忠实原意，语言通顺 3. 口译能力要求：基本能胜任外宾的生活翻译（有条件的院校开设口译课程）
评分等级	五级制（优、良、中、及格和不及格）

进入 21 世纪，为了适应新时期英语专业人才培养规格的要求，教育部高等教育司在 2000 年 4 月颁布了《高等学校英语专业英语教学大纲》。在该大纲中，翻译课程分为笔译和口译两类，均纳入英语技能类必修课，笔译课开设 3 个学期（6—8 学期），口译课开设 2 个学期（7—8 学期），将学生应达到的笔译和口译能力细化为入学、二级、四级、六级和八级，并描述了每个等级应掌握的技能。在 2012 年颁布的《普通高等学校本科专业目录和专业介绍》中，除笔译和口译课程以外，在"英语专业知识课程模块"中增加了"翻译理论与实践"课程（穆雷，2008）。对比 1984—2012 年英语专业的四个指导文件，可以看出翻译课程经历了从最初单一的笔译类课程（英汉翻译、汉英翻译）到口笔译课程并重，实践与理论兼顾这一基本模态，但翻译课程元素的数量少，未形成模块化课程。从课程系统关系来看，翻译课程是作为英语专业课程体系的子系统存在的。

（二）翻译专业课程系统的建构与发展

2006—2021 年，根据翻译本科教育的标志性事件，我国翻译专业课程系统的发展可分为三个阶段：翻译专业课程系统探索阶段（2006—2011 年）、翻译专业课程系统规范化发展阶段（2012—2017 年）和翻译专业课程系统内涵式发展阶段（2018—2021 年）。

1. 翻译专业课程系统探索阶段（2006—2011 年）

在此阶段，多所院校在英语专业中增设了翻译方向，这为后来的翻译专业的独立化发展起到了预备作用。广东外语外贸大学是我国最早设立翻译专业的学校，成立了我国第一个翻译系。2006—2011 年，翻译院校从最初 3 所试点院校发展至42 所。课程是专业发展的核心，因此，翻译专业课程系统建构理论探索与翻译专业课程实践现状分析，是翻译教育研究的两个核心主题，体现出这个阶段自下而上的课程实践反思与自上而下课程理论研究并行的特征。

1）宏观翻译专业课程系统建构

翻译专业课程从英语专业课程系统独立后，翻译专业身份的特性与课程系统建构模式是翻译教育界关注热点。研究者对翻译专业课程与英语专业课程的异同进行了对比分析，结合翻译理论和课程理论提出了翻译专业课程系统建构模式。穆雷和郑敏慧（2006）通过对比翻译专业课程大纲要求与专业翻译培养人才规格之间的区别，阐明了翻译专业本科教学大纲设计的必要性，论述了教学大纲应有的要素为教学目标、教学原则与教学手段、教学内容（课程设置）。穆雷和郑敏慧（2006）提出了课程主要模块的构成、教学评估和课程评估要求，指出了国家宏观层面的教学大纲的 "阐释性" 和 "操作性" 的功能。此外，研究者从多维理论视角出发建构了多种翻译专业课程模式。文军（2004）在对我国翻译专业课程现状分析的基础上，指出现存翻译专业课程模式的不足之处，提出了建构 "以发展翻译能力为中心" 的翻译专业课程模式。王树槐和王群（2006）认为理想的翻译教育观念是结构主义的，在课程设计上应将知识以结构的形式呈现，并以螺旋形态上升，强调学生的反思与发现能力。张瑞娥等（2009）以翻译行为理论为基础，结合社会心理学图式理论，提出学生翻译行为环境与心理表现在课程模式建构中的重要性。刘和平（2013）认为翻译专业课程模式应具有系统性，翻译模式的选择与运用应与翻译职业的规律和特点、翻译能力发展的特点相结合。

2）翻译专业课程设置

2006—2011 年是翻译专业从英语专业下的 "翻译方向" 走向专业系统建构的阶

段，翻译专业课程逐步走向系统化发展，其课程系统建构的教育实践现状成为主要关注的问题，研究者在对翻译专业课程设置现状研究的基础上，提出优化课程系统的建议。姜秋霞和曹进（2006）认为就 21 世纪初期国内各院校翻译专业（方向）的课程而言，多数院校忽略了必要的科学原则，翻译专业课程模块非常单薄，缺少必要的课程内容或必要的板块成分，课程结构随意性过大。除此之外，多数院系的翻译教学计划中未对翻译实践（习）作相应安排。李德凤和胡牧（2006）针对我国院校课程设置结构情况和相关研究匮乏的状况，在分析课程设置中的教师、学生和社会三者关系的基础上，借用全面质量管理（Total Quality Management，TQM）思想，提出采用以学习者为中心的课程设计模式的内涵、操作的关键因素以及设计流程。

3）翻译专业课程模块或单门课程设计

课程体系包含多个课程元素，翻译专业课程的微观课程建设也是这一时期的关注热点之一。笔译类课程设计研究相对丰富。王树槐（2001）指出了笔译课程设计中理论基础的重要性，他结合对比语言学，提出通过英汉宏观对比（包括语言宏观结构比较、英汉文化比较等）和语言能力提高两个维度来培养翻译能力。廖志勤（2008）以维果斯基的建构主义理论为依据，对翻译专业课程的课程目标、课程内容、实施方式和评价方式以及该课程模式在教育实践中取得的成效进行了论述。马会娟和管兴忠（2010）在对翻译能力习得过程和评估（Process in the Acquisition of Translation Competence and Evaluation，PACTE）模式修订的基础上，提出了汉英翻译能力培养的教学内容和教学方法，课程设计将课堂讲解、小组合作学习、翻译日记、同学互评、网络自主学习整合在一起，并以北京外国语大学汉英笔译教学实践为例进行了具体论述。

虽然该阶段口译课程论文数量相对较少，但已经表现出对口译课程设计中的目标、内容以及层级性等问题的关注，研究理论视角呈现出跨学科性研究趋势。刘和平（2002）在对口译活动的性质及过程等要素阐述的基础上，从心理学角度分析了口译技能习得的特质，鉴于我国口译教学处于缺乏系统的状况，阐述了制定口译教学统一纲要的必要性。仲伟合（2007）提出基于口译人员的知识结构设置课程框架，从实践与理论的关系以及技能的渐进性特点等方面探讨了口译教学的原则。苏伟（2011）从学生译者的视角，对口译专业课程需求进行了调查与分析，调查结果表明口译课程目标不够明确具体、课程缺乏汉语能力训练的内容、教师对课外练习的指导不足、课程测评后教师反馈缺乏。翻译专业课程体系中课程门类多样，微观翻译专业课程的价值与地位、课程目标与内容问题也是研究者重点关注的方面，其中翻译理论课程与翻译实训课程设计是研究的两个重点内容。穆雷（2004）分析了我国翻译教学中轻视理论教学的现象，阐明了翻译理论的功用以及对学生译者、教师与翻译管理人员的价值。丛滋杭（2007）从翻译理论教学现状和翻译理论发展流变阐述了翻译理论的内容以及在教学中讲授的目的与价值。

在翻译实训课程设计方面，王爱琴（2011）基于翻译行业合作对翻译能力培养的重要性，分析了翻译实践教学内容与模式的不足，提出将真实翻译项目作为翻译实践内容的实训模式，以所在学院为例阐述了该课程模式实施的方式及教学效果。研究者还提出增加翻译专业课程新门类的重要性，阐述了开发该课程的社会现实需求、理论依据及开发模式。基于翻译行业发展的新类型与新需求，翻译新课程开发方面主要有以下课程门类的研究：翻译技术写作课程（王传英、王丹，2011）、翻译工作坊课程（李明、仲伟合，2010）、翻译技术课程（徐彬，2010；吕立松、穆雷，2007；朱晓敏，2010）、翻译术语课程（苗菊、高乾，2008；王少爽，2011）、翻译测试课程（杨英姿，2011；董晓华，2013）和学科概况课程（冯建中，2009）等。

2. 翻译专业课程系统规范化发展阶段（2012—2017 年）

我国翻译专业建设重视宏观层面"理想课程"的建构与实施。翻译院校在试点结束后得到快速发展，为引领与规范翻译专业教育的发展，教育部成立了教育部高等学校翻译专业教学协作组，并于 2012 年颁布了《教学要求》。《教学要求》明确了我国翻译专业培养目标、课程结构、教学原则与学业评估的基本构架，采取了宏观引领与翻译院校相对自主建设的模式。《教学要求》是这一阶段翻译院校课程系统建构的文件依据。

1）《教学要求》培养目标

教育培养目标是教育价值观的体现，是专业目的的浓缩表征，也是具体课程实施的宏观导向。"高等学校本科翻译专业旨在培养德才兼备，且具有宽广国际视野的通用型翻译专业人才。毕业生应熟练掌握相关工作语言，具备较强的逻辑思维能力、较宽广的知识面、较高的跨文化交际素质和良好的职业道德，了解中外社会文化，熟悉翻译基础理论，较好地掌握口笔译专业技能，熟练运用翻译工具，了解翻译及相关行业的运作流程，并具备较强的独立思考能力、工作能力和沟通协作能力。毕业生能够胜任外事、经贸、教育、文化、科技、军事等领域中一般难度的笔译、口译或其他跨文化交流工作。"（教育部高等学校翻译专业教学协作组，2012：1）《教学要求》中的翻译专业培养目标体现出翻译专业毕业生应具有的道德品质、综合人文素养、专业知识和能力基本水平，该培养目标以学生的全面发展为旨归，体现了"全人发展"的课程观。

2）翻译专业课程知识能力框架

《教学要求》制定了翻译专业学生所应具备的知识与能力的 3 大模块、12 个分项指标。这 3 个模块涵盖了翻译活动所要求的核心知识与技能类型。《教学要求》对每个模块的内涵和应达到的教学目标进行了阐述，指明每个模块在翻译专业教育中应实现的功能，如表 2.3 所示。

表 2.3　翻译专业课程模块：结构与功能

主项	分项指标	功能
语言知识与能力	1. 外语语音、词汇、语法知识	提高学生双语语言水平，要求达到中高级水平；培养学生正确的学习方法，形成良好的学习习惯
	2. 外语听、说、读、写能力	
	3. 汉语知识与语言能力	
	4. 演讲与辩论能力	
	5. 语言学习能力	
翻译知识与技能	6. 口笔译技能	培养口笔译能力，使学生掌握不同领域的基础笔译技能、各种场合的联络口译和一般难度的交替传译，掌握作为职业译者所应具备的基本知识和能力；具备良好的职业道德和一定的口笔译实践经验
	7. 口笔译理论	
	8. 跨文化交际能力	
	9. 译者综合素质	
相关知识与能力	10. 中外社会文化	培养学生自主学习、跨文化和公共外交等能力和人文素质
	11. 语言学与文学知识	
	12. 计算机与网络应用	

　　资料来源：教育部高等学校翻译专业教学协作组. 2012. 高等学校翻译专业本科教学要求（试行）. 北京：外语教学与研究出版社：2-3.

3）核心课程设置

在以上框架基础上，《教学要求》设置了翻译主干课程以及主干课程学时、学分和所在学期，对专业课程学分比例进行了明确要求，主要包括与课堂教学相关的课程科目设置和课程类型信息等。每个专业都有体现专业特质的核心课程体系，这是实现专业培养目标的基础课程。在《教学要求》中翻译专业核心课程共计 22 门，涵盖 3 个模块。同时《教学要求》的课程结构具有开放性，"各校可根据各自的培养目标、办学特色及教学条件，开设其他的专业必修课和选修课，选修课所占学分比例不低于 30%"（教育部高等学校翻译专业教学协作组，2012：5）。

4）实践教学要求

《教学要求》对翻译专业实践教学划分为实践教学、专业实习、学术活动和社会实践；对毕业论文/毕业实践报告的目的、内容要求、评价依据作了框架性的说明，在实践的内容与形式上都突出了翻译的实践性特征。《教学要求》的课程模块的分类和核心课程设置均为框架性要求，并未提供相应的课程标准，这为翻译院校的中观层面课程计划建构、教师微观层面的具体实施留有较大的自主空间。

此外，《教学要求》对翻译专业的教学原则、教学方法与手段以及测试与评估均有宏观指导性的说明。在教学原则上要求处理好在翻译专业教育中语言技能与翻译技能、翻译技能与知识、课堂教学与自主学习、专业素质与人文素养、实践教学与理论教学、现代信息技术与传统教学手段的关系，这些关系反映了《教学要求》制定者对目前翻译专业教学几组重大关系问题的态度与观点。在教学方法与手段方面，《教学要求》指出应用现代教学方法的重要性，采取案例教学、任务型教学、项目教学法等多种形式，运用现代教育技术，培养学生的自主学习能力和创造性。

在测试与评估方面，《教学要求》提出评价方式与方法应多元化、重视形成性评价与终结性评价相结合的要求。对于翻译专业毕业学业评价有两类参照标准，一是全国高校英语专业四级与八级考试，二是全国翻译专业资格（水平）考试中的三级口译和/或笔译考试，但《教学要求》未明确要求所有翻译专业学生必须通过这两类考试，为翻译院校的个性化和自主化发展留出了空间。

3. 翻译专业课程系统内涵式发展阶段（2018—2021 年）

《教学要求》颁布后的十余年里，翻译专业课程在系统性（仲伟合，2014；王天予，2017）、模块课程（吴青，2014；唐芳，2017）和单个课程元素（贾兰兰，2017；朱玉彬，2018；唐昉，2018）等方面均得到进一步探索和多方位的课程实践。在《国标》和《教学指南》颁布后，如何根据国家课程标准和指南设计校本课程（李正栓、申玉革，2018；刘金龙，2019；张生祥，2021），如何实施具体翻译专业课程（文军，2021；王华树、李莹，2021）成为新的研究热点。

（三）我国翻译专业课程系统的独特性

与国外翻译专业课程系统相比，我国翻译专业课程系统与其存在共同之处，也有自己的独特之处：一是翻译专业课程系统建构的体制性；二是翻译专业课程系统的遗传性。

1. 翻译专业课程系统建构的体制性

我国翻译专业从无到有，走向了规范发展。在此过程中，国家层面的宏观引领和规范是翻译专业教育发展的主导力量之一。课程系统的建构凸显了以宏观的"观念课程"建构为依据，以各培养院校 "正式课程"（或文本课程，体现为课程计划）为载体，最后落实为教师的领悟课程和操作课程的纵向建构与实施的层级关系，形成了从"宏观课程系统（国家文件中的观念课程，如《教学要求》）——中观课程系统（翻译院校的实施：正式课程）——微观课程系统（教师的领悟课程和操作课程）"这一自上而下的纵向实施过程，翻译专业课程实施的层级关系如图 2.1 所示。

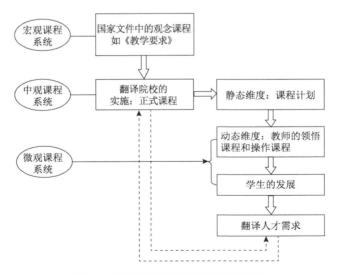

图 2.1　翻译专业课程实施的层级关系

2. 翻译专业课程系统的遗传性

翻译专业课程系统与英语专业课程系统存在一些相似之处，这是因为英语专业课程系统是翻译专业课程生发的母系统，在翻译专业课程系统的初期发展阶段，母–子系统的关联性就自然而然地体现出来，形成了翻译专业课程系统的遗传性特征。将《教学要求》和《高等学校英语专业英语教学大纲》比较（穆雷，2008），会发现二者的相似之处主要有：①课程结构相似。二者都由专业技能、专业知识和相关知识三大模块构成。②部分课程模块和课程名称相似，在专业知识与技能模块中，有较多相同的课程元素，在语言技能模块的共有课程为"口语""阅读""听力""写作"等，在专业知识模块的共有课程为"中国文化""英美文学""英语国家概况"，在相关专业知识与技能方面的共有课程为"计算机应用""外交概论"等课程。但翻译专业课程系统中出现了相对独立的一个子系统"翻译知识与技能"模块，增添了汉语类课程。

翻译专业课程系统建构的体制性和翻译专业课程系统的遗传性，是我国翻译专业课程系统演进中的突出现象，这一特征对翻译专业课程实施的影响有待研究。

第二节　翻译专业课程系统应然特征

翻译专业课程是由多个课程元素构成的复杂系统。从成分来看，翻译专业课程元素来源多样，内容性质相异，彼此关系复杂。从本科教育的阶段特征来看，其课程元素应能够普遍适用。从课程系统与社会需求关系来看，课程内容与实施方式的职业性应体现专业特质。同时，翻译专业课程作为一个独立的课程系统，也具有所有系统的共同属性，如层次性、有序性和开放性等。

一、翻译专业课程的多元性

（一）课程元素来源的多元性

元素是构成系统的基本单位。课程是由不同课程元素依据内在联系结合而成的系统。理解翻译专业课程元素特性是科学有序地建构翻译专业课程系统的前提。

翻译专业课程元素来源主要有三个方面：一是翻译学科的知识内容，如翻译理论、翻译史、翻译批评、跨文化交际等方面的知识。二是翻译专业的知识与技能，如双语对比知识、语篇知识、翻译策略与技巧、翻译技术知识与技能等。三是翻译行业的知识与技能，如专业领域知识（如商务、金融等领域的专业知识）和翻译流程规范等。这三类课程元素的来源在内容和形式上存在差异，因而在翻译专业课程元素上体现出多元性的特征。

（二）知识类型的多元性

翻译专业课程元素在知识类型上也具有多元性。翻译能力发展的研究揭示出在认知属性上，翻译活动是一个劣构特征显著的领域，翻译知识与技能的提升是译者认知和求解翻译问题能力提升的过程，是一个从入门知识向专家知识不断演进的过程（李瑞林，2011）。翻译专业课程元素中有入门知识，也有高级知识和专家知识。入门知识属于陈述性知识和简单的程序性知识，涉及的是结构良好领域的问题。高级知识是在结构不良领域中获得的知识，属于高级认知范畴。高级知识具有非线性特征，高级知识的整合过程主要是知识结构与组织上的改变，是学习者获得各种隐含的、条件化的知识。高级知识是陈述性知识和程序性知识整合的结果。专家知识只有当学习者具备大量图式化模式并建立起图式之间的丰富的联系时才能获得。在翻译专业课程中有大量的陈述性知识，如双语对比知识、语篇知识等，也有许多程序性知识，如翻译策略与技巧知识。

二、翻译专业课程的普遍适用性

加拿大研究者莫索普（Mossop）从教育与培训的区别出发（转引自 Bernardini，2010），提出本科阶段的翻译院校应教授学生可以普遍适用的翻译知识，不应过于关注技术性内容。他认为翻译专业本科阶段是以教育为导向的活动，不应过于重视翻译中新科技工具层面的知识，虽然需要了解，但不能作为重点。工具性内容易于掌握，但是文本分析、文化知识的积累和运用却需要大量实践，需要较多时间的反思才能获得。他认为翻译院校的作用不是培训学生适应语言行业现有的某个具体类型，而是应该培养他们的专业基础能力。

何刚强（2006）从我国翻译专业本科学生就业方向的多元性出发，提出"译学无疆，译才不器"的观点，他认为翻译专业本科教育应注重学生人文素养的培养和综合能力的发展，在翻译专业课程设置中应重视基本功的训练和中国语言与文化，使学生有扎实的双语基本功和国学基础，具备开阔的知识视野和良好的思辨能力，促进学生的终身学习和发展，为学生毕业之后的发展奠定厚实的基础。

三、翻译专业课程的职业性

当今翻译工作内容、方式和工作类型等已发生巨大变化，穆雷和傅琳凌（2017）根据《中华人民共和国职业分类大典》，分析了翻译职业活动的类型，阐述了翻译职业活动主要涉及常见类型的翻译工作、翻译职业工作一般流程与规范、翻译职业工作常用工具的使用技能和翻译职业工作的职业道德规范。培养符合社会需求的译者是翻译专业本科教育的核心目标，是该专业社会服务功能的体现，因此建立学校课程与社会需求的关联是提升学生译者能力的必由之路。胡安江（2018：7）从专业区分度视角，指出设置翻译技能和翻译职业能力素养课程模块的重要性："翻译专业的课程设置一定要与翻译行业、翻译技术、翻译出版、翻译流通、翻译传播、翻译评估等结合起来，从而使得翻译专业学生能置身于真实的翻译场域，真正实现翻译作为跨文化交际媒介的重要功能。"

翻译职业工作内容在国外课程中也历来受到重视。莫索普（Mossop，2001）就译文的编辑和修订问题著书，提出需要将编辑纳入翻译专业课程要素，应注重翻译职业工作标准与课程要素的内在联系。海因（Hine）（转引自邓静、穆雷，2005）指出翻译教学中经常被忽略然而又与翻译质量紧密相关的问题——译文的编辑和修改。除建议开设译文修订方法与技巧课程外，还提出了该门课程的设计原则和目的，阐述了课程大纲的设计思路。塞圭诺（Seguinot）（转引自Beeby，2010）指出专业文本写作能力对职业译者的重要性，应将之纳入翻译专业课程中。在提高学生的翻译职业适应力方面，塞圭诺提出应重视翻译实习，翻译行业应主动为翻译院系提供支持。亨尼茜（Hennessy）认为翻译行业与教育应密切衔接，在课程中体现译者职业道德相关内容（转引自Durban et al.，2003）。刘连娣（2006）以澳大利亚翻译资质认证局（National Accreditation Authority for Translators and Interpreters，NAATI）对翻译人员的职业道德行为要求为蓝本，分析了翻译道德的内涵与价值，提出了在翻译教育中引入翻译职业道德的重要性。怀特菲尔德

（Whitefield，2005）指出译者对翻译职业的认同与价值感在翻译职业发展中的作用，她认为译者的职业满足感和社会的价值感是译者职业发展的重要的推动力。

但是，在翻译专业教育中协调"育人性"与"职业性"，是每个翻泽院校在课程体系建设时需要解决的问题。"翻译教育的人文性和功利性、学术性和职业性的对立是根本的对立，还是可以在'特色'的概念框架下加以调和？"（谭业升，2017：103）。

四、翻译专业课程的系统性

"系统思想（system thought）就其最基本的含义来说，是关于事物整体性观念、相互联系的观念、演化发展的观念。"（许国志，2000：1）中外对于"系统"这一概念自古就有朴素认识，但形成一个大门类学科是从 20 世纪中叶才开始的。"系统"概念是系统科学的核心概念，是系统论体系的基础范畴，是系统论的精髓体现。20 世纪 80 年代以来，非线性科学和复杂性研究进一步推进了系统论的发展，对于系统的层级性、有序性和开放性等属性有了更深入的探究。系统论作为横断科学在多个学科的研究中已有广泛应用。

（一）翻译专业课程系统的层次性

"层次"是系统科学中的一个基本概念，是人们分析系统、认识系统结构的一个重要概念。"层次是系统由元素整合为整体的过程中的涌现等级，不同性质的涌现形成不同的层次，不同层次表现为不同质的涌现性。"（许国志，2000：22）简单系统不需要划分层次，各个组分就可以组织起来有效运行，但是复杂系统需要按照从低到高的层次顺序逐步进行整合，元素首先整合形成子系统，子系统再进一步整合为更高一级的子系统，直至形成一个独立的系统整体。

翻译专业课程系统构成元素多元而且异质，这些课程元素按照一定的方式组合为一个课程模块，课程模块之间互相关联形成系统整体。翻译专业课程元素的层次性首先体现在各个课程元素与培养目标的关联。翻译专业课程是实现培养目标的具体载体。培养目标是专业教学的终极目的的体现，是特定的教育价值观的体现，是课程元素选择的依据和课程实施的导向。

翻译专业课程系统的层次性还体现在课程元素的关联与整合趋势之中。翻译专业课程元素涉及范围宽广、类型多样、性质相异，元素之间的关联与整合是实现翻译专业课程系统功能的保障。翻译专业课程不同层级的课程元素都应互相关联，从而成为彼此联系的有机体，以实现翻译专业的教育目标。

（二）翻译专业课程的有序性

"序"是描述系统形态特征的重要概念。"所谓有序，指事物内部的诸要素和事物之间有规则的联系或转化……反之，所谓无序，指事物内部诸要素或事物之间混乱且无规则的组合，在运动转化上的无规律性。"（许国志，2000：180）

系统的有序性表现在系统结构有序、行为有序和功能有序（苗东升，1998）。结构有序是指系统的元素建立起了联系，行为和功能上的有序是从系统运动的过程中展开的，系统的运行需要有序协调地安排，以达到行为和功能的优化。"系统的有序性是在其形成过程中通过对组分的整合建立起来的。"（苗东升，1998：45-46）系统中的元素具有多样性与差异性，这既是产生无序的因素，也是建立有序结构的客观前提。系统能够被整合是因为各个元素之间能够互相补充、互相增益。因此，整合既体现在元素之间的联系和协同上，也体现在对彼此的约束与限制上。整合作用一直存在于系统的演进过程中，在系统的初级阶段，整合的目的是解决从无序走向有序的问题，在系统的进一步演进中，整合是为了解决从低级有序走向高级有序的问题，使系统得到不断的完善发展。

无序与有序是相对的，应依据一定的判断规则进行判断。二者在一定条件下可以互相转化。一般情况下，研究系统在有序状况不改变的条件下所呈现的演化行为，通常反映事物量的变化，反映系统的渐变行为。而当系统演化出现了有序、无序的转变，实际上是出现了功能、结构的变化，出现了质变。（许国志，2000：182）因此，有序与无序的价值要依据一定的情境而言，研究系统的有序程度，需要从更高的层次进行审视，发现其中的特征与规律。

从结构来看，翻译专业宏观课程在元素构成、元素性质和元素关系方面均发生了变化。与英语专业课程系统相比较，在外在形式上系统变化主要表现在两个方面：①出现了独立的"翻译知识与技能"子系统，其中的元素构成与数量关系与英语专业中的"翻译"类课程有显著差异；②部分课程元素性质发生了变化，如"英国文学""美国文学""英语国家概况"等课程在翻译专业课程中属于"相关知识与能力"子系统，课程元素系统归属的变化意味着这些课程的教学目标、内容和教学方法应该发生相应的改变。翻译专业课程系统与英语专业课程系统虽然存在相似性，但因翻译专业课程系统的元素构成与元素关系发生了变化，子系统的元素发生了重组与整合，翻译专业课程系统逐渐从无序走向有序，体现出新系统的演进特征，形成了有别于英语专业课程系统的新的"序"特征。

（三）翻译专业课程的开放性

"一个系统之外的一切与它相关联的事物构成的集合，成为该系统的环境。"（许国志，2000：23）系统在一定的环境下产生与演化，系统所有特征是在一定的环境下形成的，这是系统对于环境的依赖性。这种依赖性表现在两方面：一是系统中的元素性质、元素之间形成的结构与整合方式随着环境而发生变化；二是环境决定了系统涌现性的主要特点，系统的涌现性需要和环境相契合。系统与环境相互联系、相互作用。在这一过程中系统与环境交换信息、物质与能量。系统与环境能够进行交换的属性被称为开放性，开放性是系统生存发展的重要条件。每个翻译院校的专业课程系统都是一个开放性系统，与其环境发生互动关系。以2017年为例，我国翻译本科培养院校数量较大，学校类型多样，所属区域有别（见图2.2和图2.3）。不同学校的翻译教学历史和教学环境存在差异，不同区域的翻译院校数量布局各异。我国翻译院校在类型和区域分布上的多元性，促使中观层面的翻译专业课程系统样态纷繁复杂。探寻影响翻译专业课程系统与环境的关系有助于揭示出翻译专业课程演进的规律。

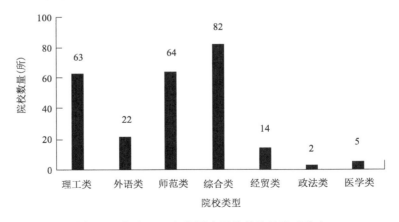

图2.2 我国2017年翻译本科培养院校类型分布

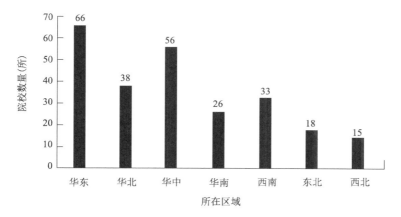

图 2.3　我国 2017 年翻译本科培养院校区域分布

资料来源：教育部高等学校翻译专业教学协作组. 2017. 全国翻译硕士及翻译本科办学院校名

录. http://cnbti.gdufs.edu.cn/info/1006/1519.htm[2018-02-13].

第三章

翻译专业课程实施系统：理论阐说

"课程的实施是把课程计划付诸实践的过程。"（施良方，1996：128）这一定义揭示了课程实施涉及的核心元素：课程计划、教师（课程实施者）、学生（课程实施对象）。课程实施是在一定的学校系统和外部环境中展开的，内外部系统之间产生千丝万缕的联系，形成具有多元成分、主体与客体相互作用的课程实施系统，在此意义上，课程实施具有系统性和生态性。本章从课程实施理论、教育生态学和系统论出发，梳理翻译专业课程实施的系统元素构成及其关系，进而探析该系统的应然特征。

第一节　翻译专业课程实施研究的概念与方法

课程实施研究始于 20 世纪 60 年代末，在此之前"学科结构运动"的失败使人们认识到课程实施是课程变革的重要环节，自此课程实施逐渐成为课程研究的新领域。翻译教育是一个年轻的研究领域，翻译专业课程实施是一个新的研究课题，教育学中的课程实施理论和研究方法为探析翻译专业课程实施提供了重要的理论基础和研究工具。

一、课程实施概念

课程实施大致可梳理为以下两种含义：①课程实施是将编制好的课程计划付

诸实践的过程，是实现预期的课程理想、达到预期的课程目的、实现预期教育结果的手段。课程计划与课程实施是理想与现实、预期结果与实现该结果的过程之间的关系。课程实施研究的主要内容有课程实施程度和影响实施的因素（施良方，1996；李子建、黄显华，1996）；②课程实施是通过教学活动将编制好的课程付诸实践，课程实施就是教学（黄政杰，1995；黄甫全，2000）。我国翻译专业课程实施沿着"宏观翻译专业课程系统建构—中观翻译专业课程实施—微观翻译专业课程实施"这一纵向顺序依次展开，因而本书中采用了第一种"课程实施"的术语概念。

二、课程实施本质

课程实施是把新课程计划付诸实践的过程，而新课程计划通常蕴含着对原有课程的变革，所以课程实施本质上是课程变革的过程。对于课程实施的重要性，富兰（2005：291）在论及课程实施意义时指出："变革理论本身就具有新的意义，我称之为 25/75 规则。解决方案的 25%是好的指导理念；75%则是确定如何在各地逐一实施这一理念。"通过研究课程实施可以了解课程变革的实际样态，辨析课程变革成败的原因，从而推动课程的进一步优化。

课程实施是课程变革过程的一个重要阶段，课程变革一般分为三个阶段（图 3.1）：①启动；②实施；③制度化。课程变革在各个阶段的影响因素类型多样、数量繁多，交互性贯穿在整个课程变革过程中。

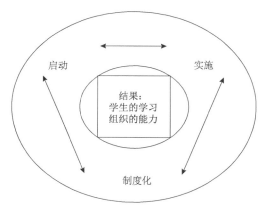

图 3.1　变革过程简图

资料来源：富兰. 2005. 教育变革新意义. 赵中建等译. 北京：教育科学出版社：53.

　　　　注：双向箭头表示三个阶段具有非线性的相互作用。

三、课程实施取向

"课程实施取向是对课程实施过程本质的认识以及支配这些认识的相应课程价值观。"（黄小莲，2011：34）对于实施取向的类型划分（表 3.1），研究者提出"二取向"说、"三取向"说和"四取向"说。

表 3.1　研究者关于课程实施取向的分类

研究者	基本观点
富兰（Fullan，1977）、庞弗雷德（Pomfret，1977）、里斯伍德（Leithwood，1977）	① 得过且过（mudding through）取向 ② 适应或改变（adapting）取向 ③ 忠实或精确（fidelity）取向
豪斯（House，1979）	① 技术视角（technical perspective） ② 政治视角（political perspective） ③ 文化视角（cultural perspective）
辛德等（Snyder et al.，1992）	① 忠实取向（fidelity orientation） ② 相互调适取向（mutual adaptation orientation） ③ 课程缔造取向（curriculum enactment orientation）
哈格里夫斯等（Hargreaves et al.，2002）	① 技术观（technical perspective） ② 政治观（political perspective） ③ 文化观（cultural perspective） ④ 后现代观（postmodern perspective）
崔允漷（2009）	① 基于教师经验的课程实施 ② 基于教科书的课程实施 ③ 基于课程标准的课程实施（教学）

资料来源：黄小莲. 2011. 课程实施研究谱系（1970—2010 年）. 教育发展研究，（8）：34.

在以上课程实施取向分类的研究中，最为广泛认同的是辛德等提出的忠实取向、相互调适取向和课程缔造取向三种划分模式。忠实取向是指课程实施是忠实执行课程计划的过程。课程实施的成败衡量标准是测量计划课程与实施课程之间的符合程度。符合程度越高则表示课程实施越成功。该研究探讨的问题主要为：

①测量课程计划在具体环境中的实现程度；②分析影响课程实施的积极因素与消极因素。忠实取向的课程实施研究常采用问卷调查法、访谈法、课堂观察法和霍尔等人建构的"关注为本采纳模式"等。相互调适取向的课程实施研究旨在分析课程计划在实际情境中的调整与适应的过程。课程计划付诸实施后会有两方面的变化：一是为了适应实践情境的需要，既定的课程计划发生变化；二是为了适应课程变革的需要，既有的课程实践产生变化。研究者对课程变革中问题的相关资料进行详尽的搜集与描述，辨析促进或阻碍课程实施的因素，从而阐明既定课程方案与具体的情境如何相互适应。课程实施研究常借鉴社会科学理论与方法，既有量化研究，也有质性研究。为了深入了解实施过程，研究者常采用个案研究法、访谈法、自陈式问卷调查法以及文献分析法缔造取向的课程实施研究，旨在阐释课程实施是教师与学生在具体的教学情境中共同缔造教育经验的过程，既有的课程计划仅仅是这一缔造过程的工具。这一研究取向重点关注以下内容：①师生所缔造经验的内容与方式；②给师生赋予更多权利以获得更为丰富经验的方式；③影响课程缔造的外部因素（如教育策略、课程资料与教学策略等）；④实际缔造的课程对学生产生的影响；⑤隐性课程对学生的影响。与前面两种课程实施取向相比较，这一取向的研究重心转移到教育经验的内容与缔造方式上，因此在研究方法上常常采用个案研究法、深度访谈法以及行动研究法。

尹弘飚（2003）指出，这三种取向不应视为孤立、非此即彼的选择，而应看为一个连续体（continuum），见图 3.2。这三种范式体现出由实证主义研究向阐释性、批判性研究渐进过渡的特点，在具体研究和课程实施中并无优劣之分。

图 3.2　课程实施三种研究取向的连续体

资料来源：尹弘飚. 2003. 基础教育新课程实施个案研究. 西南师范大学硕士学位论文：5.

四、课程实施类型

沃伦·本尼斯（Warren Bennis）和约翰·麦克尼尔（John McNeil）从不同的视角对课程实施类型进行了分类（表 3.2）。本尼斯从教师的参与度和教师被赋予权力大小的角度划分了课程实施的形态，麦克尼尔则从课程实施中变革因素的多寡和变革发生的强度进行了形态划分。二者视角不同，但都揭示出课程实施是课程变革的一个关键环节。

表 3.2 课程变革实施类型

研究者	基本观点
本尼斯（Bennis, 1999）	① "计划性变革"：按程序工作，参与者具有同样的权利和作用
	② "强制性变革"：主导团体决定目标，享有主要权利
	③ "互动性变革"：多个团体共同决定，权利均衡，但对参与者要做的事缺乏考虑，缺少具体的工作步骤
麦克尼尔（McNeil, 1990）	① "替代"：这种变革表现为一个因素取代另一个因素
	② "改变"：将某一新因素引入现有的材料和计划，只是部分改变
	③ "搅乱"：搅乱原有的课程计划，调整到新课程计划上来
	④ "重构"：变革使得学生或学区系统本身的结构发生调整
	⑤ "价值取向改变"：参与者基本哲学理念或课程取向的改变

资料来源：黄小莲. 2011. 课程实施研究谱系（1970—2010 年）. 教育发展研究，（8）：33.

五、影响课程实施的因素

影响课程实施的因素多样，每种因素的影响程度不同；因素间相互作用，产生非常复杂的关系。马云鹏（2001）认为课程实施的限制因素和有利因素是课程实施研究的重要内容。富兰（2005）把影响课程实施的因素分为三大类九个因素：①革新或变革项目特征因素，具体包括需要、清晰性、复杂性、项目的质量和实用性；②当地因素，具体包括学区、董事会与社区的特征、校长与教师的角色；③外部因素，具体指政府和其他部门。辛德等（Snyder et al., 1992）在前人研究的基础上进一步细化了影响类型的划分，丰富了影响课程实施因素的类型，他们将之归纳为四大类十五个因素：①与课程变革本身性质有关的因素，诸如课程变革的必要性及相关性、变革方案的清晰程度、变革方案的复杂性、变革方案的质量与实践性等；②地区层面上影响课程实施的因素，诸如地区以往在课程变革需求方面的表现、地方的适应过程、地方管理部门的支持、教职员队伍的培养和参与、时间安排与信息系统、部门与交流系统等；③学校层面上影响课程实施的因素，诸如校长的作用、教师之间的关系、教师的特点与取向等；④环境对课程实施的影响，诸如政府部门的重视、外部的协调等。

我国研究者对课程实施影响因素也进行了类型划分与因素阐释。李子建和黄显华（1996）将影响课程实施的因素划分为创新/变革的特征、干涉与参与人员，以及脉络三个类型。黄政杰（转引自袁志芬，2006）把影响课程实施的因素分为使用者本身因素、课程因素、实施策略因素和实施机构因素。施良方（1996）认为影响课程实施的因素主要有课程计划本身特征、交流与合作、课程实施的组织和领导、教师的培训、各种外部因素的支持，包括社会各界尤其是家长的理解和支持。黄甫全和王嘉毅（2002）认为影响课程实施的因素可分为文化背景、实施的主体、实施的对象、实施的管理、实施的环境和实施的理论等六个方面。

有些研究者从主、客观视角对课程实施影响因素进行了划分。靳玉乐（2001）认为影响课程实施的因素可归纳为新课程方案特性、人的因素、物的因素和背景因素。于泽元（2006）从系统论视角将课程实施因素进行了分层，认为影响课程实施的因素为课程变革的方案系统及其特征、课程变革的持分者系统和课程变革的物质资源系统。李子建和尹弘飚（2007）提出教师心理因素也是影响课程实施的重要因素。虽然研究者视角不同，对影响课程实施因素的归纳与分类存在差异，但都分析了课程实施活动中的主体与客体，阐述了课程实施因素之间的关系，揭示出这一课程变革环节的复杂性。

六、课程实施研究内容及其测量工具

"测量课程实施，既要找出课程的多个向度（dimension）的特点，亦要掌握设计测量工具和分析数据的技巧。"（张善培，2007：13）本部分从课程变革认同感和课程实施程度两个向度进行研究。

（一）课程变革认同感及其测量工具

李子建（Lee，2000）提出课程变革认同感是指教师对课程变革表现出正面的态度和行为意向。教师对课程的认同是对课程文本的认同与接受，也是不同层面的课程主体教师通过协商、领悟与反思，最终认可课程、共同建构课程的过程。

从课程实施的角度来看，课程变革认同有两个维度：一是教师对课程的心理意向和态度维度；二是教师对课程的认知维度（解月光，2006）。作为课程的执行者，教师是决定课程变革成败的关键性因素，没有教师的积极参与，任何课程变革都难以取得成功。

教师作为课程实施的主体，他们的教育理念、课程价值取向不同，因而对课程变革的认同与理解会产生差异，并体现出不同的行为意向，这些状态的差异可以用认同感进行表征。教师对课程变革认同感越高，课程变革实施就会越顺利，教师的认同感越低，对课程变革的阻抗越大。

研究者在课程变革认同感评定模式和测量工具方面已取得了很多研究成果。沃和庞奇（Waugh & Punch，1987）提出了评定教师课程变革认同感模式；沃和高德弗雷（Waugh & Godfrey，1993）采用这一模式对澳大利亚教师进行了单元课程的认同感分析，在研究中将认同感分为对课程的态度、对课程的总体感觉和对课程的行为意向三个变量，并确定了7个决定认同感变化的自变量：课程变革给教师带来的非金钱成本效益、课程的实用性、校内的支持、教师对课程的关心事项、教师在课程决策中的参与度、新旧课程对比后的感受和其他人士的支持。李子建（Lee，2000）对沃等人的认同感评定模式进行了修订。他的研究结果表明经过修订后的评定模式和认同感问卷均有较高的信度与效度，是理想的测量认同感的研究工具。

（二）课程实施程度及其测量工具

"课程实施程度研究能为全面的课程评价提供数据，有助于明晰课程实施存在的问题与改进的路向。"（邵朝友，2013：105）四种主要的课程实施程度评估方法（雷浩，2013）是课堂观察清单、直接教学观察系统、"关注为本采纳模式"以及罗根课程实施评估方法。这四种研究课程实施的评估方法有着不同的理论基础、现实需要、数据获取方式以及计分方式。课程变革要取得成效，重在教师理念和教学行为方式的改变。因此本书在翻译专业课程实施程度研究部分选用了"教师表现"这一视角的评估模式。

1. 课程实施关注程度及测量工具

20 世纪 60 年代，美国心理学家弗朗西斯·福勒（Frances Fuller）提出了教师职业发展的阶段理论。从入职前的准教师发展成为一名有经验的教师一般会经历四个阶段：不相关、自我关注、任务关注和影响关注。在不同发展阶段，教师在关注焦点、关注时间以及关注强度上表现出差异（霍尔、霍德，2004）。霍尔和霍德将福勒对教师关注阶段的研究成果运用到课程实施研究中，提出了"关注为本采纳模式"（Concerns-Based Adoption Model, CBAM）。他们通过对小学、中学以及大学的课程变革进行研究，从 1970 年至 1986 年该模式不断得以完善。该模式诞生后一直受到普遍关注，也得到了广泛运用。在 1974 年，霍尔和霍德开发了关心阶段问卷（Stages of Concern Questionnaire, SoCQ），用以测量实施者的关注程度，该问卷具有较强的操作性。"关注为本采纳模式"的关心阶段（stage of concern, SoC）包括"意识""信息""个人化""操作""结果""合作""重新聚焦"等维度（霍尔、霍德，2004）。这一关心阶段模式从课程实施者对课程的感受与态度的心理变化方面测评实施程度。

"关注为本采纳模式"的设计理念是将课程变革视为一个过程，而不是一个事件。课程变革不再被看作一个独立的事件，而是需要时间、资源等行政协助及组织支持的具有发展性、延续性的教育活动；课程变革虽然往往并非由个人发起，但是教师个体若无改变，就无法实现真正的课程变革。课程变革也是一种高度的个体经验。教师是变革的推动者，通过分析教师课程实施的进展情况并提供相应的支持服务，可以加速教师个体的课程变革。

霍尔和霍德后来发现对课程实施进行评价时其实隐含了一个假设，即有了新课程材料、教学方法及教师培训等，就意味着课程变革已经实施了，但实际情况并非如此。在课程变革过程中，课程实施者在行为方式上存在较大差异。为此，他们开发了课程实施水平（Level of Use, LoU）研究工具。这一研究工具旨在通过测量和描述实施者行为，判断实施者的实施水平（表 3.3）。

表 3.3　霍尔和霍德的课程实施水平决策点

主体	层次与决策点名称	层次与决策点内容
实施者	层次Ⅵ更新	在这个层次中，实施者重新评价变革实施的质量，并努力做重大调整或采取另一种方法来实施变革，希望能对当事人产生更大的影响，研究该领域的最新发展状况，为自己和整个系统探索新的发展目标
	决策点 F	开始探究正在被实施的变革的替代方案或对其做重大调整
	层次Ⅴ整合	在这个层次中，实施者把自己实施变革的努力与同事的相关活动结合起来，争取在他们力所能及的范围内对当事人产生一种集体的影响
	决策点 E	为了当事人的利益，根据与同事的合作中所获得的新信息，改变变革的实施状况
	层次ⅣB精致加工	在这种状态中，实施者不断对变革的实施进行调整，希望能在短期内迅速加大对当事人的影响。此时，实施者已把调整建立在他们对变革短期和长期效果认识的基础之上
	决策点 D-2	根据正式或非正式评估的结论，对变革实施状况进行调整，以提高当事人的成就
	层次ⅣA常规化	把变革的实施稳定化、常规化。几乎很少对实施进行任何改变或调整，很少准备或思考如何提高变革的实施效果
	决策点 D-1	形成了实施变革的稳定模式
	层次Ⅲ机械实施	在这个层次中，实施者把大部分精力都放在短期、日常的变革实施上，几乎不花时间进行反思。在实施过程中所作的调整更多是根据实施者自己的需要而不是当事人的需要来进行。实施者首先逐步完成要求他们实施的变革任务，而这又通常会导致在实施过程中出现实施脱节和肤浅、表面化的现象
	决策点 C	在实施变革中所做的改变是为了实施者的利益，因此是实施者取向的
非实施者	层次Ⅱ准备	这种状态下的非实施者已经着手准备开始实施变革
	决策点 B	决定实施变革，并确定了开始实施的时间
	层次Ⅰ定位	在这一层次中，非实施者已收集到或正在收集有关变革的信息，并且（或者）已研究了或正在研究变革的价值取向，以及变革对实施者和非实施者所在的整个系统有怎样的要求
	决策点 A	采取措施来了解更多关于变革的详细信息
	层次 0 不实施	这个层次的非实施者几乎或根本不了解变革，因而没有参与变革，而且也不打算参与到变革中来

资料来源：霍尔，霍德. 2004. 实施变革：模式、原则与困境. 吴晓玲译. 杭州：浙江教育出版社：108.

表 3.3 中所列实施水平共分为两大类：0～Ⅱ层次为非实施者行为，Ⅲ～Ⅵ层

次为实施者的行为，常规化（层次ⅣA）是课程革新方案实施的基本水平。此外，在每个层级上有七个分类作为观察点：知识、获取信息、分享、评估、计划、观点陈述和执行状况。实施者的实施水平不同，他在观察点所述内容就会表现出差异性。这一研究工具包含具体的实施行为类型描述以及每一类水平的区分决策点，为研究课程实施程度提供了明晰的测评依据。课程实施水平工具中的实施行为描述是概括性、通用化的。

课程设计者的意图与课程实施者的行为之间总是存在差异，给判别课程实施者的水平增加了复杂度。为解决该问题，霍尔和霍德又开发了第三个研究工具：革新构造图（Innovation Configuration Mapping）。这一工具有8—15个成分，每个成分包含2—6个变量，成分多寡依据课程变革的复杂性而定，决定所需的细节数量，成分的数量与描绘细节需求量的关系是动态的。革新构造图在运用中要求研究者首先要分析出某一新课程成分与特征，明确每种成分的维度与变异形式。运用革新构造图可以测量课程实施者的具体行为表现与课程设计者意图之间的吻合度，这一工具也体现了"几乎在所有情况下，不同实施者操作的革新都会沿着一个连续体而发生变化，这个连续体的一端所代表的革新实施结果与变革发起者的设想十分接近，而另一端代表的实施结果则与预想有很大的差别，甚至看不到原有预想的影子"（霍尔、霍德，2004：49）。本书聚焦于宏观和中观的课程实施现状研究，微观层面的课程实施研究尚未纳入，所以在研究中未使用"革新构造"这一研究工具。

2. 课程实施水平及其测量工具

课程实施水平的测评属于行为维度的测量，因而用纸笔问卷测量并不十分有效。为了解决这一问题，霍尔和霍德开发了访谈问卷。霍尔和霍德（2004）提出了研究实施水平的两种结构访谈方式：一是分支访谈；二是焦点访谈。在分支访谈中，访谈者向受访者提出一系列问题，通过受访者对这些问题的回答，可以迅速评估受访者课程实施的整体水平。根据被试对问题的回答，可以判断受访者是否属于实施者。在这个访谈节点上开始出现水平分支。若受访者回答"没有实施"，那么他的实施水平可能属于层次 0；如果受访者正在准备实施方面的工作，那么他的实施水平就处于层次 I；然后根据后续的问题及受访者的回答，访谈者可以逐步确定受访者的课程实施水平。

参照分支访谈的访谈结果，访谈者在每一个实施水平上对受访者进行焦点访谈，为了能够更加准确地评定被试所在的实施水平，霍尔和霍德（2004）提出从知识、获取信息、分享、评估、计划、观点陈述和执行状况七个维度进行提问（表3.4）。访谈的主要作用是"激励个体去描绘他/她在对待变革或实施变革时表现出来的一些具体行为，并提供这方面的例子"（霍尔、霍德，2004：107）。这样通过受访者提供的丰富信息，可以更加准确地测量出教师课程实施的水平，发现更多课程实施中的问题，以便今后采取干预与改进措施。课程实施水平共分为八个层次（表3.3），其中未实施（层次0）、定位（层次Ⅰ）和准备（层次Ⅱ）均属于未实施层次；机械实施、常规化、精致加工A、精致加工B、整合和更新属于实施层次。但是，教师只有达到"常规化"水平，才被认为是有意识地实施了课程变革。

表 3.4   课程实施水平访谈问题类别

类别	含义
知识	是指实施者对变革的特征、实施变革的方法以及实施变革的结果的了解。它是对实施变革者的一种认知维度的理解，而不是对它的感受或态度
获取信息	通过多种方式来获取关于变革的信息。包括向掌握变革信息的人咨询、与掌握变革信息的机构互相通信，阅读相关印刷材料，以及参观正在实施变革的一些单位
分享	与别人一起讨论变革。与大家共同分享实施变革的计划、观点、资源、成果，以及共同讨论解决实施变革的过程中所遇到的问题
评估	对变革实际和可能的实施情况或其中的某些方面进行检查研究。它既可以只是一种心中虚构的评估过程，也可能是收集和分析资料的真实活动
计划	在采纳变革的过程中，对即将采取的实施变革的短期和长期行动进行规划。也就是说，为了组织实施和（或）合作实施变革，对其所需要的资源、日程安排进行统筹安排，并和其他实施者进行商量
观点陈述	描述实施者在当前实施变革的过程中所持有的个人立场
执行状况	执行变革所要求的行动和活动

资料来源：霍尔，霍德. 2004. 实施变革：模式、原则与困境. 吴晓玲译. 杭州：浙江教育出版社：110.

姜荣华（2008）认为霍尔和霍德的课程实施研究模式有其历史背景和课程变革的教育环境，他在分析我国研究者对该模式探讨和运用成果的基础上，结合我国的教育环境将该模式进行本土化修订，对其信效度进行了检验，阐明了该模式本土化的必要性和可行性。因此本书采用姜荣华本土化之后的"关注为本采纳模式"作为翻译专业课程实施程度的研究工具。

课程实施研究成果为各个专业的课程实施研究提供了理论基础、方法与工具。课程实施理论中的概念、影响因素分类以及课程实施测量工具已广泛运用于数学和体育等多个专业教育研究中。本书将课程实施理论和系列研究工具运用到我国翻译专业的课程研究之中，探析翻译专业课程实施的现状，以期系统、客观地呈现这一新专业课程实施的得失。

第二节　翻译能力：构成及其关系

翻译能力理论是对翻译能力的界定以及对其发展特点的系统阐释（苗菊，2007），是翻译专业课程结构建构的重要依据，同时也是考察课程结构特征的重要理论参照。长期以来翻译能力被认为是双语能力发展的自然结果，但随着研究的深入和翻译行业化发展，人们逐渐认识到翻译能力的独特性与复杂性。根据奥罗兹科和乌尔塔多（Orozco & Hurtado，2002）的研究，学者从不同的侧重点对翻译能力提出了各自的表述方式，如诺德（Nord）称之为转换能力（transfer competence），图里（Toury）和切斯特曼（Chesterman）称之为翻译能力（translational competence）；基拉里（Kilary）称之为译者能力（translator competence），威尔斯（Wills）称之为翻译行为（translation performance）等。目前在研究中较为普遍采用的术语是"翻译能力"。

一、翻译（笔译）能力的构成

"翻译"一词具有多义性，在翻译实践与理论发展过程中经历了嬗变，内涵得到丰富与发展。"翻译"既可仅指笔译，也可作为一个上位词，指所有类型的翻译工作。由于笔译能力研究早于口译能力研究，所以在译学文献中，翻译能力（translation competence）长期以来既指笔译能力也指口译能力，后来才用专门术语 interpreting competence 表示口译能力。本小节为了与文献与研究中的惯用表达相一致，以下

"（一）翻译能力构成元素"中的翻译能力仅指"笔译能力"，"（三）翻译能力的发展阶段"中的翻译能力为上位词，包含"笔译能力"和"口译能力"。

20 世纪 70 年代以来，翻译研究揭示出翻译知识是一种复杂而特殊的知识类型。多年来，研究者从认知与建构以及社会学习策略等角度提出了多种抽象的翻译能力构成元素、能力习得以及能力发展模型，这些研究成果为认识翻译专业课程建构和开发的科学性以及课程实施方式的有效性提供了有力的理论依据。

（一）翻译能力构成元素

中外研究者对翻译能力构成元素的界定虽有不同，但都认同双语能力与双语转换能力是翻译能力的核心元素。研究者从多维理论视角出发，分析了多种因素在翻译能力结构中的作用。诺伊贝特（Neubert）提出翻译能力的 5 个定性参数：语言能力、篇章能力、主题知识能力、文化能力和转换能力，他认为正是这些能力的交互作用使得翻译区别于其他领域的活动，这些参数中具有区别性特征的是转换能力（Neubert，2000：3-18）。我国研究者姜秋霞和权晓辉（2002）从翻译能力与翻译行为关系的角度论述了翻译能力结构的构成元素，认为翻译能力包括语言能力、文化能力、审美能力和转换能力，这些子能力统一在一个流程中，以循环运作为主要模式。杨晓荣（2002）提出翻译能力至少要包括如下几个要素：翻译技巧、对翻译标准和翻译原则的把握、语言运用能力、知识量（百科知识和语言知识）以及综合能力（逻辑思维能力等）。福克斯（Fox，2000）通过分析学生翻译行为中的常见问题，提出了与其他模式差异较大的构成成分：交际能力、社会-文化能力、语言与文化能力、学习能力和解决问题的能力。

奥罗兹科和乌尔塔多（Orozco & Hurtado，2002）虽然也将翻译能力分解为以转换能力为核心的几种能力的组合，但他们同时提出了四种外围能力：言外能力（指根据每一个翻译场景的需要能够激活的普通百科知识和专业知识）、职业-工具能力（指关于翻译职业以及各种翻译专用工具的知识和技巧）、心理-生理能力（指运用各种心理、认知及情感资源来完成翻译工作的能力）和策略能力（在翻译过程中运用所有个性化手段去解决翻译问题的能力）。

PACTE Group（2000）将翻译能力界定为译者进行翻译所必需的潜在知识和技能体系，提出了翻译能力模式的六个成分：①双语能力。双语能力指用两种语言进行交际时所需要的程序性知识（procedural knowledge），包括在两种语言间进行转换时对干扰的具体控制。双语能力由两种语言的语用、社会语言、文本、语法和词汇知识构成。②非语言能力。主要是陈述性知识（declarative knowledge），包括两种文化的知识、百科知识和主题知识。③翻译专业知识。包括翻译的运作知识、翻译单位的种类、翻译的过程、方法与程序、策略和技巧、出现的翻译问题的种类和关于翻译实践活动的知识。④专业操作能力。主要是操作知识，涉及翻译工具、信息和通信技术等资源的使用。⑤策略能力。它是保证翻译过程的效率和解决出现的问题的操作性知识。策略能力至关重要，它控制翻译过程，影响其他翻译能力，协调能力元素之间的关系。⑥心理生理因素。心理生理因素指各种类型的认知机制的构成和认知能力，包括记忆、感知、注意力、情绪、创造力、逻辑分析能力。格尔普费里希和雅斯科莱宁（Gölpferich & Jääskelainen，2009）在分析前期翻译能力研究的基础上，选取 12 名学生译者进行了长达 3 年的历时性研究，对 PACTE 的翻译能力进行了修订。他们认为 PACTE 模式中所论及的翻译子能力是翻译能力中的独特元素，与未受任何翻译训练的双语能力中的子能力不同。此外，他们在该模式中增添了一个新的子能力——翻译常规性能力，它是指在翻译中回忆并运用语对，尤其是选用目的语中可接受的语对的能力，这一子能力在其他翻译能力模式中未曾论及。

译者的社会能力（social ability）的重要性也引起研究者的关注。科莉娜（Colina，2003）认为在翻译教学中，在认知能力方面，应该用语篇语言学、心理语言学、翻译目的论让学生认识阅读过程、语篇知识和翻译策略；在社会能力方面，学生应该学习翻译概述、翻译规约和规范，通过讨论等促进学生的社会化和自我概念的形成。基拉里（Kiraly，1995）从社会建构主义的视角，提出翻译能力包括母语能力、译文生成能力、双语转换能力，也包括母语写作能力、职业技能和创新思维能力等。

一些研究者从翻译职业视角强调翻译职业知识与现代网络环境下相关技能的重要性，提出翻译能力不仅包括进行双语转换的能力，还应包括团队能力、应变力、职业操守等内容丰富的职业技能，只有具备所有这些子能力才能成为一名职业译员。从翻译用人单位要求出发，对译员的职业技能进行研究，研究者认为翻译能力除包括语言转换能力外，也包括人际交往能力、技术运用能力（包括文字处理和翻译软件的使用）和市场能力（翻译服务商如何找到客户）等。顾峰（2009）认为对于翻译专业毕业生来说，即使语言和专业知识能力再出色，也远远谈不上具备了职业能力，他们在翻译职场上仅处于基层的标准，需要通过职场实践提升能力。

他从翻译公司的视角，将翻译职业能力分为三个层次九种子能力（表3.5）。

表 3.5　翻译能力层级与能力构成

翻译能力层级	所包含的子能力
基层标准的翻译能力	外语能力、专业能力和学习能力
中层标准的翻译能力	除了基层标准所具备的翻译能力外，还包括传授能力、协调组织之团队能力、沟通商谈之业务能力
高层标准的翻译能力	除中层标准所具备的翻译能力外，还包括困难事务之执行能力、感觉敏锐之应变能力、宏观全局之判断能力

鉴于翻译能力构成元素的复杂性，皮姆（Pym，2003）提出了最简模式（A Minimalist Approach）。他认为译者需要知道大量语法、修辞、术语和百科知识，掌握计算机使用和网络使用技术，能够进行团队合作，具有获取翻译服务费用的恰当策略等。但是在翻译实践中更为关键的是产生和选择译文，即一种解决翻译问题的自动化过程。他认为双语能力、主题知识等子能力是一个译者应该具备的能力，只是水平高低有所不同，因此在翻译能力构成中最需要指出的是具有区分性的内容，但这一理论在实践中的可操作性在学界依然有很大争论。

从以上讨论可以看出，研究者认识到翻译能力不仅包含译者作为跨语言、跨文化交流中介者与协调者所应具备的相关知识与能力，还应包含与当代翻译工作环境相适应的相关能力。翻译能力的概念应体现出翻译能力的多元特征和译者工作的社会性和时代性特征。从研究范式而言，研究者都将翻译能力这一相对抽象的上位概念分解成若干相对具体的次能力，这符合人类认识客观世界的规律。翻译能力的研究视角和研究方法各不相同，研究者提出了多种翻译能力模式，为深入认识翻译能力及其构成提供了多维视角。他们提出的翻译能力成分构成要素内涵与数量各异，但都揭示了翻译能力有别于其他能力的特殊之处。

（二）翻译能力的习得

翻译能力是如何习得的？该问题对寻求提高翻译能力途径、规范翻译教学活动具有重要的理论和实践意义。PACTE 在阐释翻译能力发展模式的基础上，提出了翻译能力习得路径。该研究小组认为翻译能力的发展既包括翻译能力各个子能力的发展，也包括在不同的翻译任务和交际情境中各个子能力整合式发展。PACTE Group（2000）的研究表明，翻译能力的获得像其他学习过程一样，是一个动态的、螺旋上升的过程，是获得操作性知识从而发展出策略能力的过程，也是一个不断发展和重建翻译能力构成成分的过程。在此过程中译者将新获得的知识和各项子能力纳入已有的知识体系和能力框架之中的过程，经历一个从无到有，从少到多，从粗略到精准的过程。PACTE 既强调翻译中语言知识与技能方面的能力，也关注到职业知识、能力要求以及作为译员的生理和心理方面素质。在翻译能力发展的新手阶段，主要的特征表现为已经至少部分地获得了翻译能力的子能力，但各项子能力之间还未形成相互联系和关系。因此，从新手演进至专家的过程既是缺失子能力的习得过程，也是对有子能力的关系进行重构、将所有子能力共同服务于转换能力的过程。

伯根（Bergen，2009）整合了 PACTE 与格尔普费里希和雅斯科莱宁（Gölpferich & Jääskelainen）的翻译能力模式，结合吉尔（Gile）的翻译过程模式，借鉴了加斯和克拉申（Gass & Krashen）等人提出的二语习得模式，将翻译过程和翻译能力发展理论融合在一起，建构了翻译能力习得模式，并阐释了在教学实践中运用的重点与难点，同时也指出了在习得过程中认知与元认知之间的矛盾以及对教学的启示。伯根认为对翻译专业的学生来说，他们既是学生译者，又是语言学习者，尤其在一些翻译院校，学生入学时外语水平与母语水平具有较大的差异。在此教学情境下，翻译习得过程与外语学习的过程密不可分，但是在二语习得过程中提高外语能力与在翻译过程中提高外语能力的特征与方式是不同的。这一翻译习得的模式说明了翻译习得过程是翻译子能力高度互动，在反思中不断修订翻译认知图式、提升元认知和学习策略的一个复杂过程。

（三）翻译能力的发展阶段

研究者指出翻译能力的获得是一个逐渐习得的过程，是一个从单项元素分析到整体识别的过程，这一能力的习得有其发展规律可循。

一些研究者运用心理学中的"能力"研究成果对翻译能力的属性加以揭示，从专家与新手的能力发展模式阐释翻译能力的演进过程。专家与新手研究源于 20

世纪 60 年代信息处理和人工智能研究。20 世纪 80 年代末 90 年代初，翻译研究者借助心理学中"专家知识"这一概念，通过对比学生译者能力与职业译者能力，分析不同翻译能力发展阶段的行为特征，以此揭示翻译能力的发展阶段标志。

施里夫（Shreve，1997）分析了译者的知识结构和程序知识，从认知的层面提出了促进学生译者重构翻译知识结构、获得能力发展的方式，形成了认知建构说。他认为翻译能力是认知图式集合，是对由文化决定的"形式–功能集合"（form-function sets）的重新建构过程。奥夫曼（Hoffman，1997）从译者行为与技能、专家知识的发展、专家知识和记忆组织以及专家的推理过程四个方面对专家知识的主要特征进行了分析。他认为专家行为具有两个共同特征：对情境的高度敏感和高水平的思维工作量。有些翻译工作需要在较大的压力下完成，高水平的思维工作量是可观测的变量，这个变量基于译者目前的技能水平，也依赖于他是否意识到任务的复杂性。在此基础上，奥夫曼将翻译行为发展划分为以下六个阶段：新手（对该行业一无所知）、入门者（对该行业有粗浅的接触）、学徒（接受训练，逐渐完成入门期）、熟手（富有经验，工作可靠，尽管需要接受指令进行工作，但可独立完成一天的工作）、专业人士、专家（不仅是专业人士，而且能够教授别人技能的人，体现了该行业的最高水平）。切斯特曼（Chesterman，1997）也从心理认知理论出发，提出了翻译能力发展的五阶段论：初学者阶段、高级学习者阶段、能力形成阶段、熟练阶段、专业技能阶段。

李瑞林（2011）从翻译思维能力发展的视角提出"译者素质—译者能力—译者素养"三阶段发展观。他认为译者能力是一个从初始状态、中间状态到目标态构成的连续体，呈现渐次发展的演进特征，翻译专业本科教育应以译者素养教育为目标，并渗透和体现在教学内容的选择、教学过程设计和绩效评价三个层面。

二、口译能力的构成与发展

translation 传统上多指笔译，而口译被视为笔译的口语形式的活动，所以其既可以用来指笔译，也可以用来指口译。随着口译职业的兴起，笔译与口译的区别日益受到研究者的关注。他们从语言学、传播学、认知心理学、心理语言学、神经学、教育学等视角进行多维度研究，探析口译过程、学生译者能力发展阶段和口译教学策略，对口译活动中的认知以及社会、文化因素进行了多维度的阐释，研究主题涉及口译能力构成元素的界定、口译教学、口译认知、口译质量等。这些研究为口译的体系化教学奠定了理论基础。

长期以来，人们认为完成口译任务的能力是学习两种或两种以上语言者的语言能力发展后自然获得的，即"译员是天生的"，因此未给予口译研究应有的重视。随着口译活动激增，人们对口译能力问题和口译教育才逐渐关注，世界多个国家和地区的翻译院校逐渐开展系统化的口译教学。虽然口译在跨语际会议和商谈等交流活动中起着重要作用，但口译研究起步较晚，初期口译研究多是基于具有长期口译经验者的反思，规定性研究居多（Gile，1990）。20世纪90年代以来，研究者从认知、语境、专家能力、语言干扰等多维视角对口译活动的特征进行了研究，形成了一些具有影响力的口译理论，如吉尔（Gile，1995）的"认知负荷模型"理论开启了口译实证研究的新篇章，波赫哈克（Pöchhacker，1994）提出了口译教学与口译能力元素研究的关系，并指出对于口译核心技能元素的认识是口译教学的基础。

由于笔译能力研究相对较早，研究者认为口译研究可借鉴笔译能力模式，从口译能力的构成元素来认识口译的特质。阿尔-萨尔曼和阿尔-汉恩（Al-Salman & Al-Khanji，2002）提出了口译能力的五个构成元素：①掌握工作语言；②广博的百科知识；③良好的分析与综合能力，推导意义的能力，能够快速适应主题、讲话者与情境变化的能力；④良好的短期记忆与长期记忆能力；⑤良好的专注力和公共演讲能力，良好的身体素质和心理素质。德博拉和卡萝尔（Deborah & Carol，2003）认为口译员从业领域对口译质量具有决定性影响，因此提出了口译能力的构成的差异性与建立认证制度的关系。他们认为不同的专业领域会对译员提出具有差异性的技能与知识要求，如在医疗卫生行业，译员对医学术语的掌握、对医药行业伦理规范的理解、对医生书面和口头指令的理解力就非常重要。因此，他们认为口译水平与资格认证应由译员从事的专业领域的机构评定并颁发。里卡尔迪（Riccardi，2002）则从程序性知识与陈述性知识的角度，分析了口译过程，阐明了程序性知识对口译工作的重要性。其他研究者从非语言交际的角度，揭示了口译对于讲话者表情、语调、手势等非语言交流信息解读能力的重要性。在国内，早期的口译研究者将口译能力划分为双语知识、言外能力和口译技巧（蔡小红，2001；仲伟合，2001；刘和平，2005）。一些研究者扩展了这一构成，如杨焱（2011）关注了口译中的非智力因素；王斌华（2012）从"译员能力"这一概念界定出发，增添了译员心理素质、身体素质等职业要素内容，在职业素质中关注了口译员的社会角色定位能力、操作口译设备能力以及熟练运用技术工具准备会议的能力等现代口译职业素养内容。近年来，口译能力内涵以及构成要素的跨学科研究日益增多，研究者从多元视角探讨了该能力中的文化、语言、认知以及个体差异等要素以及其相互关系，这些研究成果为口译课程设置与教学提供了新的理论基础（陈朗、孙忠广，2022；李希希，2021；周晶、楚军，2022）。

口译能力是一种基于复杂认知活动的技能。研究者根据认知心理学的研究，根据"新手—专家"发展阶段理论阐释了口译能力发展阶段，将口译技能的发展分为认知阶段、联系阶段和自动化阶段。在认知阶段学习者学习口译相关知识；在联系阶段学习者主要通过有意识的练习，掌握口译方法和各种方法的联系；在自动化阶段，学习者对各种方法的使用日趋熟练直至自动化的程度，在这一阶段，学习者便成为专家译员。研究者根据"新手—专家"发展阶段理论阐释了口译能力发展阶段（Gile，2004；王斌华，2012）。

三、翻译子能力关系

（一）笔译能力与口译能力

早期的笔译研究与口译研究各自独立发展，虽然口译研究从笔译研究中有借鉴，但对二者的关系未予以关注。由于笔译能力和口译能力的内在关系并未得到深入研究，这一分割现状也反映在教学中。在欧洲，对于口笔译教学的关系有多样的设定模式。一些翻译院校要求学生完成口笔译两个方向的学习和测评才能获得学位；一些院校要求学生在学完笔译课程后才能进入口译学习阶段；而有些仅在研究生阶段同时开设口译和笔译方向课程。

口译与笔译均为跨文化交流活动，因此笔译能力与口译能力的构成要素必然有共通部分，也有迥别之处，研究者对口译和笔译能力构成元素在不同层级上的关联进行了分析，阐释了这一研究对翻译教学的启示，提出了部分口译课程与笔译课程整合的可能性，该研究成果也为阐释我国翻译专业课程实施中的现象提供了理据。

最早将口笔译能力与教学研究结合起来的是波赫哈克（Pöchhacker，1994）。他采用赖斯（Reiss）和弗米尔（Vermeer）的笔译理论解释了同传中的现象，同传是非常独特的口译工作类型，因此他在理论应用中发现有很多难以阐释之处。诺德（Nord，1996）提出口译训练有助于学生更好地习得笔译能力。诺德认为在习得笔译能力的过程中，将不同技能综合学习很重要。卡利纳和克龙（Kalina & Köln，2000）在梳理口笔译研究历史与研究成果的基础上，提出将二者研究进行结合的必要性与可能性。两位研究者认为口译与笔译都属于语际交流范畴，译者都需要有转换能力，可以将口译与笔译视为一个连续体，有些子能力是二者共有的，可以整合为一个教学内容，而有些分属于口笔译独有的能力子项则需分别训练。二者共性的方面有原文本解读、译入文本功能的判定以及转换策略模式，对这两种能力进行共性研究对口译与笔译结合比较紧密的一些翻译形式（如视译）等研究有所助益。

克米斯（Kermis，2009）也对口译和笔译的共通和差别进行了阐述。克米斯认为笔译教学中的一些问题在口译教学中也同样存在，如文化能力、主题知识能力的问题。但二者也有相异之处，如口译需要能够解读顾客的语调含义、身体语言和面部表情，但是笔译则注重原作者写作风格再现、译入语文化中的写作规范等问题。笔译能力的训练会有助于口译能力的提高。在此方面，吉尔（Gile）和克米斯（Kermis）持相似的观点。吉尔（Gile，2004）认为虽然口译与笔译工作环境、工作成果形式、工作过程以及译员心理与生理要求等方面存在差异，但口译能力与笔译能力之间存在紧密的相关性。

弗拉哈特和马哈迪（Fraihat & Mahadi，2011）在对口译能力和笔译能力主要模式对比分析的基础上，结合神经学和神经语言学对口译活动的研究，对语言能力、语言输出以及语对方向的相关研究，指出口译能力和笔译能力存在共通之处，阐明了二者的区别，二者能力关系如图 3.3 所示。

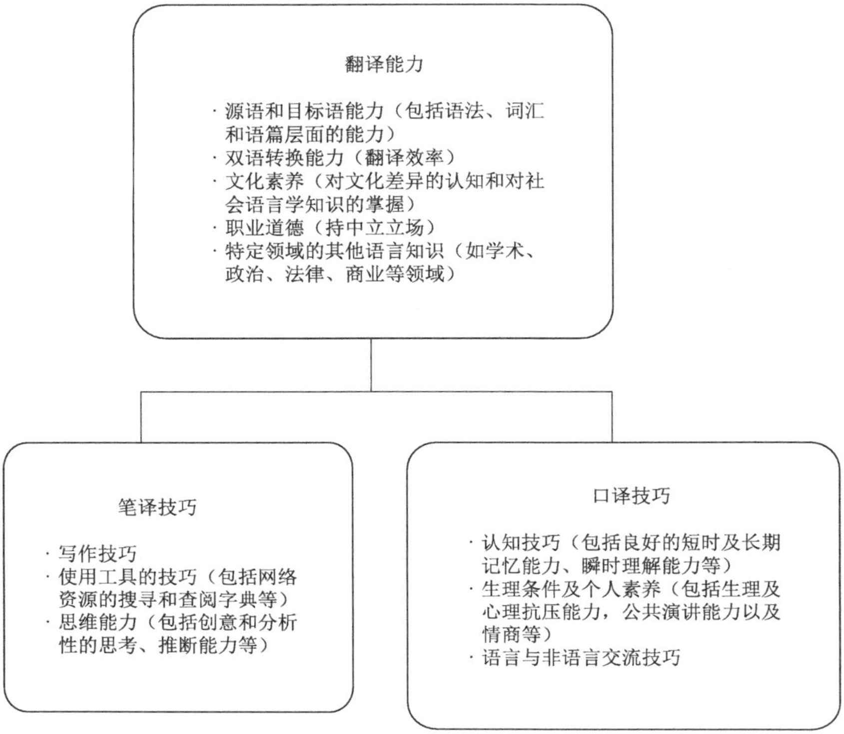

图 3.3　笔译能力与口译能力关系图

资料来源：Fraihat,O. A. & Mahadi, T. S. 2011.Towards an inclusive mould of translation and interpretation requisite competence. http://www.translationdirectory.com/articles/article2351.php[2013-12-21].

（二）语言能力与翻译能力的关系

语言能力是翻译能力的子能力，但这二者的关系并不是简单的包含关系。科琳娜（Colina，2003）从语言学理论对语言能力内涵进行了剖析，认为在二语学习的过程中，既包含了语言能力的习得，也包含了跨文化交际、社会语言能力和语用能力的习得，而这些能力也正是翻译学习中所要提高的能力。波佩斯库（Popescu，2013）认为在外语教学中，翻译能力中的部分子能力也应得到发展。因此翻译理论不仅需要研究翻译能力中独特的子能力的培养，而且应研究与翻译能力紧密相关的语言能力的培养，如语音、词法、句法、语义、语用和跨文化交际等内容。在外语教学中应该将翻译能力的提高与语言能力的提高结合起来，二者在教学目标上的关系如图 3.4 所示。

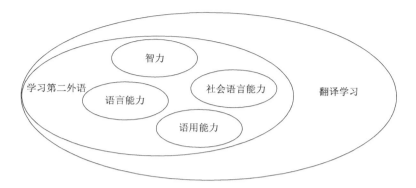

图 3.4　外语学习与翻译学习之间的关系

资料来源：Popescu, T. 2013. Developing English linguistics students' translation competence through the language learning process. *Procedia-Social and Behavioral Sciences*, 93: 1077.

（三）写作能力与笔译能力关系研究

辛格（Singh，2005）采用有声思维报告和访谈方法，研究了写作与翻译的共通之处，发现被试在这两个过程中采用了许多相同的语言学习策略，研究结果表明在听说读写四项活动中，写作与翻译特质最相近。杰弗里（Jeffrey，2010）通过实证研究，发现概要写作能力与笔译能力之间存在较高的共性。概要写作是提高学生语言能力和认知能力的良好途径，其能力与笔译能力的构成要素有一些共通之处。二者的相关性受到一些研究者关注，并在翻译教学实践中得以应用，例如概要写作作为一门课程在一些西班牙大学和英国大学的翻译专业本科和研究生阶段已有开设。

以上研究成果揭示出翻译能力构成元素的多元性、翻译能力子要素相互作用的复杂性以及翻译能力发展的阶段性与终身性，这些理论研究成果成为阐释翻译专业课程系统的重要理论依据。

第三节　翻译专业课程实施的教育生态

教育生态学从生态视角审视了教育的主体与客体、有形元素与无形元素、内在系统与外在系统的关联与互动，为研究教育现象提供了新的理论视角。翻译专业课程实施在一个包含了多种元素的彼此互动的复杂系统中开展。翻译专业课程实施系统元素多样，元素之间形成了非线性互动关系，因此教育生态理论为阐释翻译专业课程实施现象及其成因提供了有力的理论框架。

一、教育生态学发展回顾

"生态"最初用来指动、植物间及其生存环境间的关系样态。现代生态学的研究将此概念扩展到全球生态系统与景观。20 世纪 60 年代之后，生态概念广泛运用在经济、文化、教育、伦理等人类社会生活多个领域的研究之中，逐渐形成了文化生态学、生态学伦理学、教育生态学等新兴学科。"教育生态学"这一概念最早是美国学者克雷明（Cremin）于 1976 年在他的《公共教育》中提出来的，他从系统论角度考察教育与环境的关系，把教育视为一个具有整体性的复杂系统，该系统中的因子互相联系、互相作用，推动系统动态发展（转引自王玲等，2009）。这一领域引起了众多研究者的关注，到 20 世纪 80 年代和 90 年代，教育生态学研究的范围不断拓宽并向纵深发展。根据吴鼎福和诸文蔚（1998）对教育生态发展的回顾，微观的学校生态学研究主要是由美国研究者古德拉德提出，他认为学校是一个文化生态系统（a cultural ecosystem）的概念，应从管理角度入手，统筹各种生态因子以建立一个健康的学校教育生态系统。鲍尔斯（Bowers）的研究既有微观的课堂生态研究，也有宏观教育生态问题研究。总体而言，国外教育生态学强调综合、联系、平衡的生态学基本理念，研究的内容主要集中在微观教育生态学、教育生态因子构成、宏观教育生态学等三个方面（贺祖斌，2005）。

我国教育生态学研究起步相对较晚。20 世纪 60 年代，方炳林出版了《生态环境与教育》。吴鼎福和诸文蔚（1998）的《教育生态学》系统阐述了教育生态环境、结构和基本规律。任凯和白燕（1992）阐述了教育生态系统的概念、原理和功能，分析了学校、班级工作与环境教育之间的关系。范国睿（2000）从文化、人口、资源以及环境角度分析了教育生态问题，提出学校的生态分布、生态环境、课堂生态环境的设计方案。在《共生与和谐：生态学视野下的学校发展》中，范国睿（2011）从教育生态学视角分析了学校的生态特点与学校发展的生态机制。

在教育生态的理论建构方面，研究者认为应通过分析教育生态学研究对象、研究内容和研究方法，进一步明确教育生态学的学科定位问题，教育生态研究应该从"关系论"上升到"系统论"，将教育主体、教育客体和生态环境三者视为一个整体系统。正如郭丽君和陈中（2016：1-5）所论："教育生态学的关注重点不应该只是教育主体，不应该只是教育客体，也不应该只是与教育相关的生态环境，而应该是由教育主体系统、教育客体系统和生态环境系统共同构成的教育生态系统。也就是说，教育生态学的研究对象是由教育主体系统、教育客体系统和生态环境系统共同构成的教育生态系统。"此外，随着网络化的快速发展，教育技术的广泛运用，网络教育生态也势在必行，研究者对网络教育的构成、运行、调控以及培育进行了系统的研究（赵晗睿，2021）。

另外，研究从教育生态学视角出发，立足我国教育特色和实际，分析教育问题，凝练教育成果。邓小泉和杜成宪（2009）对人口增长给学校教育带来的压力、农村教育生态问题、学校地区分布与教育的平衡发展等问题进行了专题研究，贺祖斌（2005）分析了高等教育系统的生态承载力、生态区域发展和生态环境等问题。吴林富（2006）从教育生态学原理出发，提出了教育生态管理的概念，并具体论述了主体管理、环境管理、信息管理、课堂生态管理和危机管理的构成、特征和意义。姚远和冉玉嘉（2019）结合我国高校教育改革，探讨了创新创业的教育生态系统基本概念、构成元素和运行机制。方然（2021）在分析教育生态主体认知重要性的基础上，建构了区域教育生态建构的模式，阐述了教育生态对社区教育与学前教育的影响。

整体而言，我国教育生态学研究有两个重点：一是从生态学概念与原理分析教育现象，探讨我国教育机制的合理性及发展；二是从教育系统生态性视角分析教育系统内部运行规律，以系统论的观点审视教育问题，探寻教育发展的最优机制。经过多年的发展，教育生态学研究形成了较为系统的理论，涉及学校教育中的课程设置、教学模式及科研与管理、教育与外部学区环境关系等方面。教育生态学为人们审视复杂教育问题、分析教育现象、解决教育困境提供了新的系统理论视角。

二、教育生态学的基本概念

生态学是研究生命系统与环境系统相互联系、相互作用的理论。教育生态学是应用生态学的概念与原理，研究教育现象及其成因，揭示教育发展规律的理论，该理论从分析教育生态环境与教育活动的相互作用入手，研究教育生态系统结构和功能关系，从而找到优化教育生态的途径。

（一）教育生态环境

教育生态学的首要研究问题是教育生态环境的内涵与特征。教育生态环境是指对教育起制约和调控作用的环境体系。教育生态环境可分为三个层次（吴鼎福、诸文蔚，1998）：一是以教育为中心，包含自然环境、社会环境和规范环境的教育生态系统；二是以某一学校或教育层次为中心的教育环境；三是以学生的个体发展为轴心，包含对其产生影响的自然、社会和精神系统，也包括教育对象内在的生理和心理环境。

（二）教育的生态结构与功能

教育的生态结构包括宏观生态结构与微观生态结构。教育生态结构研究旨在探讨以教育为轴心的环境系统与人类的交互关系，寻求教育发展方向与优化策略。对宏观教育生态的研究关注生态环境、信息、能量与物质流的输入与输出以及转换过程。在生态学中，按照研究对象可分为个体生态、种群生态、群落生态和生态系统四个生态层次。教育生态学中，把种群生态和群落生态结合为群体生态。个体生态特征受家庭环境和规范环境的影响较大。一所大学就是一个教育系统，其中的系、科等机构可视为教育生态群落。教育的微观生态聚焦于学校层面，研究教学条件对教学的影响，具体影响体现在课程与学生的关系、师生关系、生生关系、学生个人的生活空间和师生心理状态等方面。从生态结构来看，教育生态系统可分为显性结构与隐性结构。显性结构是指教育系统中有形的结构，如学校的规模和组织结构，课程设置中的课程学时、学分比例等；隐性结构是教育系统中无形的结构，如教育的管理关系和人际关系等。教育的生态功能分为系统内功能和系统外功能：其内在功能为育才功能；外在功能主要为社会功能，以传递文化、协助个人社会化、使人们建立共同的价值观等社会功能为主。

三、教育生态学基本原理

研究者结合生态学核心概念提出了教育生态系统的基本原理和规律。吴鼎福和诸文蔚（1998）在《教育生态学》中提出了教育生态的十个基本原理与三个基本规律；范国睿（2000）在《教育生态学》中阐述了胜汰原理、拓适原理、生克原理等原理概念。本书根据所提出的研究问题，在阐释翻译专业课程实施的现状与成因时主要运用了以下教育生态原理和规律。

（一）限制因子定律

限制因子是根据植物研究中的发现而逐渐形成的概念。植物学家发现植物的产量通常受那些少量需要的原料的限制，后来在教育生态学中，自然限制因子这一概念扩展到社会和精神因子。在教育生态系统中，最主要的限制因子是能量流与信息流，能量流低于基本需求时，会限制教育的规模和质量。高校如果扩大招生规模而不顾相应所需师资力量，就会造成该校教育生态能量不足，直接影响教育质量。但教育生态具有社会属性，其适应机制不仅对限制因子起作用，而且能够主动创造机会，积极反馈调节，能够将限制因子转化为非限制因子，促进系统优化。

（二）耐度定律与最适度原则

生物的生存依赖多种环境条件，生物有机体对环境因子的耐受性有其上限和下限，任何因子不足或过多，接近或超过了某种生物的耐受限度，该种生物的生存就会受到影响，甚至灭绝。教育生态理论借用了生态理论这一概念用来考察教育系统中各个因子与环境之间数量、规模和速度等的适应能力与范围。

（三）花盆效应

生态学上称为"局部生境效应"（吴鼎福、诸文蔚，1998：137），根据这两位研究者的定义，花盆是一个半人工、半自然的小生态环境，在空间上存在局限性，且需人为地为其创造适宜的环境（吴鼎福、诸文蔚，1998）。若花盆内的个体、群体生态阈值下降，生态幅变小，一旦离开此小生态环境，个体和群体会失去生存能力。在教育生态学中，花盆效应有多种表现，如封闭、半封闭系统对学生发展的作用和影响等。若消除"花盆效应"，则需提高教育系统的开放性，增强学生与外部系统的联系，促进学生全面发展。

（四）生态位原理

生态位是生态学中的重要概念，用来描述一个生物在其环境中的地位。生态位是"在一个群落中，每个种都有不同于其他种的时间、空间位置，也包括在生物群落中的功能地位。一个物种所利用的各种资源的总和的幅度，成为生态位的宽度"（吴鼎福、诸文蔚，1998：140）。生态位的宽度具有泛化与特化两种倾向，与生态位相关的是竞争排斥原理。从教育学的角度来看，生态位的作用主要体现在教育资源的多寡、系统各因子之间的竞争与排斥的关系上。

（五）社会性群聚

在自然界有生物的群聚，教育生态结构中的主体也有群聚的习性，形成不同的群聚类型和群聚结构。群聚类型分为正式群体、非正式群体、半正式群体和参照群体；群体结构分为同质结构和异质结构。群聚类型和结构要符合教育目的才能促进系统的和谐发展，教育系统的群体要有适当的群聚度。

（六）群体动力与群体关系

生态系统中的群体成员之间相互作用、相互影响，这种关系被称为群体动力（group dynamics）。在一个具体的教育生态中，构成的群体之间无论相识与否都会具有群体动力。教育生态学研究中将群体动力关系总结为"同侪依慕""权威关系""利群行为""合作关系""共生或共栖""中性作用""竞争""侵犯""寄生性""社群领袖"十种关系，运用这些关系概念审视群体内部成员之间的关系特征，有利于深入分析教育生态系统构成群体之间的关系对教育生态系统的影响。

（七）整体效应与边缘效应

所有系统都具有整体性，教育生态系统各层次的结构单元和生态环境构成互相联系、彼此影响的复杂结构的系统，系统具有整体功能并产生整体效应。教育系统中一个因子特点会影响到其他诸多因子，同时系统的整体特点受多种因子状况的制约。边缘效应在生态学中是指处于生物群落交界处的物种类型生产力较高。在教育生态学中的边缘效应揭示了教育系统中的因子构成异质性的重要性，也用来阐释处于教育生态边缘地位的因子的状态及其影响。

（八）教育生态的平衡与失调

生态学上的平衡是指种群与它依赖的环境之间保持资源和空间上的平衡，即能量和物质的输入与输出相近或相等。平衡是动态意义上的平衡。教育生态系统的平衡指系统内部元素数量、质量的结构和元素关系的平衡，也指内部系统与外部系统在物质流、能量流和信息流功能与需求之间的平衡。"教育生态平衡是教育生态理论的核心问题，是教育生态的一条基本规律，把握这一规律，就能从根本上全面地揭示教育方面存在的问题和实质。"（吴鼎福、诸文蔚，1998：169）

（九）教育生态的演替与演化

生物演替是指生物群落的物种发生变化。演替会造成生物物种数量和类型的变化，能量和食物链变得更加复杂。生物演化是指生物在不同世代之间具有差异的现象。演化是生物种群的基因性状发生定向改变。生态的演替与演化在时间上表现出层级性，具有整体效应，保持相对稳定的状态，演替与演化是生态对外在干扰的反馈与调节。教育生态系统在外在环境和内在需求的作用下，会发生系统因子数量与属性及因子间关系的改变，这就形成了教育生态的演替与演化。教育系统的演替和演化是由系统的自动力系统和外部系统的相互推动而产生的，要求教育系统的各子系统间形成良好的反馈回路结构和相互作用的关联。

四、翻译专业课程实施系统构成元素

学校的教育生态系统可分为内部生态系统与外部生态系统。翻译专业课程实施在特定的学校展开，与学校的课程、教师、学生、制度和文化等形成联系，构成了课程实施的内部生态系统；同时，翻译专业课程实施与外部环境相联系，与外部诸多元素产生联系与互动，如语言服务业翻译教育管理部门（如翻译教学协作组）、翻译行业的社会组织（如中国翻译者协会）和中国外文局翻译专业资格证考评中心。翻译专业课程实施的两个子系统中各自包含多个小系统，不同层级之间的子系统相互作用、相互制约，形成一个由多种元素构成的翻译专业课程实施生态系统。

课程实施的过程是特定教育生态系统组成元素相互发生关系的过程，在《共生与和谐：生态视野下的学校发展》中，范国睿（2011）从教育生态学视角分析了学校生态特点与学校发展的生态机制，从宏观层面梳理了学校教育生态系统的历史变迁与区域环境中学校教育的生态意义，阐述了学校的生态格局、学校变革的生态动力和生态过程，对学校的制度生态、组织生态、文化生态、课堂生态的特征和变革机理进行了分析，揭示了影响学校系统构成与发展的问题，这些研究成果为分析学校教育生态系统构成元素、元素之间的关系以及学校发展内在机制问题提供了新的理论工具，为探索优化学校教育的途径提供了新的理论视角。本小节从系统论和教育生态学基本原理出发解析翻译专业课程实施系统的构成要素与特征。

（一）内部系统

1. 翻译专业课程系统

从静态形式来看，翻译专业课程系统内部构成元素有培养目标、培养规格、课程设置、教学要求和评估要求，具体体现为课程文件——课程计划（常称培养方案或教学计划）。翻译教学协作组颁布的《教学要求》和翻译院校设计的培养方案属于静态的翻译专业课程系统。课程计划是"根据一定的教育目的和一定学校的性质任务对一定学段的课程进行总体设计的课程文件。它规定学校课程总体设计的指导思想、培养目标、课程设置、学业评价以及课程计划实施的要求，是学校开展教育工作和制定课程标准的依据"（廖哲勋、田慧生，2003: 282）。根据两位研究者对课程计划的相关论述，将课程计划的构成及其功能整理如表 3.6所示。

表 3.6　课程计划的构成、内容及功能关系

序号	构成	涵义	内容	功能
1	培养目标	对受教育者的规格要求和质量标准	全面体现专业教育的内涵与特征	教育目的在教学中的具体化
2	培养规格	具体的培养要求	受教育者应具备的知识和能力	是培养目标的细化，人才培养的标准及规范
3	课程结构	课程的设立和安排	课程内容的选择	培养目标在一定学校课程设计中的集中体现
			课程类型的划分	
			课程学时分配与编排	
			各门类课程的编排	
4	教学原则	根据教育教学目的、反映教学规律而制定的指导教学工作的基本要求	处理好教与学的关系	指导教学工作有效进行的指导性原理和行为准则
			知识与能力的关系、传统教学与现代教学技术等关系	

序号	构成	涵义	内容	功能
5	测试与评估	受教育者学业水平的测试与毕业要求的评估	测试的阶段性要求	检查教学要求执行情况，评估教学质量
			评估的内容与学生应达到的学业水平	
			评估的方式	

从系统层级关系而言，宏观层面的翻译专业课程计划是翻译院校制定校级课程计划的依据。在此意义上，《教学要求》是目前我国翻译专业课程系统的母系统，翻译院校各自的课程计划是子系统，它们具有母系统的基本属性与特征，但作为独立子系统又具有相对独立性，体现出子系统生成与发展的生态性。

2. 翻译专业教师系统

1）翻译专业教师系统要素与特征

本研究调查发现，翻译专业教师来源有四类：①从原有外语教师系统中分离出的部分教师（专职）；②新聘翻译学博士或硕士（专职）；③从翻译行业所聘职业译员（多为兼职）；④从其他院校所聘兼职教师。我国翻译院系教师构成基本以前两类为主，后两类为辅。整体而言，翻译专业教师数量相对不足，以北京外国语大学为例：从翻译专业师资来看，2007—2017 年北京外国语大学的翻译专业教师每年约 10 人在岗。与部分高校翻译师资仅有 2—3 人相比，北京外国语大学翻译专职教师的人数不算太少。但是，如果考虑到 2007—2017 年翻译专业学生数量变化，北京外国语大学的翻译师资还是颇为短缺的，几乎所有的教师都承担了超出工作量以外的大量翻译教学工作，同时还不得不聘请英语系以及校外的教师担任翻译专业课程的主讲教师，以弥补师资的不足（马会娟，2017：105）。近年来，翻译专业教师的数量得到较快速度的增长，根据穆雷等（2022）对翻译专业硕士培养单位数量和教师数量的统计，2022 年，平均每个翻译专业硕士培养单位的翻译专业教师人数达到 27 人，研究者同时指出"翻译专业教师"的内涵，翻译专业教师专业能力发展模式及其路径、自我认知与角色定位等是研究者所关注的课题。

翻译专业教师作为一个学校教育的生态群落，其组织形式体现出教育制度生态与组织生态的差异。根据本研究调查，翻译专业教师系统的组织形式有三种模式：①完全独立的翻译专业教师系统。翻译专业教师系统从英语专业教师系统中完全分离出来，建立翻译系，形成了独立的教师系统与相应人事与教学管理机构，教师只担任翻译专业课程。②半独立的翻译专业教师系统。这又分为两种具体情况：一是有独立的翻译系，有相对独立的人事所属系统，翻译系教师同时承担翻译专业和英语专业教学任务，工作内容在两个专业交叉；二是有独立的翻译系，但授课任务由翻译专业和英语专业教师共同承担。③无独立建制的翻译专业教师系统。翻译专业教学任务由英语专业中的部分教师完成，未成立翻译系，翻译专业教师授课任务安排具有较大流动性和不确定性。

翻译具有显著的跨学科特征，翻译专业教师的学术背景多元，教师的专业背景有翻译学、语言学、外国文学等，而翻译专业教师的具体研究方向则更加多元：文学翻译研究、翻译教学研究、语料库语言学、社会语言学、二语习得等，不同的学术背景给翻译专业课程带来多样化的理解与实施方式。

由于翻译专业教师系统与英语专业教师系统存在历史关联，因此该系统必然体现出一些遗传性特征，这意味着翻译专业教师系统需要专业能力转型才能实现其应然功能，这是专业发展的内在要求。虽然《教学要求》对教师的专业知识与能力结构未有明确规定，但《教学要求》的培养目标和课程设置内容已对翻译专业教师的知识与技能提出了潜在要求。

2）翻译专业教师课程变革愿景

课程实施是特定的学校教育生态系统的课程变革活动。一个学校是否有意愿变革有赖于学校愿景，然而实现学校愿景离不开教师的教育实践。富兰（2005）认为在学校变革中要重视教师的变革意愿，为教师提供足够的变革条件，促进其变革意愿的生成并与学校的愿景相融合。

在促进翻译专业教师个体的变革方面，首先要关注翻译专业教师的变革意愿。教师是课程实施的重要主体之一，是推动课程实施的重要力量。翻译专业课程实施意味着翻译专业教师要改变教育观念、思维方式、价值取向等，也意味着需要重构专业知识和能力。从课程实施角度来看，翻译专业教师需要走出已有熟悉的模式，探索相对陌生的教学模式。在课程变革面前，翻译专业教师有可能会认同、参与变革，也有可能会逃避或对变革有阻抗。因此，只有增强翻译专业教师对变革的认同感，减少教师对变革的阻抗心理与行为，才能有力推动课程变革。

翻译专业课程实施效果也有赖于教师变革的客观条件的改善。在课程实施中需要给教师提供变革条件,提高翻译专业教师在课程变革中的生存与发展的能力。因此,首先需要提高翻译专业教师学习变革的能力,提升翻译专业教师的知识与技能,改善其思维方式和教育行为;其次应当增加翻译专业教师学习变革时间,促进变革活动与日常活动整合;最后,在翻译专业教师学习变革层次上,应将表层的信息学习和深层的课程变革取向和思维学习相结合,在学习内容上要关注知行合一,利用多种学习途径,将在职学习转化为变革学习。

3. 翻译专业学生系统

翻译专业学生一般是从普通高等学校招生全国统一考试的考生中选拔而来的。因学校录取要求存在差异,学生入学时的英语水平必然存在差异。学校招收翻译专业学生时,地方教育管理机构的要求也会影响生源的选拔方式。有些学校有相对独立的招生权利,可以从生源中选拔英语水平最好的学生进入翻译专业,为高水准的专业教学提供保障。有些学校的招生按照师范类、非师范类的区分进行招生,翻译专业属于非师范类,录取分数线比英语专业录取分数线低。因而,翻译专业学生入校时的英语水平存在不同程度的区域差异和校际差异。

从学生生理和心理角度来看,大学生的年龄一般在 17—23 岁,处于青春期的中后期,生理发育完全成熟。然而,他们的心理虽趋向成熟,但并未真正成熟,是人生观形成的关键时期(张积家、陈俊,2009)。大学阶段是一个人认识社会、发展专业能力的重要时期。因此翻译专业本科教育与硕士阶段教育在属性上有一定差异。翻译专业本科教育在培养学生专业知识与技能的同时,也需关注学生的个体性发展,给予其人生观和价值观的引领,以实现本科教育的育人功能。从学生个体发展来看,在翻译专业本科阶段,学生的自我概念、对专业的学习兴趣程度、学习能力和综合素养水平存在诸多个体差异。在翻译专业课程实施中,既要将翻译专业学生群体作为一个生态群落来看待,也需要考虑到课程实施时个体的差异性需求。

4. 翻译专业制度系统、组织系统与文化系统

学校制度具有规范性、强制性、稳定性和教育性特征(范国睿,2011),"学校制度是为了约束学校的行为和与学校有关组织、机构、个人的行为而制定的教育法律、政策、规章等成文的规则体系……学校制度生态是学校与生态主体和学校生态环境之间形成的制度结构及其功能关系的总和"(范国睿,2011:134-138)。

学校制度生态系统在一个较短的时间内具有延续性，内部因子之间具有关联性。学校制度生态系统的功能是为学校的教育提供运行保障。在类型上，可分为学生制度生态、教师制度生态、管理者制度生态以及服务人员制度生态。当代学校制度生态系统特征有三类维度：封闭与开放、等级与自主、动态与静态。从封闭与开放的维度看，学校制度具有封闭性，具体体现为教育行政主管部门制定、实施并核查学校制度的管理体制、规范教师和学生的行为。学校制度生态系统的封闭性程度是由学校制度生态系统之外的力量如教育行政机关和国家法律法规等决定的。从等级与自主的维度看，学校制度生态系统特征具有明显的等级性，在能量分配等级、权利等级、控制等级方面都有不同程度的体现。从动态与静态的维度看，学校制度生态系统以静态为主，可以说学校制度的封闭性与等级性决定了学校制度生态系统的静态特征。

教学管理是教学活动运行的模式、要求与规范，也是教学活动运行的保障。教学管理系统包括如下内容：教学计划；教学运行和质量管理；教材、实践教学基地；教学管理制度；等等。人事管理系统包括对教师的聘任机制、对教师业绩的评价、奖惩制度以及人事所属机构的管理。教学管理系统和人事管理系统涵盖教学活动的各个环节，涉及课程实施活动的方方面面，虽无形却与课程实施密不可分。教学管理系统和人事管理系统如果符合翻译专业课程实施的内在要求，会对课程实施起到积极作用，反之则对课程实施形成阻抗。

我国高校内部系统包含组织系统，如教务处、学生处、团委等，教学组织有院、系和教研室等。这些组织之间的关联性、协同性程度影响着学校教育活动的效率。我国高校内部系统的组织构成有共性也有差异，各个组织系统与学校大系统之间的关系、各个组织子系统之间的横向联系疏密程度不尽相同。

"学校本身就是一个文化载体，学校变革与发展的过程实际上是一个学校文化生态的形成、维护与发展的过程。"（范国睿，2011：199）学校文化包括教师文化、学生文化、行政人员文化、社区文化、学校物质文化和学校制度文化。其中教师文化在形态上有对立说：学术中心与教学中心的对立、专业取向与职业取向的对立、教学者与学习者的对立。学校的变革意味着文化生态系统的同步转变，根据变革的需要持续更新学校的文化理念，将学校的文化理念与学校实践相融合，才能形成符合变革特征的文化生态系统。

翻译专业课程实施不是在真空中进行的，它不仅受有形因素的影响，也受制于制度系统、组织系统与文化系统等无形因素的影响。从宏观层面看，翻译专业教育的制度系统、组织系统和文化系统应符合国家的相关总体要求；从中观层面看，翻译专业课程实施所在的学校制度系统、组织系统和文化系统受所在培养院校的管理规范的制约。

（二）外部系统

1. 翻译行业系统

随着翻译行业化的发展，翻译工作的内容与类型发生了巨变，译员工作的领域日益细化，现代的网络工作环境和翻译软件的广泛使用对译者的翻译技能提出了新要求。翻译行业逐渐成为语言服务行业的有机组成部分，翻译从业人员的工作领域更为宽广。"伴随着中外交流的日益扩大、经济全球化和信息化发展、社会化、市场化的翻译服务，以及在此基础上延伸出来的本地化服务、语言技术和辅助工具研发、翻译培训与多语种语言信息咨询等相关服务已经形成了一个新兴行业——语言服务业。"（转引自袁军，2014：20）这些时代变化影响着翻译专业人才培养的类型与规格，给翻译专业课程的实施也带来挑战。例如，从全球100强语言服务提供商的人才规格需求来看："翻译行业中从事语言服务人员涉及的生产领域最多的是信息通信领域，第二是经济领域，第三是医疗领域，第四是法律领域，第五是科技领域。"（陈英祁等，2016：34）

2. 翻译行业社会团体系统

根据中国翻译协会官网，中国翻译协会是我国翻译领域唯一的全国性社会团体。它负责行业指导，参与行业管理，负责中国翻译行业国家标准的制定与实施。全国各省、市的地方翻译协会隶属于中国翻译协会。翻译行业的发展催生了具有时代特色的跨领域行业组织，其中比较有影响力的有中国翻译协会本地化服务委员会和中国科学院翻译工作者协会计算机分会等。

中国翻译协会举办与翻译专业教育联系密切的如下主要活动：①与 CIUTI、FIT 和 AIIC 展开合作；②与翻译教学协作组一起组织全国翻译专业师资培训；③举办全国笔译和口译大赛；④发行翻译界核心学术期刊《中国翻译》，内容涵盖翻译理论研究、翻译教学研究、翻译行业研究等研究内容，该期刊成为翻译理论与实践、学校翻译教育与翻译行业交流的重要学术平台。

3. 翻译从业人员考评机构

随着翻译从业人员规模的扩大，为了规范行业发展、提升从业人员素质，2003年中国外文出版发行事业局成立了全国翻译专业资格考评中心，负责组织全国翻译专业资格（水平）考试（简称翻译资格考试，英文简称 CATTI）。在翻译专业发展过程中，全国翻译专业资格考评中心与各地翻译院校逐渐建立了联系，全国翻译院校选派教师参加每年的翻译资格考试阅卷工作。2011 年以来，该中心每年举办翻译资格考试征文大赛以及其他交流活动。这些活动逐渐成为翻译专业教师交流教学实践经验的一个平台，促进了翻译业界与翻译学界的衔接。

4. 翻译教育管理机构

在第一批翻译专业教育培养单位试点之后，获批的培养院校逐年增多。教育部为了加强对高等学校翻译专业教学的宏观指导和规范管理，提高翻译专业教学水平和人才培养质量，于 2010 年 10 月成立"教育部高等学校翻译专业教学协作组"（翻译教学协作组）。翻译教学协作组对翻译专业的职能具体体现在以下方面（仲伟合，2011；平洪，2014；罗慧芳、鲍川运，2018）：①规范翻译专业本科教育。组织专家编写《全国高等学校翻译专业本科教学要求》，在 2011 年 3 月13 日通过了《高等学校翻译专业本科教学要求（试行）》。②为翻译院校和翻译行业提供交流平台。翻译教学协作组成立至今，每年召集全国翻译院校负责人联席会议，邀请翻译院校负责人分享办学经验，邀请翻译行业人士分析行业人才需求和未来发展趋势，提供校企合作沟通平台。③组织针对性的"干预"活动。"干预"是课程与教学论中的一个术语，意为"在变革过程这个情景中，对任何一种参与或应该参与变革的个体产生影响的行动（action）或事件（event）"（转引自霍尔、霍德，2004：131）。例如，针对翻译教育中的师资问题，翻译教学协作组每年与中国翻译协会、负责翻译研究生阶段教育的机构（全国翻译专业学位研究生教育指导委员会）以及翻译行业组织联合举办全国高等院校翻译专业师资培训，聘请国际专业译员和国内外知名翻译院校教师对翻译专业教师进行专题培训；举办"翻译专业教学观摩周"活动，促进校际教学经验的交流。

第四节　翻译专业课程实施系统应然特征

从系统论视角看，翻译专业课程实施系统的构成元素多样，在课程实施过程中，系统的元素构成和发展只有符合翻译专业教育规律要求，才能彼此建立起有效关联，从而形成合理的系统结构，发挥该系统的应有功能，并在内、外部动因促进下持续演进。

一、翻译专业课程实施系统的整体性

翻译专业课程实施系统由彼此关联的元素构成，元素自身的素质和元素之间所形成的关系决定了系统的整体性和功能，但翻译专业课程实施系统并非系统各元素功能简单相加，这是因为系统具有非加和效应。这种非加和效应可以从两个方向来看，一个是增和效应，另一个是减和效应。系统要形成整体性，关键在于系统元素形成相互联系、相互作用的关系。如果系统中的元素能够协同一致，系统就会向良性发展；如果元素关系混乱无序，系统就会向恶性方向发展。系统内部的结合能力来自各个元素之间的协同作用，如果一个系统内各个元素相互协同、有序化和组织化程度高，那么元素之间就会相互促进、相互增益，加快系统与环境的相互作用，提升系统的整体功能。

翻译专业课程实施系统是多个元素构成的复杂系统，元素之间的关系既有对立的一面，又有统一的一面，具体体现为语言技能与翻译技能的关系、翻译理论教学与实践教学的关系、专业素质与人文素养的关系、翻译现代技术的运用与传统教学手段的关系、翻译学校教育的计划性与行业工作的灵活性之间的关系。此外，它也体现在教师学术能力发展与翻译实践能力的关系、学生专业能力的整体提高与学生个体的多元化发展之间的关系，它还体现在翻译院校中教学和人事管理相对稳定模式与行业活动的动态和多元模态的对立关系上。

翻译专业课程实施系统含有多个元素，每个元素之间应形成有机联系，各个子系统之间也应相互联系。翻译专业课程实施系统元素之间的联系，不是简单的加和关系，而是需要课程实施者从各元素的内在特质出发，从系统的结构和功能

着眼，综合考虑每个元素在整个系统中的地位和作用，使所有元素相互联系、相互作用，将所有元素朝同一个方向进行整合，促使系统在整体上产生有规律的序变，从而促进系统发展。

以翻译专业课程实施内部系统为例，课程系统的整体性体现为：课程培养目标与课程结构的一致性；课程结构中语言知识与能力模块、翻译知识与技能模块和相关知识与能力模块之间的有机整合；与专业课程教学相适应的教学方法与学业考核方式。翻译专业教师系统的整体性体现在如下方面：教师对翻译专业课程系统的整体性认知，对自己所授课程在系统中的地位与作用有清晰的理解；教师在学历和学科背景、研究方向等方面形成互补；教师在教龄和年龄上形成层次；教师在教学和科研上有常规性合作与交流，形成良好的教师文化。学生系统的整体性体现在如下方面：学生专业水平不存在明显分化；学生整体形成良好的学习风气和精神面貌；学生在学业和生活方面常有互动与交流。翻译教学管理系统和人事管理系统中元素较多，涉及课程计划的管理、常规教学管理以及教学资源等方面的保障，同时深受学校的文化与制度的影响，因此教学管理系统的整体性体现在子系统内部各元素能够建立密切联系，共同服务于翻译专业课程实施的顺利开展。

翻译专业课程实施系统的整体性还体现在其内外部系统关系的建立与发展上。翻译专业课程实施系统纵向的整体性体现在国家宏观层面管理系统的专业发展规划与要求能和处于中观层面的学校教育系统的建构形成良好衔接。例如，国家翻译教育管理系统规范着翻译专业课程体系的基本模态与发展方向，对课程实施中出现的普遍性问题进行干预。翻译专业课程实施系统横向的整体性体现在如下方面：翻译专业课程实施系统内外部子系统的联系形成多维交叉式联系，翻译教学管理系统、行业组织系统和行业管理系统之间建立密切的横向联系，以翻译专业教育的发展为纽带，增进管理机构与实践单位的交流，促进翻译行业、翻译教育管理机构以及行业社团与翻译教育的融通。例如，国家翻译教育管理系统与翻译行业组织系统、行业管理系统共同搭建平台，促进翻译教育系统与外部系统的合作，促进翻译院校之间的交流。来自行业的企事业单位为翻译专业课程提供鲜活的课程资源。教学与人事管理系统为课程实施的正常运转与可持续发展提供保障。简言之，翻译专业课程实施系统的内部系统与外部系统只有形成多维纵向和横向的联系，才能实现系统整体应有的功能。

二、翻译专业课程实施系统的开放性与封闭性

系统是开放性与封闭性的统一。任何动态系统都具有与环境进行交换或抵制交换的特性。系统的开放是为了与环境相互作用，进行物质、能量和信息的交换，从而得到生存和发展；封闭性是对外部环境中不利于系统发展因素的过滤与筛选，它是系统生存和发展的保障（苗东升，1998）。

翻译专业课程实施系统需要有开放性，以保证自身的发展和功能的实现。翻译专业课程系统产生于外语专业大类系统，在初期发展阶段会表现出母系统的一般属性特征，翻译专业课程实施系统在发展的过程中会逐渐明确自己的系统边界，在实现系统的开放性与封闭性对立统一的基础上，彰显系统共性与个性特性。

三、翻译专业课程实施系统的演替与演化

任何系统的产生都会经历从无到有、从少到多、从量的增加到质的转变的过程。翻译专业课程实施系统也经历了从无到有、从简单到复杂、从量变到质变的过程。它按照翻译专业的发展功能指向从原有的系统中产生分裂，形成新的子系统，建立新的元素联系，形成新的系统结构，逐渐产生质变，进而成为一个有别于外语专业的全新系统。

翻译专业课程实施系统的演替与演化特征是系统内部系统与外部系统相互作用增强的体现，是内部系统元素联系深化的体现，也是翻译专业课程实施系统从低层次向高层次的发展趋势的体现。

四、翻译专业课程实施系统的自组织性

"组织"是系统科学的术语，是指"按照一定目的、任务和形式加以编制。组织是一个过程，在系统科学中，系统的演化是系统的一种主要行为，组织属于一类特殊的演化过程……同时，组织过程所形成的结构也称为组织"（许国志，2000：173）。人类社会的组织包括自组织与他组织，组织力来自系统外部的是他组织，系统在外界特定干预下演化；组织力来自系统内部的是自组织，系统在无外界特定干预下演化。他组织系统内部要素之间有着精确的线性关系，在一些因果关系

明显的系统中，如机器控制系统和产品生产系统等系统，他组织具有明确元素间关系。但许多系统是复杂的，系统内部各元素之间关系是非线性的，如个人素质系统、教育系统等。如果系统内部关系非常复杂，这些系统会呈现出自组织特征。复杂系统一般都兼含自组织与他组织的复合形态。在自然界和人类社会，自组织现象普遍存在。

从自组织理论视角出发，宏观层面的观念课程系统是翻译院校课程的母系统，翻译教学与行业的管理机构对翻译专业课程具有引导、规范的外力作用，翻译专业课程实施系统具有他组织性，但翻译专业课程实施系统与机械系统不同，这一系统构成元素及其相互关系复杂，不是简单的线性关系，而是具有非线性特征；此外该系统是一个具有主体元素的生态属性系统，是一个生命主体之间、生命主体与客体之间相互作用的系统，具有明显的自组织性特征。在与环境相互作用下，自组织系统能够自行演化或改进组织行为结构，具有自我调节能力和适应能力。

从翻译专业课程实施系统组织类型来看，该系统是一个兼含自组织与他组织的复合形态系统，多元变量构成了错综复杂的动力，推动系统的运行与发展（如图 3.5 所示）。因此，在翻译专业课程实施过程中，系统各元素之间保持信息、能量与物质的交换，加强系统元素之间的非线性联系，优化系统反馈机制，推动翻译专业课程实施系统从低级系统向高级系统的演化。

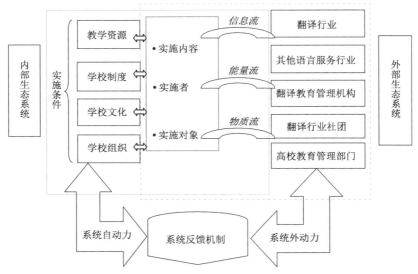

图 3.5　翻译专业课程实施系统构成元素及其关系图

第四章

翻译专业课程实施现状研究

课程是专业教育的重要载体，它既是教育观念和教育内容的集中体现，也是人才培养目标的重要形式和途径，课程实施的质量在很大程度上决定了教育的效果。翻译专业课程实施研究是翻译教育研究中的重要组成部分。本章在翻译专业课程系统与翻译专业课程实施系统的应然特征辨析基础上，采取量化研究与质性研究相结合的方法，对我国翻译专业课程实施系统现状进行描述。

第一节　本章研究流程与样本说明

《教学要求》是全国翻译专业本科院校的规范与指导，它提供了理念性、框架性的内容，翻译专业院校根据这一指导性文件进行课程变革。在纵向维度上，翻译专业课程实施首先体现为翻译院校将宏观层面的观念课程（《教学要求》）落实为针对一定教育情境的 "课程计划"（有些研究称为"培养计划"或"教学计划"），然后通过教师的课程实施将院校的"课程计划"这一文本课程转化为领悟课程和操作课程。《教学要求》颁布后，翻译院校如何实施《教学要求》？在实施过程中存在哪些问题？积累了哪些经验？哪些因素影响了翻译专业课程实施？对这些问题的研究是认识翻译专业课程实施的实然状况的内在要求，也是今后探索改进翻译专业课程实施的起点。

一、研究问题

（一）翻译专业教师课程实施认同感研究

课程实施是将新的课程计划付诸实践的过程。教师是课程实施的重要主体，他们对于课程变革的认同感对课程实施效果产生直接影响。因此，本章的第一个问题是从翻译专业教师课程变革的心理维度入手，考察翻译专业教师对翻译专业课程变革的认同感现状及其影响因素。具体研究问题为：翻译专业教师对《教学要求》认同感如何？哪些因素影响了其认同感的程度？研究方法为调查法，研究工具为"翻译专业课程变革教师认同感调查问卷"。

（二）翻译院校的课程计划研究

翻译专业课程实施首先是将《教学要求》这一观念课程转化为翻译院校的"文本课程"的过程，因此本研究的第二个问题以翻译院校课程计划为研究对象，对其进行量化描述分析，旨在发现静态维度上翻译专业课程实施现状特征。具体研究问题为：目前翻译院校的课程计划有哪些特征？这些特征体现出的课程实施取向是什么？

（三）教师课程实施程度研究

在微观层面上，翻译专业课程实施是将文本课程转化为教师的领悟课程和操作课程，本研究从心理维度和行为维度两个层面研究教师的课程实施程度，分析目前翻译专业教师课程实施所达到的程度。具体研究问题为：在心理维度上，翻译专业教师的课程实施的关注度如何？在行为维度上，翻译专业教师达到何种课程实施水平？研究均采用问卷调查法，研究工具为"翻译专业课程变革教师关注阶段测量问卷"和"翻译专业教师课程实施水平访谈"。

（四）翻译专业课程实施效果研究

学生的专业发展与综合能力发展是课程实施效果的直接体现，用人单位是课程实施效果的重要检验者之一。本研究通过分析学生发展与用人单位对翻译专业学生的评价，从课程实施的社会效应视角研究目前翻译专业课程实施的成效与不足。具体研究问题为：翻译院校学生专业能力和综合能力发展如何？用人单位对翻译专业学生能力评价如何？采用的研究方法主要为个案法和访谈法。

本章的研究问题及其逻辑关系如图 4.1 所示。

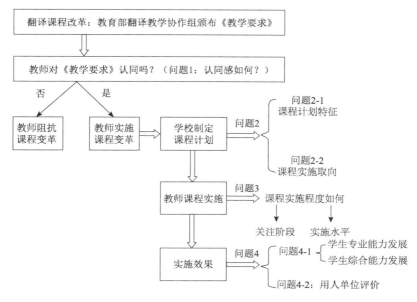

图 4.1　研究问题逻辑关系图

二、问卷调查的样本基本信息

本章第一节和第三节研究均采用了问卷调查法，问卷调查对象相同，问卷回收结果相同，在此对问卷调查被试信息、发放与回收的数量信息一并说明。

（一）本研究中翻译专业教师数量情况说明

本研究进行时间段为 2006—2014 年，在此期间获批开设本科翻译专业的院校共有 152 所，其中截至 2012 年共获批的学校数量为 57 所，2013 年—2014 年获批院校共 95 所，远超 2006—2012 年院校数量之和（平洪，2014）。调查研究结果显示，2006—2014 年，翻译院校的一般招生人数为 15—60 人，主要为小班教学。每个学校所需翻译专业教师数量一般为 4—10 人。有些院校尚未设立翻译系，部分翻译专业教师在人事关系上属于英语系，承担少量的翻译专业课程，对于《教学要求》的认知度不高，参与翻译专业课程实施活动也非常有限。因而从教师参与翻译专业课程实施的情况来看，能够回答本研究调查问卷和接受访谈的教师总数约 1500 人，且分散在 152 所院校之中，这给问卷的发放和数据的收集都带来较大的困难，但研究者通过努力解决了这一难题，总共收回翻译专业课程变革教师认同感问卷（以下简称认同感问卷）和翻译专业课程变革教师关注阶段测量问卷（以下简称关注阶段问卷）各 253 份，占翻译院校教师样本总数的 16.87%，在统计学意义上达到了研究样本数量的相关要求。

（二）调查问卷的发放与回收情况

1. 调查问卷的发放情况

基于以上教师分布情况，本研究在问卷发放中将随机发放和统一发放相结合，以电子邮件和纸质问卷相结合的方式收集问卷。为便于收集，将认同感问卷和关注阶段问卷同时发放，因此两类问卷的样本数量、样本个人信息完全相同（表 4.1），在此一并说明。

2. 调查问卷的回收情况（表 4.1）

表 4.1　认同感问卷和关注阶段问卷的发放与回收情况

问卷类型	发放（份）	回收（份）	回收率（%）	有效份数（份）	有效率（%）
认同感问卷	253	195	77.08	178	91.28
关注阶段问卷	253	193	76.28	178	92.23

3. 被试人口学信息（表 4.2、表 4.3）

表 4.2　被试人口学变量

变量	类别	频数	百分比（%）
性别	男	63	35.39
	女	115	64.61
年龄（岁）	26—30	25	14.04
	31—35	32	17.98
	36—40	68	38.20
	41—50	42	23.60
	51—60	11	6.18

续表

变量	类别	频数	百分比（%）
学历或研究经历	本科	8	4.49
	硕士研究生	132	74.16
	博士研究生	33	18.54
	博士后	5	2.81
授课类型	翻译理论课	35	19.66
	笔译课程	79	44.38
	口译课程	46	25.84
	语言与文化基础课	18	10.11
职称	助教	15	8.43
	讲师	88	49.44
	副教授	48	26.97
	教授	27	15.17
职务	普通教师	139	78.09
	系主任	32	17.98
	院长	7	3.93
教龄（年）	1—3	17	9.55
	4—6	18	10.11
	7—10	34	19.10
	11—15	59	33.15
	16—20	33	18.54
	20 以上	17	9.55

表 4.3　被试所属学校基本信息

变量	类别	频数	百分比（%）
学校类型	理工院校	23	12.92
	外语类院校	39	21.91
	师范院校	55	30.90
	综合类院校	61	34.27

变量	类别	频数	百分比（%）
	华东	24	13.48
	华北	62	34.83
	华南	2	1.12
所属区域	西南	22	12.36
	东北	9	5.06
	西北	23	12.92
	华中	36	20.22

注：因四舍五入，此处百分比之和不是 100.00%。

第二节　翻译专业课程实施现状：认同感视角

课程实施过程是把新课程计划付诸实践的过程。翻译专业教师对课程变革的情感态度直接影响着课程实施成效。基于此，本章首先研究了翻译专业教师对翻译专业课程变革的认同感特征及其影响因素。

一、本节研究设计

（一）研究问题

1. 翻译专业教师的翻译专业课程变革认同感如何？
2. 影响翻译专业教师认同感的因素有哪些？

（二）研究工具

依据我国新课程变革的特点，尹弘飚对李子建（Lee，2000）的课程变革认同感问卷进行了本土化修订。本研究在尹弘飚（2003）"新课程变革教师认同感调查问卷"的基础上，结合翻译专业课程变革的内容和实施要求特点对其进行修订，形成了翻译专业课程变革教师认同感调查问卷（以下简称为认同感问卷）。该问卷包括教师对课程变革的态度、教师推行课程变革的行为意向、教师对课程变的非金钱成本效益、课程的实用性、教师的关心事项、校内支持、校外支持这 7 个变量，共 43 题。各题项与变量维度对应关系如表 4.4 所示。

表 4.4　认同感问卷的维度及题项分布

维度	题项
教师对课程变革的态度	第一部分中的 1—9 题
教师推行课程变革的行为意向	第二部分中的 13、14、24、25、32 题
教师对课程变革的非金钱成本效益	第二部分中的 1、2、7、8、15、16 题
课程的实用性	第二部分中的 3、4、21、22、23 题
教师的关心事项	第二部分中的 5、6、17、18、33、34 题
校内支持	第二部分中的 9、10、19、20、26、27、28 题
校外支持	第二部分中的 11、12、29、30、31 题

以上各题项均以利克特量表的形式呈现，由被试选择题项中的相应等级。本问卷调查在正式调查前进行了小范围的预调查，并对被试进行了回访，依据他们的建议进行了调整，调查还对被试进行了信度检验，问卷中所有题项 α 系数为 0.806，因此该问卷具有较高的信度，可以用于本研究的实测。调查问卷的基本信息、问卷的发放和回收数据在本章第一节中已统一说明。

二、认同感问卷的描述统计

本部分首先对问卷的七个维度的得分进行了描述统计，在此基础上，统计了各维度上得分相对较低的题项，分析其缘由，并进一步结合人口统计变量分析了教师认同感的差异特征。

（一）认同感问卷的描述分析

根据调查数据统计（表 4.5），认同感各分量表得分从高到低依次为：非金钱成本效益、行为意向、态度、实用性、关心事项、校内支持及校外支持。从"态度"和"行为意向"来看，教师对翻译专业课程变革的认同感较高，并有较为积极的行为意向，但翻译院校在实施《教学要求》时遇到了一些问题，有些问题与学校教育生态相关，而有些问题与《教学要求》自身特点相关。

表 4.5　认同感各维度得分的描述统计

维度	平均值（$\bar{x}$）	标准差（s）
态度	5.55	0.59
行为意向	5.69	0.69
非金钱成本效益	5.92	0.59
实用性	5.28	0.60
关心事项	5.07	0.66
校内支持	4.31	0.89
校外支持	4.31	0.89

（二）认同感问卷低分值项描述统计

为了进一步探明翻译专业教师对课程变革认同感中的具体问题，本研究对问卷中的低分值题项进行了统计（表4.6）。

表 4.6　认同感问卷中低分值题项的描述统计表

维度	问题序号	平均值（$\bar{x}$）
态度	6（第一部分）	4.96
关心事项	5	4.16
	6	4.42
	34	4.67
实用性	23	4.75
校内支持	10	4.69
	19	4.72
	20	4.60
	28	4.89
校外支持	11	4.71
	12	4.30
	29	4.41
	30	4.42

注：有括号的题项为第一部分的题项，无括注的题项为第二部分的题项。

1. "态度"变量维度分析

根据对该维度的调查，题 6（第一部分）要求被试表明对"《教学要求》理想化的—务实的"评价的认同程度，该题的统计结果为低分项，这表明翻译专业教师认为《教学要求》的指导性未完全满足实际教育实践需要。

2. "关心事项"变量维度中的低分项分析

题 5 的内容为"我有足够的时间进行翻译专业课程实施"，该题项统计结果为低分项，这表明翻译专业教师在课程实施上能够投入的时间有限；题 6（第二部分）内容为"学校在通识类课程上安排了充足的时间"，该题的统计结果得分为低分项，这表明翻译院校的通识课程设置与教学存在较多的问题；题 34 内容为"我校学生可以达到《教学要求》翻译专业能力要求"，该题为低分项，这表明有部分院校对所培养学生的翻译水平存在疑虑，认为其难以达到《教学要求》中"翻译专业能力要求"的相关标准。

3. "实用性"变量维度分析

题 23 为"为实施《教学要求》，我已具备了足够的知识和技能"，该题的统计结果为低分项，这表明翻译专业教师对自己的知识和技能满意度不高。在此变量维度上的其他关于《教学要求》的培养目标、教学方式要求和评价要求等题的统计得分未进入低分组，这表明这三方面的内容得到教师的较高认同。

4. "校内支持"变量维度分析

该维度共有 7 个题项，其中 4 个题项为低分项，这说明教师认为翻译院校校内支持不足。具体表现在对翻译专业的重视程度、教学资源的充分性未达到专业教学需要。课程实施中翻译专业指导者和引领者特别缺乏；教师之间常规化研讨与交流不足。

但题 27"学校领导鼓励专业教师参加翻译教学相关培训"，未进入低分项统计，这说明翻译专业教师参加专业相关的培训方面得到学院的支持。

5. "校外支持"变量维度分析

该维度上的 5 个题中，有 3 个为低分项，这说明翻译专业教师认为校外专业人士的支持不足，所在省、市管理部门对翻译专业的支持不够充分。

（三）人口统计变量与教师认同感的差异分析

本调查进一步分析了教师个人统计变量与教师认同感之间的关系。统计结果见表4.7、表4.8和表4.9。

表 4.7　不同学历或研究经历的教师在认同感问卷各维度的差异比较

维度	本科（$\bar{x} \pm s$）	硕士研究生（$\bar{x} \pm s$）	博士研究生及博士后（$\bar{x} \pm s$）	F
态度	53.00 ± 2.56	49.69 ± 5.40	49.63 ± 5.27	3.488*
行为意向	27.86 ± 3.53	28.40 ± 3.40	28.70 ± 3.55	0.334
非金钱成本效益	36.57 ± 2.10	35.17 ± 3.26	36.04 ± 4.40	1.751
实用性	27.12 ± 0.94	26.12 ± 2.96	26.91 ± 3.46	1.681
关心事项	28.79 ± 3.89	30.17 ± 4.02	31.47 ± 3.60	3.035
校内支持	32.64 ± 7.16	34.95 ± 5.87	35.11 ± 6.93	0.920
校外支持	21.43 ± 4.67	21.29 ± 4.58	22.07 ± 4.09	0.386

注：*代表 $P<0.05$；$\bar{x}$ 表示平均值，s 表示标准差，F 为方差检验统计量。下同。

对具有不同学历或研究经历的翻译专业教师在认同感问卷各维度的差异做单因素方差分析发现（表4.7），在态度维度上，本科学历、硕士研究生学历、博士研究生及博士后的三组翻译专业教师的得分差异显著 $F_{(2, 175)} = 3.488$，$P < 0.05$；在行为意向维度上，三组具有不同学历或研究经历的翻译专业教师的得分差异不显著，$F_{(2, 175)} = 0.334$，$P > 0.05$。在其他五个维度上，三组具有不同学历或研究经历的教师的得分差异均不显著。

表 4.8　不同职称教师在认同感问卷的各维度上得分差异比较

维度	助教（$\bar{x} \pm s$）	讲师（$\bar{x} \pm s$）	副教授（$\bar{x} \pm s$）	教授（$\bar{x} \pm s$）	F
态度	53.06 ± 3.23	49.26 ± 6.01	50.00 ± 5.12	50.12 ± 3.78	2.363
行为意向	30.37 ± 3.34	27.49 ± 3.61	28.33 ± 2.97	29.94 ± 2.97	6.086**
非金钱成本效益	35.25 ± 3.61	34.99 ± 3.69	35.54 ± 3.21	36.87 ± 3.44	2.165
实用性	27.94 ± 2.43	25.69 ± 3.17	26.50 ± 3.16	27.23 ± 2.04	3.788*
关心事项	32.19 ± 2.45	29.38 ± 4.46	30.63 ± 3.18	31.65 ± 3.85	4.103**
校内支持	37.63 ± 3.88	33.86 ± 6.82	34.05 ± 5.68	37.03 ± 6.00	3.363*
校外支持	23.06 ± 4.54	20.53 ± 4.79	21.63 ± 4.01	23.26 ± 3.63	3.641*

注：　**代表 $P<0.01$。下同。

对不同职称的翻译专业教师在认同感问卷各个维度上的得分进行方差分析发现（表 4.8），在态度维度上，不同职称的教师之间的得分差异不显著，$F(3, 174)=2.363$，$P>0.05$；在行为意向维度上，不同职称的教师之间的得分差异显著，$F(3, 174)=6.086$，$P<0.01$；在非金钱成本效益维度上，他们的得分差异不显著，$F(3, 174)=2.165$，$P>0.05$；在关心事项维度上，不同职称水平的教师得分差异显著，$F(3, 174)=4.103$，$P<0.01$；在实用性维度上，不同职称水平的教师的得分差异显著，$F(3, 174)=3.788$，$P<0.05$；在校内支持维度上，不同职称水平的教师的得分差异显著，$F(3, 174)=3.368$，$P<0.05$；在校外支持维度上不同职称水平的教师的得分差异显著，$F(3, 174)=3.641$，$P<0.05$。进一步通过事后比较发现，在行为意向维度上，助教职称的翻译专业教师的得分显著高于讲师职称的翻译专业教师（$P<0.01$）；教授职称的翻译专业教师的得分也显著高于讲师职称的翻译专业教师（$P<0.01$）。

从表 4.7 和表 4.8 两组描述分析可以得知，在态度维度上，学历较低且不具有博士后研究经历、职称较低的教师群体对《教学要求》的认同度比其他教师要高，助教教师群体在态度维度认同度上比其他教师要高。

表 4.9　不同职务教师在认同感问卷的各维度上得分的差异比较

维度	管理者（$\bar{x} \pm s$）	普通教师（$\bar{x} \pm s$）	t	P
态度	50.12 ± 4.95	49.93 ± 5.39	0.198	0.884
行为意向	29.44 ± 2.99	28.11 ± 3.52	2.234	0.027
非金钱成本效益	37.13 ± 2.69	35.05 ± 3.59	3.481	0.001
实用性	26.69 ± 3.18	2.67 ± 3.18	0.724	0.470
关心事项	29.77 ± 3.90	30.37 ± 3.89	0.881	0.491
校内支持	34.84 ± 6.18	33.69 ± 6.53	0.971	0.333
校外支持	21.45 ± 4.45	21.06 ± 4.32	0.470	0.639

对不同职务的翻译专业教师在认同感问卷各维度上得分进行独立样本 t 检验（表4.9），结果表明，在态度维度上，管理者和普通教师的得分差异不显著，$t_{(176)}=0.198$，$P>0.05$；在行为意向维度上，管理者的得分显著高于普通教师的得分，$t_{(176)}=2.234$，$P<0.05$；在非金钱成本效益维度上，管理者和普通教师得分差异显著，$t_{(176)}=3.481$，$P<0.01$，管理者的得分显著高于普通教师的得分。这说明处于管理者位置上的教师与普通教师相比，对课程变革的态度更为积极，也更愿意对本课程进行变革。

（四）影响教师对翻译专业课程变革认同感的因素回归分析

通过对认同感各个维度进行相关分析（表 4.10）发现，态度维度和行为意向维度与非金钱成本效益、实用性、关心事项、校内支持以及校外支持维度之间存在着显著的正相关，见表 4.11 和表 4.12。

表 4.10　认同感问卷的各维度间的相关关系

维度	态度	行为意向	非金钱成本效益	实用性	关心事项	校内支持	校外支持
态度	1	0.346**	0.351**	0.539**	0.305**	0.309**	0.349**
行为意向		1	0.692**	0.520**	0.441**	0.284**	0.365**
非金钱成本效益			1	0.632**	0.459**	0.309**	0.292**
实用性				1	0.636**	0.496**	0.512**
关心事项					1	0.740**	0.739**
校内支持						1	0.786**
校外支持							1

表 4.11　教师对课程变革的认同态度与其影响因素之间的回归分析

变量	β	t	ΔR^2
实用性	0.928	8.490***	0.290

注：β 为标准化回归系数；ΔR^2 为拟合优度变化量；***代表 $P<0.001$。下同。

表 4.12　教师对课程变革的行为意向与其影响因素之间的回归分析

变量	β	t	ΔR^2
非金钱成本效益	0.673	2.394*	0.479

1. 数据结果描述

从相关分析结果发现，教师对课程变革的态度与认同感中的实用性以及非金钱成本效益的相关程度最高，由此可以推测，实用性和非金钱成本效益两个变量对教师对课程变革的态度和行为意向的解释力更强。以实用性和非金钱成本效益为自变量，以教师对课程变革的态度和行为意向为因变量进行逐步回归发现，以态度为因变量时只有实用性变量进入了回归方程，以行为意向为因变量时只有非金钱成本效益进入了回归方程。

2. 数据结果讨论

结果表明"实用性"的标准化回归系数值为 0.928，"实用性"对教师对课程变革的态度的贡献最大，解释了 29.00% 的变异；"非金钱成本效益"的标准化回归系数为 0.673，"非金钱成本效益"对行为意向的贡献最大，解释了 47.90% 的变异。这一方面说明教师对课程变革的态度是否积极主要取决于这一课程变革对专业发展的实用性程度；另一方面说明对于教师是否愿意对本专业课程进行变革、是否具有这样的行为意向，非金钱成本效益起着重要作用。

三、翻译专业教师认同感问卷调查研究结果

《教学要求》制定的价值意义、满意度、必要性、合理性、可调适性、内容陈述的清晰度方面得到了教师群体的较高认同。翻译专业教师对《教学要求》的教育理念、课程设置模块、教学方式和评价方法的认同感较高，但对《教学要求》之于实际教学指导性的认同感偏低。

翻译专业教师对课程实施心理意愿程度较高。 在行为意向维度上，翻译专业教师表现出较高参与课程变革、实施课程变革的意愿。在非金钱成本效益维度上，翻译专业教师重视教学带来的成就感和满足感，关注学生发展。通过影响教师对课程变革认同感的因素回归分析表明，教师是否愿意对本专业课程进行变革、是否具有这样的行为意向，主要是由"非金钱成本效益评估"变量决定的；这两组数据相互验证，说明翻译专业教师具有较高的参与课程实施意愿，这是翻译专业课程变革的重要动因之一。

（一）影响认同感的主要因素

1. 校内支持中的优缺点

校内支持维度共有 7 个题项，但有 5 个题项属于低分项，从题项内容可知，翻译专业教师认为校内对翻译专业课程实施的支持不足，具体表现在学校对本科

翻译专业的重视程度不够、教学资源的配备欠缺。从教师群落文化视角来看，研究结果表明教师之间的研讨与交流频率不高，具体体现在第 10 题的数据统计结果中。但翻译师资培训方面得到了大多数院校的支持，具体体现在第 27 题的数据统计结果中，即"学校领导鼓励专业教师参加翻译教学相关培训"，不属于低分项，这说明翻译专业教师参加专业培训得到院校有力支持。

2. 校外支持不足

"校外支持"得分统计结果显示低分题项数量较多，"校外支持"的 5 个题项中有 3 个为低分题项。翻译专业教师认为翻译行业系统与翻译院校教育系统之间的横向关系的建立存在困难，省、市教育管理部门对翻译专业的支持都不够充分。

（二）提高认同感的主要途径：促进教师专业成长

影响教师对课程变革认同感的因素回归分析表明，"实用性"是影响翻译专业课程变革认同感的关键因素。结合前面低分题项的统计结果，"实用性"维度最低得分题项为第 23 题，表明翻译专业教师对自己的知识和技能的满意度较低。因此，促进翻译专业教师专业成长是提升教师课程变革认同感的重要途径。

第三节　翻译专业课程实施现状：课程文件视角

翻译专业课程实施系统关系一是表现为"课程实施的宏观—中观—微观关系，即学科教育系统国家计划课程与校本课程实施关系；二是课程实施的内在系统关系，即校本计划课程（或观念课程）与执行课程的关系"（姜秋霞，2014：39-43）。

《教学要求》属于观念课程，各个翻译院校对《教学计划》的实施首先体现为翻译院校依据《教学要求》和自身状况制定翻译专业课程计划，中观层面的课程实施体现为静态的课程文件；其次，该校教师依据该课程计划进行具体实施，微观层面的课程实施体现为动态的操作课程。因此，在研究翻译专业教师课程变革认同感之后，本节选取翻译院校的课程计划作为研究对象，以期发现在中观层面翻译专业课程实施的共性特征。

一、本节研究设计

课程计划（或称为培养方案、教学计划）是专业人才培养的蓝图，集中体现院校人才培养理念与课程的规划与要求。在内容架构上，课程计划一般分为培养目标、培养规格、学制与学位以及课程结构四大部分。各个翻译院校的学制与学位要求无差异，本节从培养目标、培养规格和课程结构三方面对样本翻译院校的培养方案进行描述。

（一）研究问题与研究方法

1. 样本院校的课程计划有何特征？

包含两个子问题：①课程计划在培养目标与培养规格上有何特征？②课程计划在课程结构上有何特征？

2. 样本院校的课程计划特征体现出怎样的课程实施取向？

本节从系统论、课程理论和翻译能力理论视角，对翻译专业课程计划的构成元素及其特征进行描述，基于研究结果，进一步分析翻译专业课程实施取向。

（二）研究样本

1. "培养目标和培养规格"研究的样本信息

对样本院校官网中关于翻译专业介绍和翻译专业课程计划进行信息收集，并整理所需文本。截至2014年，全国152所翻译院校中，2013—2014年获批的共有95所，学校官网上提供完整课程计划的仅5所。从与其余90所翻译院校的管理人员的交流中得知，截至调查时，这些院校的课程计划刚刚制订完不久或正在制订的过程之中，还有进行修订和完善的意向，因而未提交至公共网络系统进行交流。

有些翻译院校在官网上仅提供了培养目标和培养规格，有些仅有培养目标，部分院校的培养目标和规格表述较为笼统，因而相关文本未纳入样本。另外，笔者在与同行交流时获得的翻译专业课程文件内容完整。研究所收集的翻译专业课程文本情况见表4.13。

表 4.13　翻译专业课程计划收集的数量及完整度

计划收集项目	数量（所）	完整度（%）
有完整课程文件信息院校	34	22.37
仅有培养目标和（或培养规格）信息的院校	93	61.18
无任何相关信息的院校	25	16.45

2. "课程结构"研究的样本信息

按照富兰（2005）对课程变革与时间关系的论述，一般复杂的课程变革需要3—10 年的时间。翻译院校中，前 6 批培养院校已至少有两届翻译专业本科毕业生，完成至少一轮《教学要求》的实施，这些院校课程实施过程完整，在时间的跨度上符合富兰在理论上的要求。对这些院校翻译专业课程实施进行深入的研究，所得研究结论对其他将要进行或正在进行翻译专业本科教育建设的院校有一定的参考与借鉴价值。因此本节关于课程结构的研究以第一批至第六批的院校为主体，符合研究条件的翻译院校总量为 57 所。收集到信息完整的课程计划的有 34 所院校，其中 27 份属于前六批翻译院校，占到样本翻译院校总数的 79.41%，达到了所需样本数量要求。

（三）研究流程

1. 培养目标和培养规格的研究流程

运用系统论原理，基于课程论对培养目标和规格的理论阐说，依据《教学要求》中对培养目标的具体内容，对翻译院校的培养目标和培养规格内容元素进行统计分析，在此基础上归纳目前翻译院校课程计划的共性特征。

2. 课程结构的研究流程

首先依据《教学要求》对样本院校的课程结构的子系统进行划分，在此基础上对每一类课程分类编码，将相关信息录入 SPSS 13.0 系统进行统计分析，归纳翻译院校课程计划的共性量化特征，最后将结果与《教学要求》相关内容进行对比分析，进一步考察翻译专业课程的实施取向。

二、培养目标研究

在教育研究中，培养目标与教育方针、教育目的、教育目标、课程目标既相联系又有区别。课程目标是指各级各类学校、各专业的具体培养要求，表明学生在完成该专业的教育计划后"身心发展各个方面需要达到的具体规格要求及其结构体系"（廖哲勋、田慧生，2003：56-59）。课程计划中的"培养目标"部分旨在陈明学生完成该计划中的系列课程后应具备的道德素养、知识结构和达到的能力专业水平，这与课程论中的"课程目标"内涵一致。在本研究中，为了与翻译院校课程文件中的表述相一致，采用了"培养目标"这一表述。在课程文件中，培养目标包含培养目标定位和毕业生拟就业领域两方面内容。

（一）培养目标定位现状分析

1. 现状描述

培养目标的定位表明了毕业生从业的职业类型与层次。对翻译院校的培养目标中的定位内容进行分析发现，目前培养目标定位大致可分为"应用型翻译""应用型与学术型并重"两大类型。在培养目标的表述中，对应用型有不同的表述，如"通用型""复合通用型""高端翻译人才"。统计结果见表4.14。

部分翻译院校将培养目标定位于专业化的口笔译人才培养。2014年，北京外国语大学的培养目标为"旨在培养国家与社会急需的专业口、笔译人才"，广东外语外贸大学的培养目标为"能胜任外贸、独资合资企业、中国驻外机构、教育科研机构等部门的口笔译工作高素质复合通用型翻译人才"。上海外国语大学的培养目标为"培养具有扎实的英语语言基础和比较广泛的科学文化知识，能在教育、经贸、外事、文化、宣传、科研、跨国公司等部门从事笔译、口译、翻译研究的德才兼备的英语高级翻译人才"。这些学校的培养目标中的定位体现出人才培养的职业化取向。

一些翻译院校着眼于"宽口径"应用型外语人才培养，如中山大学的培养目标为："旨在为中国尤其是华南地区的政界、商界、大众传媒和社会各行各业培养具有全球化和地缘文化意识的双语人才。"

部分翻译院校在培养目标定位中，注重翻译应用型与学术型人才类型的培养并重，兼顾翻译专业本科人才培养与翻译硕士阶段人才培养的衔接。例如浙江大学的培养目标为"培养应用型、宽口径、专业化、国际化口笔译通才和新闻、旅游、法律、文化与文学等领域的特色翻译人才及学者型翻译人才，毕业生能够满足外事、外交、外宣的跨文化交际需要，能够胜任国际组织、跨国公司、政府机关、大型翻译公司等的口译、笔译工作，也能够进入翻译学科或其它人文社科领域继续深造"。在此培养目标中将应用型翻译人才、学者型翻译人才与翻译研究生人才输送结合起来。河南师范大学虽然在培养目标中没有明确陈述这一定位思想，但在课程设置中将选修系列划分为学术型和应用型两个方向供学生选择。

表 4.14　培养目标定位类型数量分布

人才培养类型定位	具体类型	该类学校数量（所）	占总数的比例（%）
应用型翻译	通用型	26	22.03
	复合通用型	74	62.71
	高端翻译人才	7	5.93
	未说明	8	6.78
应用型与学术型并重		3	2.54
合计		118	99.99

注：152 所翻译院校课程文件中，118 所提供了"培养目标定位"信息。由于四舍五入，百分比之和不为 100.00%，此类情况余同。

2. 数据分析结果

1）培养定位指向一致

翻译院校在培养定位内容上虽然表述有所不同，但均指向应用类口译人才的培养，这表明翻译院校对本科教育的培养定位比较一致。

2）培养定位层级趋向分化

在人才类型和层次定位上表现出显著的多样性，翻译院校之间有较大差异，呈现"高级译员的培养——一般层次翻译人才—宽口径外语人才培养"的层级分化趋势。

（二）毕业生拟就业领域现状分析

毕业生就业领域的定位是培养目标的重要内容之一，也是人才培养规格、课程设置与课程内容选择的一个重要依据。根据对所收集的翻译院校相关数据统计，可分为以下两种情况。

1. 特色化定位

部分翻译院校依托该校的办学特色对学生就业领域和具体职业类型有明确指向。外交学院的翻译专业突出外交学院特色，"重点培养能为外交部和中央其他各部委承担翻译任务，同时也能适应其他重大场合口译、笔译要求的复合型翻译人才"。西南交通大学依托轨道交通特色，将专业分为口笔译方向和轨道交通与工程英语翻译两大方向。华东政法大学的翻译专业依托该校的法学教育背景，将公安、司法、商贸等领域的翻译定位为专业人才培养特色。

2. "宽口径"定位

基于翻译院校课程计划中对毕业生就业领域的信息，对每一个领域信息出现频次进行了统计，统计结果见表 4.15。

表 4.15 毕业生就业领域信息频次统计

培养目标中就业领域信息	出现频次（次）	占总频次（480）比例（%）
科研	21	4.38
英语教学（含对外汉语教学）	55	11.46
文化传媒（含广告）	51	10.63
新闻出版	35	7.29
政府涉外部门	7	1.46
国内外企事业单位	27	5.62
管理	13	2.71
外事外交领域	58	12.08
金融贸易（含金融、经贸、商务）	86	17.92
法律（含公安司法）	12	2.50
旅游	30	6.25
科技	41	8.54

培养目标中就业领域信息	出现频次（次）	占总频次（480）比例（%）
军事	8	1.67
航空航天	1	0.21
会展	5	1.04
影视字幕	3	0.63
工程建设（含水利、土建、机械、轨道）	7	1.46
其他涉外语言文字工作	20	4.17

注：在 118 所翻译院校的课程文件中，98 所提供了"毕业生拟就业领域"信息。由于四舍五入，百分比之和不是 100.00%。

3. 分析结果

表 4.15 的数据统计表明，翻译院校对毕业生拟就业领域的选择有以下两种倾向：一是拟就业领域定位呈现同质化趋势。翻译院校对毕业生拟就业领域的选择共有 18 个类型，定位在外事外交领域、金融贸易、文化传媒和英语教学的占52.09%，其他领域的频次分布较为分散，将翻译行业新领域作为毕业生就业领域的院校较少，因而在翻译人才培养定位上显示出较为显著的同质性。二是拟就业领域的类型多样，类型差异显著。翻译院校对毕业生拟就业领域的选择共有 18 个类型，但这些领域差异较大，体现出翻译领域的多元性，也可能与本科生就业领域的宽口径定位有关，同时也不排除部分翻译专业院校培养定位模糊的可能性。

三、培养规格现状分析

（一）现状描述

培养规格是指学校对学生培养所应达到的具体目标和要求的规划。通常包括综合素质与专业能力等内容。培养规格是培养目标的具体化表述，是课程设置的指导思想。依据翻译教学协作组对《教学要求》的解读和教育学中对学生能力的相关论述，研究对翻译院校课程计划中的培养规格内容进行分类与数量统计，统计结果见表 4.16。

表 4.16　培养规格构成及要素分布

目标规格构成	所含子项	对规格的具体表述	含该子项的院校数量（所）	纳入该项的院校比例（%）
双语知识与技能	——	——	93	100.00
翻译知识与技能	翻译实践能力	实践能力	93	100.00
		翻译技术	33	35.48
	学术能力	翻译理论素养	57	61.29
		基本科研能力	29	31.18
	跨文化交际	跨文化知识	56	60.22
	职业道德修养	较高职业道德	39	41.94
综合能力	译员素质	翻译职业工作流程知识与技能	20	21.51
		身体与心理素质	15	16.13
		百科知识	53	56.99
	入职资格	翻译资格证及其他相关证书	17	18.28
	可迁移能力	学习能力、创造能力、合作能力、组织能力、管理能力、逻辑思维能力等	57	61.29

注：在118所翻译院校的课程文件中，93所提供了"培养规格"相关信息。

（二）数据分析

1. 翻译院校对翻译专业本科生核心能力的规格要求一致性高

从表4.16可以看出"双语知识与技能"与"实践能力"在培养规格元素中所占比例最高，所有翻译院校均将其纳入。这表明这两类能力被认为是翻译专业本科毕业生应具备的最重要的能力。

2. 翻译院校对翻译专业本科生的综合素养培养价值认同度高

学习能力、创造能力、合作能力、组织能力、管理能力、逻辑思维能力是在所有工作中都需要的能力，属于可迁移能力，61.29%的院校将其纳入培养规格元素中，这表明在翻译专业本科阶段，育人价值得到重视，翻译院校比较关注学生综合能力的培养。

3. "学术能力"和翻译职业相关要素的比例存在显著差异

从表 4.16 可以看出，有 31.18% 的院校将学生基本科研能力的培养纳入培养规格；将翻译职业工作、流程知识与技能、翻译资格证及其他相关证书、身体与心理素质等翻译职业相关的要素纳入培养规格中的院校比例偏低，这表明翻译院校对培养翻译专业本科生学术能力和翻译职业能力重要性的观念存在较大差异。

四、课程结构研究

（一）研究问题与研究流程

本部分有两个研究问题：样本院校课程计划的专业课程模块学分赋值如何？样本院校课程计划中课程元素关联程度如何？采用的研究方法为描述法。翻译院校课程结构样本信息情况详见本节关于课程计划样本的说明。在研究中，首先按照表 4.17 的课程结构模块划分，对每个样本院校的专业课程（不含学校平台的公共修读课程和第二外语课程）进行归类；对每份课程计划的所有专业课程和学校信息按照类别进行编码，学校信息包括学校名称、学校获批时间、学校所在地区、学校所属类型；课程信息主要包括课程类型和学分赋值（具体编码请参见附录 2）。用基于以上整理所得的数据在 SPSS 13.0 中建立数据库，并据此对课程结构进行分项描述分析。

（二）翻译专业课程结构分析

《教学要求》将翻译专业课程结构划分为四大模块（或四个子系统）：语言知识与能力模块、翻译知识与技能模块、相关知识与能力模块和翻译专业实践模块。此外，在所有翻译院校的课程计划中均有综合社会实践类课程，为了更加清晰地描述目前翻译专业课程结构成分及其关系现状，本研究补充了"综合社会实践"模块，并对这五个模块中的课程构成做进一步的分类。翻译专业课程结构模块构成具体如表 4.17 所示。

表 4.17　翻译专业课程结构模块构成

主模块	子模块	所含课程举例
语言知识与能力	英语知识与能力	英语听、说、读、写、语法等技能训练课程
	汉语知识与能力	现代汉语、古代汉语、汉语写作等课程
翻译知识与技能	笔译	笔译基础类课程（如英汉翻译、汉英翻译）和应用笔译类课程（如商务翻译、科技翻译）小模块
	口译	口译基础类课程（如交替口译、同传）和应用口译类课程（如商务口译、法庭口译）小模块
	翻译职业知识与技能	计算机辅助翻译、翻译职业知识讲座等课程
	翻译理论与翻译史	翻译概论、翻译史、翻译理论导读等课程
相关知识与能力	学术论文写作	学术写作等课程
	学术实践	毕业论文、学术研究项目等课程
	其他素养类课程	外事礼仪、公共演讲等课程
翻译专业实践		实习、见习、情景模拟等专业实践课程
综合社会实践		翻译专业实践外的实践类课程（如社会实践、社团活动等）

1. 主干模块学分比例统计分析

《教学要求》将专业课程分为两个主干模块，即"语言知识与能力"和"翻译知识与技能"（简称为"模块 A"）、"相关知识与能力"（简称为"模块 B"）。《教学要求》规定这两个模块学分比例分别为 80.00% 和 20.00%。在统计课程计划每个模块所占的学分比例时，分母为每个翻译院校翻译专业总学分。

1）主干模块学分比例统计

对语言知识与能力模块学分和翻译知识与技能模块学分之和的比例与相关知识与能力模块的学分比例进行统计，其分布如表 4.18 所示。

表 4.18　34 所翻译院校两大主干课程模块学分占总学分的比例统计

学校名称	模块 A 占总学分比例（%）	模块 B 占总学分比例（%）
沈阳师范大学	64.12	14.03
西安外国语大学	59.34	7.25
西南交通大学	43.17	9.02
华东师范大学	53.08	9.16

学校名称	模块 A 占总学分比例（%）	模块 B 占总学分比例（%）
河南师范大学	55.18	22.34
湖北大学	53.15	12.18
华中科技大学	52.33	13.25
武汉大学	60.13	13.24
湖南工业大学	52.03	10.19
宜春学院	62.41	11.30
中山大学	65.05	11.43
对外经济贸易大学	57.07	28.36
扬州大学	65.40	16.37
江西科技师范大学	46.25	12.33
北京第二外国语学院	53.36	13.25
浙江师范大学	60.39	9.07
西北师范大学	61.16	16.35
大连外国语大学	48.29	4.43
暨南大学	58.36	11.26
浙江大学	47.06	18.17
广东外语外贸大学	57.44	15.24
南京信息工程大学	61.16	12.26
四川外国语大学	65.25	16.40
复旦大学	47.08	26.35
岭南师范学院	59.22	24.30
湘潭大学	47.16	13.43
上饶师范学院	55.17	11.39
衡阳师范学院	59.06	15.27
北京航空航天大学	51.29	17.32
河北师范大学	57.38	18.06
衡水学院	65.30	12.15
外交学院	51.09	22.35
西北师范大学知行学院	54.10	9.08
上海外国语大学	68.34	24.39

注：模块 A 为"语言知识与能力"和"翻译知识与技能"；模块 B 为"相关知识与能力"。下同。

在此统计基础上，结合翻译院校背景信息，对翻译院校两大主干课程模块学分比例在学校批次上做差异比较，结果如表 4.19 所示。

表 4.19 翻译院校两大主干课程模块学分比例在学校批次上的差异比较

模块比例名称	SS^2	MS	df	F
模块 A 比例	0.040	0.006	7	1.554
模块 B 比例	0.009	0.001	7	0.373

注：SS^2 为离差平方和；MS 表示均方。

对不同批次的学校在翻译专业课程模块比例上的差异做单因素方差分析发现，不同批次的学校在模块 A 比例上的差异不显著，$F(1,7)=1.554$，$P=0.193>0.05$；不同批次的学校在模块 B 比例上的差异不显著，$F(1,7)=0.373$，$P=0.909>0.05$。

2）主干课程模块学分比例统计结果讨论

两个主干模块语言知识与能力模块和翻译知识与技能模块学分比例集中在 50.00%—65.00% 的院校有 23 所，占样本院校的 67.65%，由于在本研究中在统计学分时没有计入公共课学分，所以从数据上看低于《教学要求》规定的语言知识与能力和翻译知识与技能学分应占到专业学分的 80.00%，但整体来看该部分学分赋值呈现显著的趋同性，表明在中观课程系统中这两个主干模块课程的学习机会没有明显的校际差异。但是相关知识与能力模块的学分赋值呈现较高的离散度。在这一模块的学分赋值比例上，最小值为 4.43%，最大值为 28.36%，《教学要求》中规定相关知识与能力的学分应占到专业学分的比例达到 20.00%，但达到这一要求的样本学校只有 6 所，占样本学校总数的17.65%。这说明相关知识与能力模块的学分赋值存在显著的校际差异。结合翻译院校背景信息，对翻译院校的两大主干模块学分比例进行进一步分析发现：比例分布差异与学校类型、学校所在区域以及所获批次均无显著相关性。这说明这两大模块学分赋值差异主要是与课程体系设计思想和所在学校的影响因素相关。

2. 英汉语两类课程学分赋值统计分析

1）两类课程模块学分赋值情况描述

两类课程模块学分赋值情况统计见图 4.2、图 4.3。

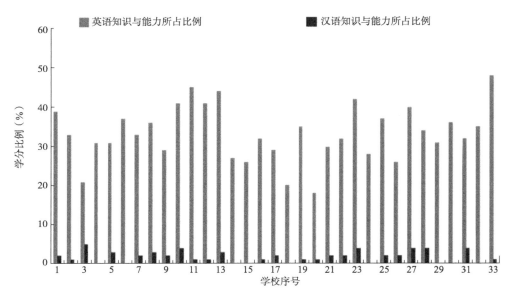

图 4.2 英语知识与能力和汉语知识与能力课程模块的学分比例

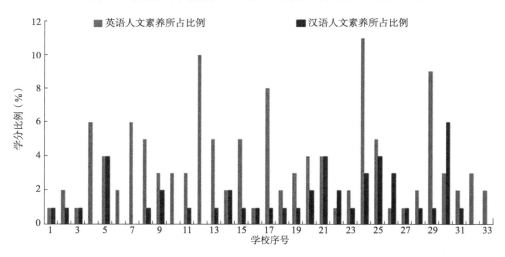

图 4.3 英语人文素养和汉语人文素养类课程学分比例

2) 统计结果

翻译院校汉语类课程开设情况呈现显著校际差异，9 所院校未开设汉语知识与能力课程；7 所院校未开设汉语人文素养类课程，表明该类课程要素在这些学院缺失（图 4.2 和图 4.3）。汉语知识与能力课程学分比例较为趋同，但是汉语人文素养类课程所占学分比例学校之间差异较为明显（图 4.2 和图 4.3）。

3. 口译类课程和笔译类课程学分赋值分析

1）口译类课程与笔译类课程分项统计比较

在本部分的研究中，首先统计了每个学校的口译类课程和笔译类课程学分赋值，然后根据这两类课程中所包含的小模块再进行分类统计。

a. 口译类课程和笔译类课程学分赋值统计与分析

对口译类课程和笔译类课程学分比例进行独立样本 t 检验，结果（表 4.20）表明两类课程学分比例差异显著，$t_{(33)}=4.49$，$P=0.0001<0.001$。笔译类课程学分比例显著高于口译类课程的学分比例。

表 4.20 口译类课程和笔译类课程学分赋值差异比较

组别	Max	Min	$\bar{x} \pm s$	t	P
口译类课程	24	2	13.66 ± 4.63	4.49	0.0001
笔译类课程	34	2	19.53 ± 6.67		

注：Max 代表最大值，Min 代表最小值。下同。

b. 基础口笔译类课程学分赋值统计与分析

对基础口译课程所赋学分与基础笔译课程所赋学分进行独立样本 t 检验发现（表 4.21）：基础口译类课程学分显著高于基础笔译类课程学分，$t_{(33)}=3.172$，$P=0.003<0.01$。

表 4.21 基础口译类课程与基础笔译类课程学分比例的差异比较

组别	Max	Min	$\bar{x} \pm s$	t	P
基础口译	20	2	9.49 ± 3.65	—	—
基础笔译	14	2	7.04 ± 2.59	—	—
差异检验	—	—	—	3.172	0.003

2）基础口笔译课程和应用口笔译课程学分赋值统计与分析（图 4.4、表 4.22）

对基础笔译类课程和应用笔译类课程所赋学分进行独立样本 t 检验发现（表 4.22），基础笔译类课程所赋学分和应用笔译类课程所赋学分差异显著，$t_{(33)}=5.051$，$P<0.001$。应用笔译类课程所赋学分显著高于基础笔译类课程所赋学分。

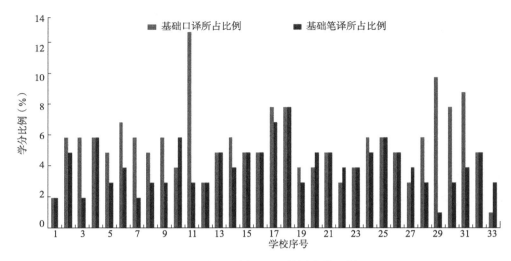

图 4.4　基础口译和基础笔译学分比例

表 4.22　基础笔译类课程与应用笔译类课程所赋学分的差异比较

课程类型	Max	Min	$\bar{x} \pm s$	t	P
基础笔译类	14.00	2.00	7.04 ± 2.59	—	—
应用笔译类	26.00	0.00	12.49 ± 5.94	—	—
差异检验	—	—	—	5.051	0.0001

a. 基础口译类课程和应用口译类课程所赋学分统计与分析

对基础口译类课程和应用口译类课程所赋学分进行独立样本 t 检验，结果（表 4.23）表明基础口译类课程所赋学分和应用口译类课程所赋学分差异显著，$t_{(33)} = 6.252$，$P<0.001$。基础口译类课程所赋学分显著高于应用口译类课程所赋学分。

表 4.23　基础口译类课程与应用口译类课程学分比例的差异比较

课程类型	Max	Min	$\bar{x} \pm s$	t	P
基础口译类	20.00	2.00	9.49 ± 3.65	—	—
应用口译类	10.00	0.00	4.18 ± 3.11	—	—
差异检验	—	—	—	6.252	0.0001

b. 应用类翻译专业课程所涉领域的频数统计

翻译工作类型多样，所涉工作领域非常广泛。翻译院校在应用笔译类、应用口译类课程中涉及的主要领域出现的频数统计分别如图 4.5 和图 4.6 所示。

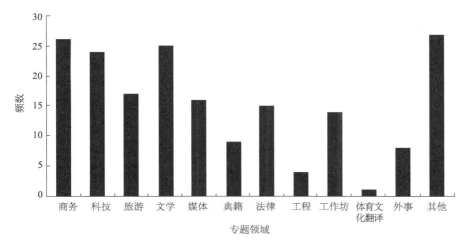

图 4.5　应用笔译类课程涉及领域频数分布图

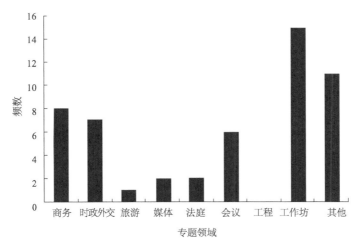

图 4.6　应用口译类课程涉及领域频数分布图

3）口译类课程和笔译类课程学分赋值统计结果讨论

从以上统计数据可以看出，笔译类课程所赋学分和口译类课程所赋学分差异显著（表 4.20），$t_{(33)}$= 4.49，P=0.0001<0.001。口译类课程和笔译类课程学分赋值呈现很高的离散度。这说明在翻译专业本科阶段，两类翻译工作类型的学习机会不均等。整体而言，学生接受笔译学习的机会多于口译学习的机会。

从基础阶段的课程赋值情况来看，基础口译类课程和基础笔译类课程所赋学分差异显著（表 4.21）（$t_{(33)}= 3.172$，$P<0.01$）。基础口译类课程所赋学分显著高于基础笔译类课程所赋学分。此外，基础口译类课程和基础笔译类课程学分赋值呈现较高的离散度，这表明学生在基础口译方面的训练机会多于基础笔译的训练机会。

从基础类口笔译和应用类口笔译课程赋值情况来看，基础笔译类课程学分赋值低于应用笔译类课程赋值，而基础口译类课程学分赋值高于应用口译类课程赋值，这说明笔译类课程以专题应用类笔译课程为主体，口译类课程以口译技能训练类基础课程为主体。

从口笔译课程所涉及的工作领域类型来看，笔译课程所涉及的领域类型多于口译课程；两类课程在工作领域类型的分布上未形成明显的对应关系；口译类课程所涉及的工作领域表现出更高的离散度，而笔译类课程涉及的工作领域有明显的趋同性。

4. 其他课程子模块学分赋值统计与分析

1）其他子模块学分统计

按照翻译模块及子项类型划分，其他课程子模块的学分赋值统计结果如表 4.24 所示。

表 4.24　翻译专业其他课程子模块学分赋值统计

子项名称	Max	Min	$\bar{x} \pm s$
翻译理论与翻译史	6.00	0.00	2.85 ± 1.58
翻译职业知识与技能	4.00	0.00	2.06 ± 1.16
语言、文学与文化	14.00	0.00	7.37 ± 3.72
论文写作	6.00	0.00	1.32 ± 1.45
翻译专业实践	15.00	2.00	6.85 ± 4.07
学术实践	16.00	0.00	6.74 ± 3.62
综合实践	9.00	0.00	3.22 ± 2.93
其他人文素养	22.00	0.00	3.80 ± 4.61

2）统计结果讨论

翻译专业课程其他课程子模块学分赋值差异显著，其中离散度较高的课程子模块如下：语言、文学与文化，翻译专业实践，学术实践，其他人文素养。这说明翻译院校在这些子模块的课程设置上存在较大的差异性。除翻译专业实践外，其他子模块课程学分统计均出现结果为零的情况，这表明在样本院校的课程计划中缺失该课程元素。

（三）课程结构元素关系现状分析

许多课程理论家对课程结构进行了研究，从不同视角探讨课程结构的构成及其关系。举例如下：约翰·夸美纽斯（Johann Comenius）的"百科全书式"的课程结构体系；约翰·赫尔巴特（Johann Herbart）提出了"中心统合法"；杰罗姆·布鲁纳（Jerome Bruner）和约瑟夫·施瓦布（Joseph Schwab）从心理学和课程实践的角度出发，探讨了学科的结构问题，指出学科基本结构与学习迁移的关系；拉尔夫·泰勒（Ralph Tyler）提出了课程结构的顺序性、连续性、整合性的应然特征；布鲁纳提出了螺旋式课程结构模式（黄政杰，1995；李子建、黄显华，1996；郭晓明，2002）。研究者虽然观点各异，但都指明了课程元素间的关系程度及其数量关系对于课程结构的重要性。波斯纳（Posner，1974）在前人研究的基础上，提出了建构课程结构时应考虑的两个维度，一是课程关系的共通性（commonality），二是课程关系的时序性（temporality）。共通性是指各个课程在内容上的相关性。在一个课程体系中，课程之间的共通性强弱程度不一，因此它们的共通性可视为一个连续体，若两门课程内容无关联，则可称二者无共通性。

1. 课程共通性现状描述分析

课程关系的建立与课程设计者的意图相关，也与课程实施者实际的执行有关。本节（第四章第三节）以静态的翻译专业课程文件为研究对象，从其中的课程名称所呈现的客观信息入手，试图对课程共通性进行微观层面的量化分析。

课程名称是课程目标与内容的凝练表达，课程名称与课程目标和内容具有内在一致性，这是课程命名的基本要求。为了呈现课程内容联系的强弱程度，在研究中仅选择能直接呈现内容关联性的课程，如商务英语、商务谈判、商务礼仪与商务笔译课程都涉及商务这一专门领域知识，所以这四门课程在内容上具有共通性，统计时会纳入频次计算；英语语音和口译基础这两门课程是否存在关联，很大程度上取决于具体的课程执行情况，因此此类课程不计入本部分频次的统计。翻译专业课程系统中课程模块多，因时间所限，仅选取"笔译课程模块"为样本，统计该模块与其他课程子模块在专门领域知识方面的关联频次，以考察该类翻译专业课程的共通性程度。

1）频数统计

样本院校课程计划中的笔译课程模块与其他课程模块的交叉统计频数如图 4.7、图 4.8 和图 4.9 所示。

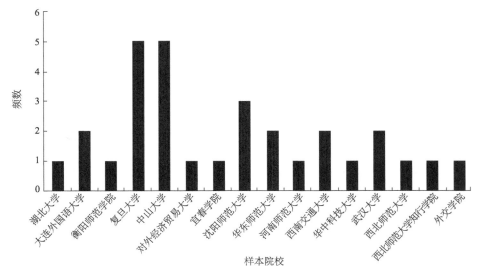

图 4.7　样本院校笔译课程模块与英、汉知识与技能课程两个模块的关联频数

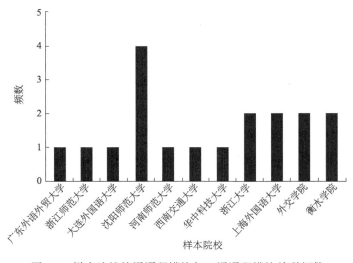

图 4.8　样本院校笔译课程模块与口译课程模块关联频数

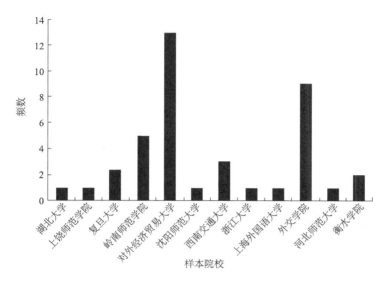

图 4.9　样本院校笔译课程模块与相关知识与能力课程模块关联频数

从统计可知：①笔译课程模块与双语知识与技能课程模块在课程命名上形成关联的学校有 16 所，占样本学校总数的 47.06%。②笔译课程模块与口译课程模块在课程命名上形成关联的学校有 11 所，占样本学校总数的 32.35%；且所有翻译院校的课程计划中这两类课程模块的关联频数都低于 5。③相关知识与能力课程模块与笔译课程模块在课程命名上形成关联的学校有 12 所，占样本学校总数的 35.29%；且关联频数表现出较大校际差异，最高频次为 13，最低频次为 1。整体而言，样本翻译院校的笔译课程模块与其他课程模块的共通性较弱。

但有 5 所翻译院校课程共通性较高。交叉频次最高的两所院校是对外经济贸易大学和外交学院。它们课程计划的培养目标定位与人才培养规格均和学校办学特色相联系，在课程内容上相呼应，课程之间的共通性较高。此外，部分院校的翻译专业结合学校的专业领域特色，使专业课程和学校的课程资源形成一体。以西南交通大学为例，该校在相关知识与能力模块开设了"国际工程承包和管理实务英语"课程，在笔译课程模块中开设了"工程笔译""工程术语学科技翻译""科技文献翻译""国际工程招投标翻译"，在口译子模块中开设了"商务谈判及商务口译""国际工程谈判及工程口译"，在综合素养模块中有"外交外事礼仪与文化"，在全校选修的通识课程模块中有"交通运输概论"。这些课程从名称上反映出翻译与"工程""科技""商务"等领域的信息交集，课程体现出较高的共通性。

2）分析结果

翻译专业的课程结构在共通性方面存在明显的校际差异，少数翻译院校的课程具有较强的共通性，但整体观之，课程模块之间未能形成比较显著的相关性，课程模块分割现象较明显，翻译专业课程共通性较弱。

2. 课程时序性现状描述分析

波斯纳（Posner，1974）在课程组织顺序的研究中提出了课程的时序性的概念：如果一门课程在时间顺序上先于另一门课程，二者则形成纵向的联系，一门课程先开设，才能开设另外一门课程。如果二者根本不相关，在时间维度上就可以不表现二者的顺序差异。本部分的研究以笔译基础类课程为例，分析该类课程开始的学期、开设门数以及课程名称的命名方式，以分析笔译基础类课程的历时性关系。

1）分类统计（表 4.25）

表 4.25　笔译基础类课程开设学期和门数情况统计

开设学期	在此学期开设该课程的学校（所）	开设门数的最大值和最小值
第一学期	3	1—1
第二学期	4	2—1
第三学期	14	4—1
第四学期	7	4—2
第五学期	6	5—3
第六学期	0	0—0
第七学期	0	0—0
第八学期	0	0—0

通过对笔译基础类课程名称的分析和归纳，发现目前该模块的课程命名方式多样，有些院校的课程命名方式并不具有内在一致性，多有混合采用的情况。整体而言，课程命名方式大致可分为 5 种，见表 4.26。

表 4.26 笔译基础类课程命名方式

序号	课程命名方式	课程名称举例	学校数量（所）
1	按语对方向命名	英汉笔译、英汉互译、英汉翻译基础等	9
2	按课程内容命名	语篇与翻译、文体与翻译、修辞与翻译、实用文体翻译等	13
3	按照能力层级命名	笔译基础、笔译入门、初级笔译等	10
4	以技能训练命名	笔译理论与实践（技巧）、笔译技能等	9
5	其他命名方式	误译例析、译作评析等	4

2）结果讨论

从以上统计分析可以看出，从时间的先后顺序看，笔译基础类中第一门课程的开设学期存在显著差异，有些院校在第一学期，有些院校在第五学期；一些笔译基础类课程无法从名称上判断其主题和课程的层级，课程元素的层级关系的建立存在一定的随意性。整体而言，翻译专业课程的历时性较低。

五、课程计划研究结果

本节运用系统论原理，以课程理论为基础，从培养目标和课程结构两个层面与《教学要求》的相关规定对比，分析了翻译院校课程计划的基本特征，描述了中观层面的翻译专业课程实施现状和实施取向，研究发现总结如下。

（一）课程计划研究结果

1. "培养目标"研究结果

翻译院校的培养目标定位与《教学要求》的相关要求基本一致，但毕业生就业领域定位存在显著校际差异，培养定位表现出"高级译员的培养——一般层次翻译人才—宽口径人才"的分化趋势。在培养目标内容上，翻译院校在语言知识与能力、翻译实践能力和综合能力等目标规格上趋同，但在综合能力（包含译员素质、入职资格、可迁移能力）方面体现出明显的校际差异。此外，翻译院校在毕业生就业领域选择上存在明显的同质性，外事外交领域、金融贸易、文化传媒和英语教学的占比为 52.09%，其他领域占比均在 10.00%以下；选择翻译行业新兴领域的院校很少。

2. 课程结构研究结果

样本院校的课程结构在主干模块构成和学分赋值方面趋同，符合《教学要求》相关数据要求。样本院校的课程结构均以语言知识与能力模块、翻译知识与技能模块为主体，两个主干模块的学分之和占总学分的比例呈现显著的趋同性，主干模块的学分比例差异与学校类型、学校所在区域以及所获批次均无显著相关性。但在其他课程模块上呈现显著的离散度，具体模块的课程元素构成、课程共通性和历时性都存在校际差异。相关知识与能力模块学分赋值呈现较高的离散度。翻译院校的相关知识与能力模块的学分赋值比例的离散度较高，最小值为 4.43%，最大值为28.36%，比例达到 20.00%的有 6 所。

此外，与《教学要求》的课程设置比较后发现，翻译院校课程计划存在课程元素缺失与新课程元素缔造的现象，有些《教学要求》的核心课程元素在翻译院校的课程计划中未出现。另外，部分翻译院校自主打造了一些新的课程元素。这说明，在中观层面上的课程实施过程中，部分院校的课程设置存在随意性，而部分院校充分利用《教学要求》给翻译院校所留出的自主发展空间，结合院校自身特色创建了新的课程元素，促进院校的特色化发展。在翻译专业课程结构元素关系上，整体而言，课程共通性和历时性不足，部分课程子系统内部元素关系尚不明晰，模块之间分割现象明显，但存在明显的院校个体差异，有 5 所院校课程已经具有较高的共通性和历时性。

（二）实施取向研究结果

翻译院校在实施《教学要求》时，在培养目标的核心内容方面采取了忠实实施取向，但在具体的培养规格设置上进行了调适。从课程结构框架来看，翻译院校采取了忠实实施取向，但在具体课程元素选择方面，既有调适实施取向，也存在缔造实施取向。翻译院校在培养目标和主干课程模块方面体现出忠实实施取向；在课程结构的子系统层次方面，翻译院校采取了调适和缔造相结合的实施取向。以上不同层面的差异体现出课程实施取向的连续统特征。

第四节　翻译专业课程实施程度现状：教师视角

　　课程实施研究可从学生表现、教师表现、课程方案内容或环境设施等不同视角进行，每种研究视角都有其理论基础、现实需要和数据获取方式。本节选取教师视角对翻译专业课程实施现状进行研究，通过测评教师课程变革关注阶段和翻译专业教师的课程实施水平，进一步分析翻译专业课程实施过程中的经验与问题，以期能从多维视角认识目前翻译专业课程实施的现状，探析影响课程实施的因素。

一、翻译专业课程变革教师关注阶段研究

　　根据课程实施理论，课程变革是课程实施的重要环节。教师面对课程变革时会首先关注自我，思考变革对本人会产生的影响。

　　霍尔和霍德（2004）认为课程变革是一种高度的个体经验，学校组织内部的教师个体如果没有发生改变，学校改变就难以产生。课程变革也是一次旅程，是逐渐达成的，教师在课程变革过程中经历阶段性的心理变化，会同时关注许多事物，霍尔和霍德（2004：75）把"对某一具体问题和任务的感受、专注和思考"合称为"关心"。研究者发现教师在课程变革中的"关心"会经历"不相干—自我—任务—影响"四种不同的关心阶段，这些关心阶段具有发展性特征，发展程度的高低与教师所在学校关系密切。这一研究模式用教师面对课程变革所产生的心理行为来测量课程实施者的变化，从课程实施者对课程的感受与态度等方面测评课程实施的程度，从而发现目前课程实施中的问题，对课程实施进行针对性的"干预"。

　　（一）研究问题与研究工具

　　1. 研究问题

　　（1）目前翻译专业课程变革的教师关注阶段现状如何？

　　（2）该现状反映出翻译专业课程实施中的哪些问题？

2. 研究工具

我国研究者姜荣华（2008：109-112）对霍尔等的"关注为本采纳模式"的两个评价工具进行了本土化的修订，本节在此基础上结合《教学要求》内容和实施要求特点，形成"翻译专业课程变革教师关注阶段测量问卷"（以下简称为"关注阶段问卷"），在实测之前做了信度分析，问卷中的所有题项的 a 系数为 0.823，可用于实测。"翻译专业课程变革教师关心发展阶段"研究中教师样本、问卷的发放和回收，与本章第二节中的"翻译专业课程变革教师认同感调查问卷"的相关信息情况相同，详细信息请见本章第一节的"调查问卷的发放与回收情况"。在关注阶段问卷中，教师关注阶段与题项的分布对应关系见表 4.27。

表 4.27　关注阶段问卷中各阶段题项分布情况

阶段维度	题项分布
0. 意识	1、7、13、19、25
1. 信息/个人化	8、9、14、15、20、21、26、28、31、33、34、35
2. 管理/结果	2、3、4、10、16、22、27、32
3. 合作	5、11、17、23、29
4. 再聚焦	6、12、18、24、30

（二）关注阶段强度统计与分析

1. 关注阶段数据结果

收回问卷后，首先统计了各个阶段的关注阶段强度统计分布情况，见表 4.28。

表 4.28　关注阶段强度分布统计

阶段维度	意识	信息/个人化	管理/结果	合作	再聚焦
各阶段维度的总平均比例（%）	12.65	67.62	50.52	34.33	28.54
排序	5	1	2	3	4

2. 数据结果讨论

翻译专业教师在"意识"阶段维度的关注强度最低，这说明大多数翻译专业教师已经开始关注并在不同程度上实施了翻译专业课程变革。翻译专业教师在"信息/个人化"阶段维度的关注强度最高，"管理/结果"阶段维度的关注较高，这表明翻译专业教师对课程的变革更多属于"自我"范围，他们更为关注课程实施的特点、自己所要承担的工作任务以及工作内容带来的变化。翻译专业教师在"再聚焦"阶段维度的关注强度也较低，这说明翻译专业教师并不十分关注翻译专业课程变革中的问题分析与理论探索，在教育实践中具有个体性的探索内容不多。

（三）关注阶段题项认同统计与分析

为了对翻译专业教师关注内容的特点进行进一步分析，本研究对关注阶段每个阶段维度题项的认同情况进行了逐一统计。

1. "意识"阶段维度的认同情况分析

1）数据统计结果（表 4.29）

表 4.29　翻译专业教师在"意识"阶段维度的认同情况

问题序号	与我不相关（%）	完全不符合（%）	很不符合（%）	有些不符合（%）	稍微不符合（%）	稍微符合（%）	有些符合（%）	很符合（%）	完全符合（%）
1	0.57	59.58	15.71	10.13	6.23	2.82	3.91	1.15	0.00
7	5.62	61.24	17.40	7.26	1.74	0.04	1.14	5.56	0.00
13	7.93	62.86	12.44	8.41	1.11	1.65	2.24	2.23	1.13
19	1.08	33.72	15.24	10.06	3.43	10.65	10.09	8.44	7.29
25	2.23	19.08	12.91	13.54	2.83	16.32	14.56	15.17	3.36

注：由于四舍五入，部分百分比之和不为 100.00%。

2）数据讨论

翻译专业教师对"意识"阶段维度的认同情况如下：翻译专业教师认为《教学要求》的实施与自己的相关程度较高（题1的相关统计结果为75.29%）；从对题13的统计结果可得出84.82%的教师对《教学要求》有兴趣；但从对题19的统计结果可知，25.82%的教师表示对《教学要求》的具体内容不是非常熟悉。这说明翻译专业教师认同《教学要求》对翻译专业教育的指导价值，然而较关注《教学要求》对自己的教学可能带来的影响，对翻译专业课程变革的具体内容关注度并不高。

2. "信息/个人化"阶段维度的认同情况分析

1）数据统计结果（表 4.30）

表 4.30　翻译专业教师在"信息/个人化"阶段维度的认同情况

问题序号	与我不相关（%）	完全不符合（%）	很不符合（%）	有些不符合（%）	稍微不符合（%）	稍微符合（%）	有些符合（%）	很符合（%）	完全符合（%）
8	0.64	3.37	2.22	4.53	2.79	10.68	28.74	38.16	8.87
9	0.03	4.46	3.36	5.06	4.46	11.77	28.66	27.03	15.17
14	0.00	1.68	3.38	0.03	1.68	7.88	30.88	42.65	11.82
15	0.00	7.28	9.62	10.14	5.06	14.62	33.08	19.14	1.06
20	1.66	5.05	1.68	5.08	5.09	7.93	30.31	25.76	17.41
21	0.04	3.41	2.82	7.89	3.93	14.62	33.08	25.78	8.43
26	0.02	1.71	4.48	3.37	7.32	13.51	32.56	27.48	9.55
28	1.10	9.02	5.61	3.85	6.02	27.26	24.13	17.91	5.10
31	2.21	19.13	12.89	13.47	2.83	16.34	14.57	15.18	3.38
33	0.62	7.28	9.58	7.86	4.53	18.01	29.17	19.06	3.89
34	1.13	0.57	2.29	2.21	1.72	15.68	30.28	31.53	14.59
35	0.02	9.58	5.06	7.85	6.69	22.53	33.07	14.62	0.58

注：由于四舍五入，部分百分比之和不为 100.00%。

2）数据分析

　　结合以上数据与具体题项可以发现：从题 8 统计结果可知，有 86.45%的翻译专业教师对翻译专业课程实施所需条件、实施方式以及课程实施对个人发展关注程度较高；翻译专业教师对实施课程所应具备的教学能力和所投入的时间等因素关注度较高。题 9 "我担心每天没有足够的时间来安排我的教学工作，如备课、指导学生的翻译实践、批改作业等"认同（从"稍微符合"到"完全符合"）比例达到 82.63%；翻译专业教师对实施课程所应具备的教学能力水平认同差异明显。对题 15 "我担心我没有能力达到《教学要求》中所提的要求"，83.10%的翻译专业教师担心自己的教学能力，仅有 16.90%的翻译专业教师认为自己完全具备了或基本具备了所要求的教学能力。

　　此外，翻译专业教师对课程实施效果存有疑虑。题 28 "我担心我校的翻译教育难以达到《教学要求》的标准"的赋值比例差异度较大：1.10%的教师对此表示不关注；9.02%的教师对自己学校的翻译教育质量很有信心，认为完全可以达到《教学要求》的标准；但 74.40%的教师对自己学校能够达到相关质量要求存在疑虑（从"稍微符合"到"完全符合"），其中，5.10%的教师认为自己所在学校的教学质量完全不能达到《教学要求》的水平。

3. "管理/结果"阶段维度的认同情况分析

1）数据统计结果（表4.31）

表4.31　翻译专业教师在"管理/结果"阶段维度的认同情况

问题序号	与我不相关（%）	完全不符合（%）	很不符合（%）	有些不符合（%）	稍微不符合（%）	稍微符合（%）	有些符合（%）	很符合（%）	完全符合（%）
2	0.02	3.88	4.54	3.42	1.14	6.73	23.57	37.61	19.09
3	0.00	1.66	0.60	5.05	1.65	6.18	30.85	37.12	16.89
4	0.00	3.85	3.43	1.74	1.04	10.74	23.57	41.03	14.60
10	0.00	0.65	0.58	2.75	2.83	16.87	19.10	34.76	22.46
16	0.00	0.58	3.41	1.71	2.23	12.37	28.05	35.45	16.30
22	0.02	0.55	4.45	1.12	4.51	9.55	23.02	34.29	22.49
27	0.00	2.24	3.87	5.63	3.44	17.36	20.81	28.65	18.00
32	0.00	0.66	0.00	1.74	2.22	7.33	23.00	39.25	25.80

注：由于四舍五入，部分百分比之和不为100.00%。

2）数据分析

结合数据与相应题项可以发现，教师对《教学要求》中翻译专业教师的相关要求、课程实施中教学任务等关注度较高，如教师对题3所提问题的认同比例为91.04%；对题16的认同比例为92.17%；从题22可知，教师对社会对翻译专业的评价等方面的关注度也比较高，认同比例达到了89.35%（从"稍微符合"到"完全符合"）。

4. "合作"阶段维度的认同情况分析

1）数据统计结果（表4.32）

表4.32　翻译专业教师在"合作"阶段维度的认同情况

问题序号	与我不相关（%）	完全不符合（%）	很不符合（%）	有些不符合（%）	稍微不符合（%）	稍微符合（%）	有些符合（%）	很符合（%）	完全符合（%）
5	0.00	0.00	0.36	0.42	8.95	10.52	19.61	25.70	34.44
11	0.00	0.60	0.00	1.65	0.00	8.64	18.31	34.78	36.02
17	1.12	0.00	1.14	0.00	0.00	5.06	24.17	36.51	32.00
23	0.00	0.00	0.64	2.24	0.00	9.57	11.78	38.17	37.60
29	0.00	0.65	0.00	2.25	2.22	8.41	14.57	46.56	25.34

注：限于篇幅，与附录调查问卷相比，从"完全不符合"到"完全符合"后面均省略了"我的现状"，下同。

2）数据分析

通过对表 4.32 的统计可以发现，翻译专业教师希望了解《教学要求》在本校和其他院校的实施情况（如题 11 的相关内容认同比例达到 97.75%）；翻译专业教师对于与同行或同事合作交流的愿望比较强烈（如题 23 的相关比例为 97.12%，题 29 的相关比例为 94.88%）。

5. "再聚焦"阶段维度的认同情况分析

1）数据统计结果（表 4.33）

表 4.33 翻译专业教师在"再聚焦"阶段维度的认同情况

问题序号	与我不相关（%）	完全不符合（%）	很不符合（%）	有些不符合（%）	稍微不符合（%）	稍微符合（%）	有些符合（%）	很符合（%）	完全符合（%）
6	1.72	8.43	8.40	6.17	5.58	18.01	22.46	20.83	8.40
12	0.57	7.85	6.15	2.23	7.94	7.26	20.20	29.78	18.02
18	1.10	7.90	5.10	5.60	5.12	12.37	19.13	30.92	12.85
24	0.00	5.63	1.12	1.14	3.41	10.68	21.32	35.40	21.30
30	0.00	8.42	1.14	5.06	3.41	6.68	16.27	36.48	22.54

注：由于四舍五入，部分百分比之和不为 100.00%。

2）数据分析

通过对表 4.33 的数据分析可知，翻译专业教师希望根据学校和学生情况选择课程实施方式，调整课程实施的一些内容（如题 24 的相关比例为 88.70%），愿意尝试《教学要求》未提及的翻译专业课程建设方式（如题 18 的相关比例为 75.27%）；希望在本次课程实施的基础上继续优化工作成效（如题 30 的相关比例为 81.97%）。从以上可以看出，翻译专业教师希望在具体的实施中有一定的自主性和灵活度，也希望能够结合学校实际情况继续深化课程实施。

（四）人口统计变量与关注阶段差异比较

为了探究翻译专业教师关注阶段差异的可能原因，本节在对关注阶段进行描述的基础上，从人口统计变量的性别、学历或研究经历、职称、教龄和职务五个维度进行了逐一分析。

1. 性别变量与关注阶段差异比较

1）数据统计结果（表 4.34）

表 4.34 不同性别教师在关注阶段各维度的差异比较

维度	男（$\bar{x} \pm s$）	女（$\bar{x} \pm s$）	t	P
意识	11.02 ± 5.38	13.61 ± 6.79	2.649	0.009
信息/个人化	66.53 ± 14.62	68.27 ± 11.89	0.864	0.389
管理/结果	48.67 ± 10.07	51.61 ± 6.80	2.323	0.021
合作	34.09 ± 5.43	34.46 ± 4.60	0.489	0.625
再聚焦	28.42 ± 9.44	28.62 ± 7.69	0.147	0.883

2）数据分析

对不同性别翻译专业教师在各阶段维度的得分进行独立样本 t 检验，结果表明，在意识维度上，男女得分差异显著，$t_{(176)}=2.649$，$P<0.01$，女性教师的得分显著高于男性教师的得分；在管理/结果维度，男女得分差异也显著，$t_{(176)}=2.323$，$P<0.05$，女性教师的得分显著高于男性教师的得分。但是在信息/个人化、合作和再聚焦三个阶段维度，男女差异不显著。

2. 学历或研究经历变量与关注阶段差异比较

1）数据统计结果（表 4.35）

表 4.35 不同学历或研究经历的教师在关注阶段各维度的差异比较

维度	本科（$\bar{x} \pm s$）	硕士研究生（$\bar{x} \pm s$）	博士研究生及博士后（$\bar{x} \pm s$）	F
意识	14.50 ± 6.27	13.34 ± 6.47	10.30 ± 5.79	4.516*
信息/个人化	63.93 ± 11.14	70.03 ± 13.19	62.57 ± 11.22	6.500**
管理/结果	48.79 ± 10.66	51.31 ± 7.88	49.00 ± 8.33	1.643
合作	32.93 ± 5.76	34.73 ± 4.94	33.72 ± 4.51	1.323
再聚焦	25.43 ± 10.29	28.95 ± 8.24	28.46 ± 8.01	1.115

2）数据分析

对具有不同学历或研究经历的教师在关注阶段问卷五个维度的得分进行方差

分析，分析结果表明：在意识维度上，本科学历、硕士研究生学历、博士研究生及博士后三组教师得分存在显著差异，$F(2, 175)=4.516$，$P<0.05$；在信息/个人化的维度上，三组教师得分存在显著差异，$F(2, 175)=6.500$，$P<0.01$；但是三组教师在其他三个维度上的得分差异不显著。进一步通过 Bonferroni 法进行事后比较发现，具有硕士研究生学历的教师在意识维度上的得分显著高于具有博士研究生学历及博士后研究经历的教师的得分（$P=0.018<0.05$）；同样，在信息/个人化维度上，具有硕士研究生学历的教师的得分也显著高于具有博士研究生学历及博士后研究经历的教师（$P=0.002<0.01$）。这一数据统计显示：具有硕士研究生学历的教师在意识和信息/个人化维度的关注度更高，而意识和信息/个人化维度属于较低关注阶段。因此在翻译专业课程实施中，该教师群体需要更多"干预"。

3. 职称变量与关注阶段差异比较

1）数据统计结果（表 4.36）

表 4.36　　不同职称教师在关注阶段各维度的差异比较

维度	助教（$\bar{x}\pm s$）	讲师（$\bar{x}\pm s$）	副教授（$\bar{x}\pm s$）	教授（$\bar{x}\pm s$）	F
意识	17.38 ± 1.75	13.27 ± 6.94	11.89 ± 6.11	9.97 ± 5.63	5.608^{**}
信息/个人化	75.37 ± 11.68	68.54 ± 13.57	65.85 ± 12.75	12.75 ± 10.80	3.117^{*}
管理/结果	57.06 ± 57.06	57.06 ± 8.71	48.64 ± 8.73	51.51 ± 5.54	4.784^{**}
合作	36.31 ± 4.97	33.89 ± 5.66	33.81 ± 4.28	35.25 ± 3.47	1.656
再聚焦	24.56 ± 10.46	28.51 ± 7.61	29.46 ± 8.11	29.06 ± 9.16	1.480

2）数据分析

对不同职称教师的关注阶段五个维度的得分进行方差分析，分析结果表明：在关注阶段问卷的意识维度，助教、讲师、副教授和教授四组教师得分存在显著差异，$F(3, 174)=5.608$，$P=0.001<0.01$；在信息/个人化维度，四组不同职称的教师得分存在显著差异，$F(3, 174)=3.117$，$P=0.028<0.05$；在管理/结果维度，四组不同职称的教师的得分存在显著差异，$F(3, 174)=4.784$，$P=0.003<0.01$。进一步通过 Bonferroni 法进行事后比较发现，在意识维度，讲师的得分显著高于副教授的得分（$P=0.034<0.05$）；在信息/个人化维度，助教的得分显著高于副教

授的得分（$P=0.034<0.05$），助教的得分也显著高于教授的得分（$P=0.010<0.05$）；在管理/结果维度，助教的得分显著高于讲师的得分（$P=0.010<0.05$），助教的得分显著高于副教授的得分（$P=0.002<0.01$）（表 4.36）。这表明具有助教职称的教师在意识、信息/个人化、管理/结果三个维度的关注度更高，这一群体处于较低的关注阶段。

4. 教龄变量与关注阶段差异比较

1）数据统计结果（表 4.37）

表 4.37　不同教龄教师的关注阶段各维度的差异比较

教龄（年）	意识（$\bar{x} \pm s$）	信息/个人化（$\bar{x} \pm s$）	管理/结果（$\bar{x} \pm s$）	合作（$\bar{x} \pm s$）	再聚焦（$\bar{x} \pm s$）
1—3	17.22 ± 1.70	75.11 ± 11.01	56.17 ± 5.66	35.94 ± 4.79	22.83 ± 11.05
4—6	16.50 ± 6.63	70.28 ± 9.99	49.00 ± 7.76	34.28 ± 4.79	28.79 ± 8.98
7—10	12.42 ± 6.83	62.11 ± 17.78	47.00 ± 12.53	32.96 ± 7.46	29.77 ± 9.07
11—15	10.17 ± 5.90	69.08 ± 10.65	51.25 ± 6.77	34.82 ± 3.96	29.30 ± 5.62
16—20	11.60 ± 6.31	68.97 ± 11.04	50.62 ± 6.03	33.88 ± 3.76	29.41 ± 9.22
20 以上	12.65 ± 6.41	61.08 ± 13.63	49.04 ± 8.82	34.00 ± 5.24	28.24 ± 8.63
F 值	4.417^{**}	4.095^{**}	3.156^{**}	0.994	2.030

2）数据分析

对不同教龄教师在关注阶段五个维度的得分进行方差分析，分析结果表明：在关注阶段的意识维度，不同教龄的六组教师得分存在显著差异，$F(5, 172)=4.417$，$P=0.001<0.01$；在信息/个人化的维度得分存在显著差异，$F(5, 172)=4.095$，$P=0.002<0.01$；在管理/结果维度的得分存在显著差异，$F(5, 172)=3.156$，$P=0.009<0.01$；在再聚焦维度的得分不存在显著差异，$F(5, 172)=2.030$，$P=0.077>0.05$。进一步分析发现，教龄在 1—3 年的教师在意识维度的得分显著高于教龄在 11—15 年和教龄在 16—20 年的教师，教龄在 4—6 年的教师在意识维度的得分显著高于教龄在 16—20 年的教师得分（$P=0.021<0.05$）；在信息/个人化维度，教龄在 1—3 年的教师得分显著高于教龄在 7—10 年的教师的得分（$P=0.012<0.05$）；在管理/结果维度上，教龄在 1—3 年的教师的得分显著高于教龄在 7—10 年的教师的得分（$P=0.004<0.01$）；在再聚焦维度，教龄在 11—15 年

的教师的得分边缘显著高于教龄在 1—3 年的教师的得分（ $P=0.059>0.05$ ）。以上数据分析表明在意识、信息/个人化和管理/结果维度，处于较低关注阶段的是教龄在 1—3 年的教师；在这三个维度中，教龄在 11—15 年的教师处于最高关注阶段。

5. 职务变量与关注阶段差异比较

1）数据统计结果（表 4.38）

表 4.38　不同职务教师在关注阶段各维度的差异比较

维度	管理者（ $\bar{x}\pm s$ ）	普通教师（ $\bar{x}\pm s$ ）	t	P
意识	10.34 ± 4.95	13.49 ± 6.67	2.611	0.010
信息/个人化	67.31 ± 11.77	68.13 ± 12.90	0.338	0.736
管理/结果	50.97 ± 8.10	50.55 ± 8.43	0.267	0.790
合作	35.37 ± 3.40	34.00 ± 5.28	1.458	0.147
再聚焦	32.31 ± 6.60	27.67 ± 8.15	3.111	0.002

2）数据分析

对不同职务的翻译专业教师在关注阶段各维度的得分进行独立样本 t 检验，检验结果表明：在意识维度上，不同职务的教师得分差异显著， $t_{(176)}=2.611$ ， $P=0.010<0.05$ ，普通教师的得分显著高于具有管理者身份的教师的得分；在再聚焦维度上，不同职务的教师得分也存在显著差异， $t_{(176)}=3.111$ ， $P=0.002<0.01$ ，具有管理者身份的教师得分显著高于普通教师的得分。但在其他三个维度上，不同职务的教师的得分差异不显著。

（五）关注阶段研究结果讨论

1. 翻译专业教师关注阶段的总体主要特征

从翻译专业教师关注阶段强度分析可知，大多数教师已开始实施课程变革，但对翻译专业课程变革整体优化方案关注强度较低，这说明大部分翻译专业教师对《教学要求》实施具体操作中有较多疑问，部分翻译专业教师对实施翻译专业课程的能力存在疑虑。

2. 翻译专业教师关注阶段的具体差异

对各阶段的题项进一步分析，可发现教师关注的具体情况如下：翻译专业教师认为《教学要求》与自己的相关程度较高，有兴趣对之进一步了解，但有超过半数的教师表示对《教学要求》的具体内容并不十分了解，这说明《教学要求》得到多数教师的认同和关注，但关注程度有待提高。翻译专业教师对课程实施所需条件和资源等以及对个人发展的相关事项关注程度较高，这表明他们对课程实施关注度较高的事项大多属于"自我"和"任务"范围；此外，翻译专业教师具有较强烈的合作愿望，部分翻译专业教师对自己的专业能力存在疑虑，希望得到专家或有经验教师的指导和帮助，这表明在翻译专业课程实施中，教师需要更多专业引领与提升能力的机会。

3. 翻译专业教师关注阶段在人口统计变量维度上的差异

从人口统计变量对翻译专业教师关注阶段进行差异比较后发现：助教和讲师群体的关注阶段低于副教授、教授的教师群体，这说明职称较低的教师群体在课程实施中需要更多的关注与干预，他们需要接受必要的课程实施相关内容和专业技能的专题培训，以提升其关注发展的层次。教龄在1—3年的教师处于较低的关注阶段，教龄在11—15年的教师处于最高关注阶段，这表明在翻译专业课程实施中应发挥教龄较长教师的专业引领作用，以提高新入职教师对课程实施的理解程度和参与度。

二、翻译专业课程实施水平研究

课程实施水平的测评属于课程实施行为的测量。本部分有两个研究问题：翻译专业教师课程实施水平有何共性特征？翻译专业教师课程实施水平是否存在校际差异？

（一）研究问题和研究工具

本节在姜荣华（2008）研究工具基础上，结合翻译专业课程实施特点进行修订，形成"翻译专业课程实施水平访谈提纲"，包括分支访谈和焦点访谈两部分。为了深入了解教师对《教学要求》的观点及影响教师课程实施的因素，研究者增加了自陈式辅助访谈的问题，以期发现更多相关信息。在正式使用访谈提纲以前，笔者进行了三次先导测试访谈，根据访谈中因语言表述而产生的理解方面的问题修改了访谈提纲。

（二）样本基本信息与选择

1. 样本总量情况

翻译专业课程实施是在复杂的教育生态系统中进行的。本部分的研究将每个样本院校视为一个独立的子系统，一个学校的教师课程实施水平可以反映出教师主体特征以及其所在的教育生态系统的影响，因而可以反映该系统此方面的整体特征。基于此，本部分研究未采取从全国翻译专业教师中随机抽样取样的方式来孤立分析每个教师的课程实施水平，而是选取一定数量的样本学校，将每所学校的所有翻译专业教师作为一个整体加以研究，尝试分析在一个相对独立的教育生态系统中的教师课程实施水平，进而探究其影响因素。

2. 样本选择

在选择样本院校时，为了减少其他变量的干扰，对学校类型和该校翻译教育的相关资料进行了查询。在我国前六批开办翻译专业的 152 所院校中，位于一线城市的翻译院校有 18 所，约占院校总数的 11.84%；位于二、三线城市的翻译院校有 134 所，约占院校总数的 88.16%。因而本研究从二、三线城市的翻译院校中抽取了批次相近、类型相同的翻译院校为研究样本；此外本部分的研究方法为访谈法，考虑到访谈文本转录的繁重工作量、语料编码与分析的复杂性，根据样本选择的便利原则，需要选择基本信息最为相似的翻译院校作为样本。依据以上因素，最后发现三所院校最符合研究目的，可以作为样本。这三所学校类型相同，均为师范类院校；翻译专业获批时间批次相近，发展时段相近，均为前六批；学校所在地均为三线城市；三所院校的翻译专业发展历程相似，都经历了"英语专业—翻译方向—翻译专业"三个阶段。

这三所院校翻译专业教师总人数为30人，其中A校翻译专业教师共10人，B校翻译专业教师共8人，C校翻译专业教师共12人。因进修或休假不能接受访谈的教师有6人，表示不愿接受访谈的教师有2人，最后共有22位翻译专业教师完成了"翻译专业教师课程实施水平访谈"，受访教师数量达到样本学校翻译专业教师总数的 73.33%。受访教师的基本信息见表 4.39。

表 4.39　翻译专业课程实施水平访谈受访教师基本信息

编号	职称	年龄（岁）	学历或研究经历	所在学校
A1	副教授	46	硕士研究生	A
A2	助教	27	硕士研究生	A
A3	讲师	38	硕士研究生	A
A4	讲师	37	硕士研究生	A
A5	讲师	42	硕士研究生	A
A6	副教授	47	本科	A
A7	助教	26	硕士研究生	A
B1	副教授	48	硕士研究生	B
B2	副教授	40	博士研究生	B
B3	讲师	35	硕士研究生	B
B4	讲师	37	硕士研究生	B
B5	讲师	35	硕士研究生	B
B6	副教授	44	硕士研究生	B
C1	讲师	34	硕士研究生	C
C2	讲师	39	硕士研究生	C
C3	讲师	30	硕士研究生	C
C4	讲师	39	硕士研究生	C
C5	讲师	32	硕士研究生	C
C6	教授	41	博士研究生	C
C7	讲师	30	硕士研究生	C
C8	讲师	39	硕士研究生	C
C9	副教授	43	硕士研究生	C

（三）访谈前的联系与访谈后音频的转录与文本整理

1. 访谈前的联系

研究者通过电话或短信方式与 22 位受访教师逐一联系，确定对方是否愿意接受访谈。在确认对方意愿后，以邮件方式或当面递交的方式发送访谈提纲，说明访谈的基本内容，确认对方是否愿意接受语音访谈。研究者根据每位受访教师提供的时间和访谈方式，依据翻译专业教师课程实施水平访谈提纲进行访谈。在访谈前，询问受访者是否愿意接受访谈录音，在对方同意之后再正式开始访谈。依据翻译专业教师课程实施水平访谈提纲，按照"分支访谈—焦点访谈—自陈式辅助访谈"的顺序进行。

2. 访谈后音频的转录与文本整理

在访谈结束后对访谈音频进行文字转录，共形成访谈转录文本 22 份，经过进一步的内容与格式的校对后，形成正式研究语料。

（四）分支访谈结果与分析

1. 分支访谈结果

依照翻译专业教师课程实施水平访谈提纲的第一部分"分支访谈"的访谈流程和内容，整理每位受访教师在每个分支节点的回答，初步逐一判断受访的 22 位教师是课程实施所在的水平层次，将其作为焦点访谈文本水平测定的参考。分支访谈结果汇总如表 4.40 所示。

表 4.40　翻译专业教师课程实施水平访谈结果（分支访谈部分）

教师	是否实施了课程	是否做了课程变化或调整	是否与其他教师合作实施	是否准备做较大调整，或以其他课程方案彻底替换
A1	是	是	是	是
A2	是	否	否	否
A3	是	是	是	否
A4	是	是	是	否
A5	否	否	否	否
A6	是	否	否	否
A7	是	是	是	否
B1	否	否	否	否
B2	是	是	是	否
B3	是	是	是	否
B4	是	是	是	否
B5	是	是	是	否
B6	是	是	是	是

教师	是否实施了课程	是否做了课程变化或调整	是否与其他教师合作实施	是否准备做较大调整，或以其他课程方案彻底替换
C1	是	是	否	否
C2	是	是	否	否
C3	是	是	否	否
C4	是	是	是	否
C5	是	是	是	否
C6	是	是	否	否
C7	是	是	是	否
C8	是	是	否	否
C9	是	是	是	否

2. 分支访谈分析

将三所院校的翻译专业教师视为一个群体来看，22 位教师中有 20 名教师已开始课程实施，占样本教师总数的 90.91%；18 位老师对课程进行了变化或调整，占样本教师总数的 81.82%；12 位教师在课程实施中与其他教师有合作，占样本教师总数的 54.55%；仅有 2 名教师计划对课程做较大调整或以其他课程方案替换，占样本教师总数的 9.09%。将三所院校的课程实施系统分别视为独立的系统来看，A 校和 B 校均有未开始进行课程实施的教师，A 校 3 名教师、B 校 1 名教师未进行课程变化或调整，表现出较大的个体差异，而 C 校教师已全部开始课程实施。

（五）焦点访谈转录文本的分析与结果讨论

1. 焦点访谈转录文本的分析依据

分支访谈旨在对受访者课程实施的水平进行大致层次的快速测定，该部分的研究结果是进行焦点访谈转录文本分析的参照依据之一。在焦点访谈中，为了对访谈内容进行系统而准确的整理，在反复阅读与比较录音文本内容的基础上，首先依据霍尔等访谈问题所涉及的七个类别，对访谈文本中每一个类别的要点进行编码与归纳，形成"焦点访谈内容要素编码表"。在文本分析中采用该编码表对22 位受访教师的转录文本进行逐一分析，归纳出每位教师在每个维度的课程实施水平。然后依据霍尔等的"变革实施水平层次和决策点的界定"（霍尔、霍德，2004：291-297），结合分支访谈的结果和翻译专业教师实施水平的分析结果，对每位受访教师的课程实施水平进行整体性测定。在此基础上，结合自陈式辅助访谈内容，与实施水平的测定结果印证，进而归纳出影响课程实施水平的主要因素。

2. 焦点访谈转录文本的分析过程示例

在每一个类别中，选取维度与编码内容相同的两位受访教师的访谈内容，以便体现课程实施水平在同一层级的比较。具体分析步骤如下。

1）"知识"类访谈转录文本的整理

"知识"类的访谈问题为"能否结合您的经历，谈谈您是如何理解《教学要求》教育理念、要求内容和实施现状的？"

教师 A1： "它里面传达的信息的话，还是说在本科层次突出本身这个专业的特点，这个*专业特点呢，它这里写得比较清楚，因为我之前参加会议的时候，也听过仲校长讲过类似的问题，（《教学要求》）的几块（内容）。这几块的融合是一个问题*（编码 2.04；实施水平为整合）。*但是我要理解这个东西呢，还是以职业化的翻译为导向，我们的本科毕业生，他们在毕业的时候也不见得做这个工作。但是既然设立了这个专业，那应该还是突出它自己的特点*（编码 1.02；实施水平为精致加工）*那突出它自己的特点；我的理解呢，就是你设置这个专业，一方面从学生就业的角度……即使非常优秀的学生想进入这个市场，这个市场本身也没那么大……我现在的课有这个考虑，但是目前还没有设计出很多，做过很多尝试，比如说我还是从这个* language industry*，放大到这个更大的角度来认识这个* translation industry*，这样也许会更好一些。从语言产业来考察这个翻译产业，而从翻译产业本身，再考察本科的教学。"[1]（编码 7.0；实施水平为更新）

教师 B1： "它（注：学校）的课程设置，我感觉它的核心课程，基本上，我们也是这样一些课程，我们有几个这样的课程，就是全国高校，

---

① 口头访谈转录的内容是口语体的，斜体表示笔者着重关注的内容，下同。

也搞翻译这个方向的，*大多数还是这样去设置的*（编码 1.03；实施水平为机械实施）。我们学校，可能对口语这块，没有它们（其他学校）提的高度这么高，我想，我们在这可能还是一个薄弱环节吧。但是我看其他的课程设置，包括必修课各项课程的设置，*我们基本上都开了，而且有些我们开的可能还更多一些*（编码 1.03；实施水平为机械实施）……"

2）"获取信息"类访谈转录文本的整理

"获取信息"类的访谈问题为"在翻译专业课程变革过程中，您了解国家关于翻译专业课程建设的信息和资源的途径有哪些？对于翻译专业课程变革，您如果遇到不太理解的内容，会向谁咨询？贵校有没有专门的人员或机构解答您的疑问？"

教师 C2："一个是我们翻译系的会议，这是一个渠道，再一个就是*我经常在《中国翻译》的封面上看到一些会议的介绍，每一期里面都会登载一些翻译教学方面的内容（，通过这些途径）来知道的。*"（编码 2.02；实施层次为精致加工）

教师 C3："*这些，*开会（时）向我们传达，然后通过一次一次的会议，传达不同的要求，然后我们会在会上进行探讨，*我就是通过这样的方式去了解的。*"（编码 2.03；实施水平为机械实施）

3）"分享"类访谈转录文本的整理

"分享"类的问题为"在贵校翻译专业课程建设过程中，您是否会和其他教师交流对于实施《教学要求》的观点和计划？是否会和其他教师一起分享课程变革资源或是教学心得？如果在实施中遇到问题和困难，你们是否会一起讨论和解决呢？您能回忆并描述一下相关的情况吗？"

教师 A2："*学校在网上建立了平台，我们可以把上课内容上传，课件也上传，通过网上可以下载网课，包括我们互相听课，课下互相评课*等等，对教学还是十分重视的。*我们会一块讨论解决，我们每周有一节（个）会议，聚在一起讨论。*（编码 3.01、3.02、3.03、3.04；实施水平为整合）我觉得讨论对老师的促进作用非常大，尤其是像我这样刚入职的老师来说，我从别的老师身上学习了不少的东西，还会有很多的思索。"

（编码 3.01、3.02、3.03、3.04；实施水平为常规化）

教师 B2："主要是分享些教学资源或教学方法。比如我们找到有些视频，觉得放在课堂做练习挺好，我们就会互相分享。"（编码 3.03；实施水平为精致加工）

4）"评估"类访谈转录文本的整理

"评估"类的问题为"您如何评价目前或曾经出现在课程实施过程中的一些情况？（如出现的典型问题、实施的方法、合作实施的情况、实施的任务和安排等）"

教师 B4："我觉得这个问题（注：教材）的解决更多的要靠老师自己来解决，不能等合适的教材，因为好教材它出现的周期往往比较长。所以作为一个比较好的老师应该了解课程的目标，然后根据教学实际来选择那些能体现你自己教学理念的材料。"（编码 4.02；实施水平为精致加工）

教师 C2："口译方面好的教材不是太多，甄别和遴选教材是一个较大的难题。咱们有那么多的大家，怎么把这个教材编得更具有实用性，对学生真正有帮助，编排的体例又能活泼一些，我觉得这个是大家需要好好去思索的问题……你自己去找教材的话，它就没有一个连续性，系统性不够强。"（编码 4.02；实施水平为机械实施）

5）"计划"类访谈转录文本的整理

"计划"类的访谈问题为"在实施《教学要求》过程中，您（或您所在的单位）是否制定了短期或长期的课程实施计划？（如对资源、实施日程、师资配备等方面的统筹安排）；若有计划，计划制定之后是怎样采取行动的，您能否谈一谈呢？"

教师 B6："我觉得在设想上，第一个关键是我觉得既然开了这个专业，就要好好建设，把它建好。第一个就是增加投入，新专业有些方面还是摸着石头过河，增加投入，要注重建设，思想上要重视它。然后就是提升教学管理水平。我想着就是从这几个方面，建设这个新专业就好好思考，知道它新在哪个地方，和原来的英语一定要有所区别。在管理方面，不管是从哪个方面，人才的选拔，还有师资队伍，还有制度保障等等，都要加强。"（编码 5.03、5.04；实施水平为精致加工）

教师 C4："在专业课程建设过程中，我们都会对课程实施制定一个*长期计划*。一般来说关于新课程的开设，我们都会提前两年，做一个大体上的规划。因为我们有这样一个计划，*会有一个统筹的安排，对师资的安排、课程的设置，还有资源的利用等等，我们都会加以考虑，所以在排课的时候，所有的因素都是要考虑进去的，尽量能够达到最佳的效果*。"（编码 5.01；实施水平为整合）

6）"观点陈述"类访谈转录文本的整理

"观点陈述"类的访谈问题为"如果由您来做一个翻译专业课程实施汇报，您会论及哪些方面的内容，能否简要叙述一下呢？"

教师 A4："我觉得我们做的这些改变都是围绕*学生能够提升翻译业务素质和实践能力*展开的，这是挺好的。至于开展程度，和我的经验水平等有关系，我是在尽力做。但我觉得有这种认识的话，就会一步一步朝着那个方向去努力，以后也会越来越好。*但我觉得一件事如果没有展开，变化就不会出现，一旦展开了，迈出一步的话，虽然只是一点点进步，但积累起来就会越来越好*。"（编码 6.04；实施水平为精致加工）

教师 B5："这个我觉得还是从总的《教学要求》理解上去做。尽管他（注：指学生）水平不同，老师们都是在尽量往好的方面来努力去做。*（《教学要求》）给的是一个大的要求框架，对吧，我们是在这个框架下尽量努力去做，来把这个课程做好，把最基本的事情做好*。毕竟是在翻译本科阶段嘛，学生刚从高中过来，二年级的话，基本上还在学习语言基础知识；到三年级的话，能够尽量让他们提升翻译能力，不管他们将来读的是 MA 也好、MTI 也好（注：指学生将来攻读研究生选择的方向）。"（编码 6.04；实施水平为精致加工）

7）"执行状况"类访谈转录文本的整理

"执行状况"类的访谈问题为"能否回忆并谈一谈您实施翻译专业课程的主要活动或遇到的困难？"

教师 A3："有些严重的问题（指翻译实践和翻译技术）需要学院来解决的就得和主任反映，*平常的小问题大家都是私下里讨论，互相鼓励，*

互相学习……就我个人而言，我觉得要有真实的翻译任务比较好。我们现在也有，建了一个翻译公司，但活都比较急，再有就是有的翻译任务或项目未必适合我的课堂。第二个问题就是，我们有些老师需要用一些翻译软件，我们学院会解决，我们有笔译实验室，开始的时候那个翻译软件登不上去，需要插件，学院就找了××翻译公司的进行培训，最后解决了。"（编码 7.02；实施水平为整合）

教师 B3："那些东西（指翻译技术），到后来我们也有一些翻译工具进行培训了，像 Trados 等，还培训过一次。学生和老师在一起有 3 天培训，但是到最后效果怎么样，我就不了解了。"（编码 7.02；实施水平为机械实施）

3. "翻译专业教师课程实施水平访谈"转录文本分析结果

将 22 位受访教师焦点访谈转录文本按照以上方式进行对比分析，在各个维度进行水平测定后，结合霍尔等的课程实施"变革水平层次和决策点的界定"，汇总每位受访教师在七个维度上的结果，表 4.41、表 4.42、表 4.43 是每位教师在七个维度上的实施水平测定结果。

表 4.41　A 校翻译专业教师在七个维度上的课程实施水平结果统计

教师编码	知识	获取信息	分享	评估	计划	观点陈述	执行状况
A1	更新	整合	整合	更新	精致加工	更新	更新
A2	常规化	机械实施	常规化	常规化	常规化	机械实施	常规化
A3	整合	整合	整合	整合	精致加工	精致加工	精致加工
A4	整合	精致加工	整合	整合	精致加工	精致加工	精致加工
A5	定位	定位	定位	定位	定位	定位	定位
A6	精致加工	常规化	精致加工	常规化	常规化	常规化	常规化
A7	常规化	精致加工	精致加工	精致加工	精致加工	精致加工	精致化工

表 4.42　B 校翻译专业教师在七个维度上的课程实施水平结果统计

教师编码	知识	获取信息	分享	评估	计划	观点陈述	执行状况
B1	准备	准备	准备	准备	准备	准备	准备
B2	精致加工	精致加工	精致加工	精致加工	精致加工	精致加工	精致加工

教师编码	知识	获取信息	分享	评估	计划	观点陈述	执行状况
B3	机械实施	精致加工	精致加工	整合	精致加工	精致加工	精致加工
B4	整合	精致加工	精致加工	整合	精致加工	精致加工	精致加工
B5	精致加工	精致加工	精致加工	整合	常规化	精致加工	精致加工
B6	整合	整合	精致加工	整合	精致加工	整合	整合

表 4.43　C 校翻译专业教师在七个维度上课程实施水平结果统计

教师编码	知识	获取信息	分享	评估	计划	观点陈述	执行状况
C1	精致加工	精致加工	精致加工	精致加工	精致加工	精致加工	精致加工
C2	常规化	精致加工	精致加工	机械实施	常规化	常规化	常规化
C3	常规化	机械实施	常规化	精致加工	常规化	精致加工	精致加工
C4	整合	整合	精致加工	整合	精致加工	精致加工	整合
C5	整合	精致加工	精致加工	整合	精致加工	精致加工	精致加工
C6	精致加工	精致加工	常规化	整合	常规化	精致加工	常规化
C7	精致加工	精致加工	精致加工	整合	常规化	精致加工	精致加工
C8	精致加工	精致加工	精致加工	整合	常规化	精致加工	精致加工
C9	整合	整合	整合	整合	精致加工	整合	整合

结合分支访谈结果和七个维度的课程实施水平分析结果，依据霍尔等课程实施"变革水平层次和决策点的界定"，重点根据"知识"、"评估"和"执行状况"三个维度的课程实施水平测量结果，对每位教师的课程实施水平进行了整体测定。三所院校翻译专业教师在每个课程实施水平的人数及百分比见表 4.44。

表 4.44　三个样本学校的翻译专业教师课程实施水平层次分布

所属学校	实施水平	人数（人）	占所在学校的百分比（%）
A 校	层次 I（定位）	1	14.29
	层次 II（准备）	0	0.00
	层次 III（机械实施）	0	0.00
	层次 IV A（常规化）	2	28.57
	层次 IV B（精致加工）	2	28.57
	层次 V（整合）	1	14.29
	层次 VI（更新）	1	14.29

所属学校	实施水平	人数（人）	占所在学校的百分比（%）
B校	层次Ⅰ（定位）	0	0.00
	层次Ⅱ（准备）	1	16.67
	层次ⅣA（常规化）	0	0.00
	层次ⅣB（精致加工）	3	50.00
	层次Ⅴ（整合）	2	33.33
	层次Ⅵ（更新）	0	0.00
C校	层次Ⅰ（定位）	0	0.00
	层次Ⅱ（准备）	0	0.00
	层次ⅣA（常规化）	2	22.22
	层次ⅣB（精致加工）	5	55.56
	层次Ⅴ（整合）	2	22.22
	层次Ⅵ（更新）	0	0.00

注：由于四舍五入，百分比之和不为100.00%。

4. 课程实施水平统计结果讨论

翻译专业教师课程实施水平达到"常规化"及以上水平的情况分析如下。三所样本院校中，20名翻译专业教师课程实施水平达到"常规化"及以上水平，占样本总数的90.91%，其中处于"精致加工"水平的教师有10人，占样本总数的45.45%，这表明大部分翻译专业教师已实施了课程变革，而且对专业课程特征、目标、内容和实施方法形成了相对稳定的模式。翻译专业教师对专业课程进行了不同程度的探索和调整，旨在提高翻译教学的质量，促进学生的发展。但是处于较高实施水平的教师人数较少。三所样本翻译院校教师处于"整合"水平的共有5人，占样本教师总量的22.73%；处于"更新"水平的有1人，占样本教师总量的4.55%。这说明翻译专业教师中处于较高实施水平教师的人数少；大部分翻译专业教师是出于实施者自身的需求或学生的需求来调整课程实施状况，在课程实施中与其他同事合作较少；只有2名教师对翻译专业课程有重大调整或替换。此外，课程实施水平校际差异较为显著。其中A校教师课程实施水平分布的离散度较高，既有处于"更新"这一最高课程实施水平的教师，也有处于"定位"这一未实施水平的教师；B校和C校教师的课程实施水平呈现出明显的趋同性，约50.00%的教师处于"精致加工"水平，约30.00%的教师处于"整合水平"，两所学校都没有具有较高实施水平的教师。

第五节　翻译专业课程实施现状：实施效果视角

课程实施效果主要体现在学生的发展和用人单位对学生的评价方面。本节从学生能力发展和用人单位评价的视角分析翻译专业课程实施效果，探讨存在的问题和影响课程实施效果的因素。

一、翻译专业课程实施效果：学生视角

（一）研究设计

1. 研究问题

根据翻译专业教育的属性，从学生视角而言，翻译专业课程实施效果主要体现在学生专业能力和综合素养发展两个方面，因此本节研究问题为：翻译专业课程实施对学生专业能力发展的影响是什么？翻译专业课程实施对学生综合素养发展的影响是什么？

2. 样本选择

课程实施是在一定的教育环境中开展的，学生的发展也是在特定的教育环境中实现的，因此本部分的研究采取了个案研究法，选取一所翻译院校为样本院校，从学生视角对该校的翻译专业课程实施效果进行探析。

1）样本院校的选取

本节研究样本采取立意取样的方式，以能够提供最多的研究信息为样本选择原则，选取了本章第三节中的 C 校为样本院校。本研究从 2014 届毕业生和 2015 届四年级在校生中选取个案，这些学生经历了 C 校翻译专业教育的完整过程。

2）学生个案的选取

在选择学生个案时，对于毕业生群体按照学生就业的类别，在每一类就业领域中选取一名学生作为个案；对于在校的四年级学生群体，按照学生毕业去向（意

向）进行个案选择，在每一类毕业去向中选择一名学生作为个案，个案按照立意取样的方式选取，以能够获得最多信息量为选取原则。

根据 C 校对毕业生信息的调查，发现 2014 届学生毕业去向主要有以下几类：在翻译行业就职、攻读硕士研究生、准备参加国家公务员考试、在外语教育或语言服务行业工作。根据以上说明进行统计，受访学生基本信息如表 4.45 所示。

表 4.45　C 校翻译专业 2014 届受访学生基本信息

受访学生代码	性别	工作单位	负责工作
S01	女	新疆喀什第 × 中学	高一英语教学
S02	女	时尚集团华夏地理杂志社（北京）	《国家地理》杂志及网站内容的编译
S03	女	××县北滩镇政府	负责文件资料和计划生育工作
S04	女	××大学附属中学国际部	留学文案写作与翻译；国外大学信息的查找与整理；该单位翻译任务（如网页、协议等）
S05	女	重庆臻美国际旅行社有限公司	与全国各大摄影家协会联系，负责摄影团的行程
S06	女	××大学翻译专业硕士研究生	笔译方向

C 校 2015 届四年级学生毕业后的去向有以下三类：直接就业、没有明确选择就业领域和攻读硕士学位（攻读硕士研究生的专业选择情况有三种：翻译专业、语言类专业和非语言类专业）。根据以上信息选择了访谈样本。访谈样本及个人基本信息如表 4.46 所示。

表 4.46　C 校翻译专业 2015 届受访学生基本信息

受访学生代码	性别	目前拟定毕业去向	具体信息
S07	女	不明确	无
S08	女	保研	南京师范大学 MTI（口译方向）
S09	男	中国甘肃国际经济技术合作总公司（已获聘）	在该公司的加纳集团担任翻译
S10	女	美国曼哈顿音乐学院	钢琴演奏硕士（已录取）
S11	男	准备考研	北京语言大学对外汉语
S12	女	准备考公务员	无

3. 研究方法及工具

本科翻译专业教育有"育人"与"专业教育"双重属性。学生发展状况有些可以量化呈现，如学生学业成绩、在全国专业比赛中的成绩等，但有些方面的发展难以量化呈现。鉴于此，本部分的研究采用量化和质性研究相结合的方式。翻译专业课程实施对于学生专业发展的影响主要用量化数据呈现，对学生身心发展的影响、学生对 C 校翻译专业课程实施效果的评价主要以质性数据呈现。C 校的每一届翻译专业学生数量为 50~70 人，研究采取了实地访谈的方式，对所选取的12 位被试进行录音访谈，然后将访谈内容转录，形成研究语料。

（二）C 校翻译专业教育基本信息

1. 翻译专业师资

C 校在 2003 年组建翻译系，在英语专业下开设翻译方向，2006 年形成独立翻译师资体系，教师逐渐分流为笔译方向和口译方向。在 2010 年获批为翻译专业培养单位时，C 校的本科翻译专业教育建设已有 7 年历史，师资相对稳定。

2. 翻译专业生源

C 校翻译本科生源以本省学生为主体，招生时以非师范类二本招生，比英语专业录取线一般低 10 分。该专业大部分学生入校时英语水平两极分化严重，部分学生英语听力与口语能力较弱。

3. 培养目标与培养规格

在培养目标和培养规格方面，C 校课程实施采取了忠实与调适相结合的实施取向。C 校在获批为翻译院校之前根据学生需求和专业发展，对课程计划进行了两次较大的修订。2010 年获批为翻译院校之后，依据《教学要求》，C 校再次修订了翻译专业培养目标和专业课程，培养目标与《教学要求》相关内容基本一致；在人才规格层次上，C 校根据实际情况进行了细化。C 校该专业的培养目标如下：该专业旨在培养具有较强的跨文化交际能力、较为宽广的国际视野和较高人文综合素养的应用型翻译人才；该专业毕业生应具备较高的翻译职业道德，良好的翻译专业知识结构和专业能力，能够在商务、旅游、外事与科技领域胜任一般的口笔译工作，较好地满足社会对翻译人才的需要。依据该培养目标，C 校将培养规格细化为：具有良好的品德修养，健康的身心素质和适应社会的能力；具有扎实的双语语言基础和较好的跨文化交际能力；掌握常见文体的笔译及口译基础阶段的技能，能够胜任一般难度的口笔译工作；广泛了解中国与英语国家的文化、历史等方面的知识，获得作为译员的知识与文化素养；掌握文献检索、资料查询及运用现代信息技术获得相关信息的基本方法；具有一定的第二外语的实际运用能力，能够满足一般交际需要。

4. 翻译专业课程设置现状

1）基于 C 校课程体系整体要求而调整的课程

C 校主干课程模块类型与《教学要求》中的相一致，语言知识与能力、翻译知识与技能、相关知识与能力三个模块的课程均有开设，但 C 校对全校制定了统一的培养方案模板，对所有专业的学分和模块有统一要求，翻译专业每个模块的最高学分须以学校要求为标准，因而在翻译专业的课程计划中，对课程类型进行了适应性调整：在《教学要求》中有些课程在课程类型上为必修课，但在 C 校的翻译专业课程计划中为任选课，如"英语国家概况""西方文化""英国文学""美国文学""普通语言学"，有些课程名称和授课方式根据学校的学分要求进行了一些微调。整体而言，在课程设置上，C 校采取了忠实与调适相结合的实施取向。在课程元素的选择方面，因学校对专业培养方案的模式要求等因素，《教学要求》中的 22 门核心课程 C 校未能全部选取。

2）基于 C 校翻译专业自身课程体系的演化而缔造的课程

在 C 校翻译专业教育发展过程中，一些课程的内在联系和层次关系逐渐被重视，如阅读课程与笔译课程的关系、听力课程与口译课程的关系、翻译资格证考试内容与学校翻译专业课程的关系等，一些融合课程得以形成，如"英语读译""英语听辨""CATTI 笔译专题""CATTI 口译专题"等。C 校在教学的实践中逐步明确了课程的目标与授课内容。此外，C 校在实践中发现有些惯用的课程名称不能反映课程实践的发展，对这类课程元素进行了重构，对课程名称进行了替换，如"英汉笔译"和"汉英笔译"两门课程，在 C 校逐渐分化为"初级笔译Ⅰ"、"初级笔译Ⅱ"、"中级笔译Ⅰ"和"中级笔译Ⅱ"四门笔译课程构成的课程群。以上这些翻译专业课程在教学实践中自然生发、逐步演进，形成了一个独立的笔译课程子系统，因此C校在获批为翻译院校后继续保留了这些新缔造的课程元素。

3）基于C校整体教学变革的要求而开发的校本课程

在C校的课程变革中，各个专业须开设"专业引导课"和"专业学科前沿课"，课程类型为必修课程。在实践课程模块中有见习、学年论文、实习和毕业论文四个类型。因此，C校翻译专业开设了"翻译专业引导课""翻译专业学科前沿课"；在实践类课程上，依据专业特点，逐步形成了"翻译专业见习"、"翻译专业学年论文（或学年翻译成果）"、"翻译专业实习"和"翻译毕业学术论文（或毕业翻译成果）"这一阶梯式安排，学生可以根据自己的兴趣选择学术论文或者翻译实践报告方式作为结业方式。此外C校具有一定的通识课程资源。

4）《教学要求》中有而未被C校翻译专业纳入的课程

《教学要求》中的一些课程在C校翻译专业未能开设，如"高级汉语写作"和"翻译技术写作"等课程，主要原因是翻译专业教师难以胜任该门课程，而跨专业和校外聘请教师也存在制度上的牵绊。

5）自主构建的实践课程与实践管理体系

C校地处西北三线城市，受私营翻译公司数量较少且规模较小所限，该地区翻译活动以国家企事业单位的翻译任务为主体。因此C校向省外拓展翻译实践基地，同时利用网络翻译实践平台，逐步形成了实地专业实习和网上在线实习模式；在管理上制定了翻译实践学分累积制，学生可以从一年级到四年级持续参加翻译专业实践。此外，在校外社会实践方面，C校建校历史较长，形成了多样化的社团组织、志愿者组织和社会实践活动。C校翻译专业所在的外国语学院也形成了一些常规化的专业实践活动。

综而观之，C校对《教学要求》的实施，在培养目标上采取了忠实和调适相结合的综合实施取向；培养目标的核心要素层面采取了忠实实施取向；在人才规格方面进行了调适；在课程设置上采取了忠实、调适与缔造相结合的模式，根据《教学要求》增添了与翻译行业发展联系紧密的课程，并沿用了C校翻译专业在发展过程中缔造的新课程以及C校的各个专业都应开设的课程。

（三）C校翻译专业学生专业能力发展现状

1. 终结性评价数据统计

本部分选取了两个全国性考试成绩作为测量 C 校学生专业能力水平的参照尺度。C校翻译专业学生须参加全国高校英语专业四级和八级考试。另外，翻译专业学生自愿参加全国翻译专业资格（水平）考试，若获得该考试中的任何一个级别和类型的证书，可免修一门翻译实践类课程作为鼓励。

1）全国高校英语专业四级和八级考试通过率

全国高校英语专业四级和八级考试属于尺度参照性标准化考试。外语能力是翻译专业能力的构成要素，外语院校和翻译院校对英语专业四级和八级考试有要求是具有普遍性的，因而C校翻译专业学生在该类考试的通过率上具有可比性，在一定程度上可以说明学生英语整体水平状况。

C 校翻译专业学生在英语专业四级与八级考试中的通过率总体高于全国平均水平，以 2014 届翻译专业学生英语专业八级考试为例，该届学生的通过率为64.29%，全国平均通过率为40.08%。考虑到 C 校翻译专业生源的区域性弱势和招生方面的制度性限制等影响因素，该校学生的专业八级成绩数据可以说明学生语言知识与能力的进步程度，表明语言知识与能力课程模块实施效果良好。

2）全国翻译专业资格（水平）考试通过率

为了促进学生翻译能力的发展，增强翻译专业学生的职业意识，C校早在2004年就开设了翻译资格证考试的相关课程，学生自愿参加全国翻译专业资格（水平）考试。2014 届和 2015 届学生的全国翻译专业资格（水平）考试统计结果如下：2014 届一次性通过翻译资格证考试口笔译三级的人数为 7 人，占 2014届翻译专业学生总人数的 10.00%；2015 届一次性通过翻译资格证考试口笔译三级的人数为6人，占2015届翻译专业学生总人数的10.00%。与2014年和2015年全国翻译专业资格（水平）考试的全国通过率相比，C校翻译专业学生的通过率较低，这在一定程度上说明C校翻译知识与技能课程模块的实施效果未能达到翻译行业要求。

2. 学生专业能力发展自我评价

1）英语能力明显提高

所有受访学生都对四年来自己英语学习效果做出了正面评价，认为在四年的学习过程中，他们的英语能力，尤其是英语听说能力得到显著提高。

> **S05**（注：该生已工作一年）：我觉得基础课程，特别是英语这块的帮助特别大。虽然我现在做的和英语没有什么关系，我最近换了份工作，也在一家旅游公司，我负责专线，我所接触的团体也比较高端，比如摄影团，国外的摄影大佬也会有，我学了这个专业，比起其他人我平台就更高一点，和对方可以交流，自己稍加学习一些专业术语，这块就挺不错了。

> **S07**：我这四年里面就专业来说的话，应该是英语说的能力也就是口语能力，这些我觉得进步最明显。刚进来（指刚入校）可能发音就是不好，啥都不好，但是到现在就能够很顺利（顺畅）地跟他们交流，能表达清楚自己的想法，就是最大的一个收获。

> **S11**：自己刚入校的时候英语水平不是特别好，四年下来语音上有了一些突破，听力和输出的提高应该说得到突飞猛进（的提高）。

2）翻译基础能力得到提升

从访谈中发现，12 位学生中有 10 位学生对自己翻译基础能力和基本理论的掌握情况评价较高，通过专业课程学习，学生对一般难度的翻译材料没有畏惧感，对翻译的一般流程较为清晰。

> **S02**：我觉得在翻译这一方面应该没有什么问题，就是从学校里学到的那些应该是完全够用的，然后就是可能因为编译嘛，对新闻这方面的知识会比较不了解，需要进一步学习。

> **S09**：我能够把这些笔译材料拿下来。但是不能太过于专业了，如果说让我翻译"爱因斯坦的相对论"这些材料，我会跟他们讲这些材料我拿不下来。但是一般难度的材料，我还是可以（翻译的）。我们学校教育学院的一个副教授，刚从美国回来，他会把英文版专业书给我发过来，

让我替他翻译。虽说对我而言，专业性强了些，但是通过我所学的东西、网上资源、老师帮助，我还是可以翻译的。翻译好了之后，那位老师（教育学院副教授）也夸我，说毕竟是翻译专业出身嘛，和自己翻译的东西不一样。

S06（注：该生在接受访谈时为笔译方向研究生）：我觉得还是最基础的理论对我影响比较深的，笔译课上学过连淑能的《英汉对比研究》，我觉得现在回头再看，还是觉得很经典。比如说涉及各个翻译领域的内容，比如工程笔译、外事笔译，可能是这些领域我现在涉及的还是比较少，所以体会不是很深，反倒是从语言上、翻译上越是基础的东西，反倒是更重要的。

此外，从访谈中还发现学生认为从翻译专业实践的真实任务中获益较大。有7位学生认为通过参与真实翻译任务，自己对翻译工作本质与要求的认识提升非常明显。

S06：我觉得在环球网做这么几个月比上几年（学）的收获都要大。在环球网做的主要是新闻的英译汉的编译，主要是一方面从英语的阅读能力提升多一些，新闻对翻译不是字对字的翻译，中间涉及很多内容的删减与补充，这个过程要求对原文进行整理，所以首先要求要看懂，整个看完后进行信息重组，融合出一篇适合中国读者阅读的文章。还有一方面就是关于信息的摄取能力，应该要强一些，还有就是翻译的效率。因为新闻是具有时效性的，你拿到的新闻都是国外媒体最新发的新闻，拿到后需要根据新闻的长短，一两个、两三个小时内就要拿出一篇成型的新闻稿，不像我们平时上课的作业，一周上一次课，我们有一个星期的时间来慢慢翻译一篇文章，所以在短时间内做这样一些练习的时候必须要很专注。

S11：我觉得（真实的翻译实践）帮助太大了。之前上课训练过，没有真正接触过。但是通过比如说去敦煌，那次虽然没有怎么使用翻译，最起码经历过了专业翻译的工作状态，这样算是对自己的一个启发吧。让自己成长了一下。还有就是自己一个人完成了一次会议陪同翻译，感触还是很深。有些东西课堂上学了可能觉得用处不太大，但是到了实

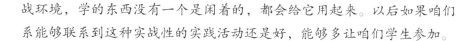

战环境，学的东西没有一个是闲着的，都会给它用起来。以后如果咱们系能够联系到这种实战性的实践活动还是好，能够多让咱们学生参加。

3）常用翻译软件的掌握较好

C校翻译专业依据《教学要求》，在2014届培养方案中增设了"计算机辅助翻译"课程，受访学生对该门课程评价较高，认为通过该课程的学习，提升了自己的资料搜索和查询能力。

S02（注：该生在接受访谈时担任专业编译工作）：我记得我们当时上的中级笔译课，当时是××老师给我们上的，然后他给我们介绍了很多电脑软件的辅助翻译工具，我觉得这个对我现在的帮助特别大。因为我们平时在翻译中自己语言的词汇量并没有那么大，我们可能会借助词典一类的东西。我记得当时老师还给我们介绍过翻译助手一类的软件，可以对你的篇章或是整句进行查找和翻译，这一方面对我现在特别有帮助，而且现在自己也在用。然后再包括就是当时可能笔译课中讲到的翻译技巧，可能是语篇分析啊这种，会比较有用。

S09：笔译部分的话，我觉得如果给我一段文字材料的话，我会去做的，因为毕竟我们上过计算机辅助翻译专业课程啊，即使遇到有难度的地方，我也会通过网上资源、课堂资源（解决）。

4）汉语能力有待提高

从访谈语料分析得知，C校翻译专业毕业生认为在实际工作中汉语知识与能力起着非常重要的作用，但学生对自己汉语能力并不满意，认为在大学汉语能力没有提升，反而感觉在退化。

S05：我们是翻译专业，这就要求我们要学好母语，学到一定程度就会感觉英语上不去，而汉语又退化了。汉语还是特别重要，毕竟是文科性的专业，翻译是英译汉或汉译英，怎样都脱离不了汉语。汉语这块得抓起来。

S12：对，还有一点，也就是翻译专业，我们只是注重外语，而没有在母语方面进行着重的培训，我觉得这一方面还是比较欠缺的。我现在自己也觉得就是中文功底不是太够，会觉得其实就是中文没有学好，就是希望以后会加一些这类相应的课程吧。

5）对翻译行业专题领域认知欠缺

受访学生认为 C 校翻译专业的专门领域翻译专业课程开设时间过短，学生难以深入学习，但在实际工作中非常需要这方面的知识和技能。

> **S04**：我觉得我们的基础课程都比较扎实，包括口笔译及语音方面的基础课程。缺点的话，我觉得方向性、专业性的翻译专业课程就比较少，只有在大四下学期开了一段时间，而且是选修课，像法律翻译、工程翻译之类的。就是感觉时间有点短。

> **S06**：我们那时候课程设置应该还是挺全面的，不管是从英语语言方面来说的课程设置，还是涉及除语言基础外的文学文化，还是说从翻译专业的角度来说，包括各个领域的，我记得那时候开设的课程还挺多，什么外事呀、旅游呀、工程什么的，我记得开设得还挺多。我觉得从课程设置涉猎到的领域来说还是挺广泛的，方方面面涉及得还比较全面，但就是感觉课程设置的深度，怎么说呢，感觉还是有点不够。比方说一门课程设一个学期，经过这么一个学期的学习之后，感觉在这个方面学习、了解到一些东西，但是感觉好像还是不太会，上不了手，好像懂了一些什么，又好像不太懂。

> **S05**：再有就是一些专业性质的翻译专业课程，如法律翻译、工程翻译、旅游翻译等，这些时间显得略短，感觉没怎么接触到就没了。就觉得我们这样学太泛了，出来工作都是特别深的。如果大二、大三的课程再多一些，再精一些就好了。比如出来工作，一些人会接触到工程翻译，但学校里学过，学得不深，别人就会觉得你有问题，因为很多内容你都不懂。

（四）学生综合能力发展的自我评价

对访谈转录文本进行整理与分析后发现，学生认为通过在 C 校翻译专业的学习，自我概念得到优化，合作能力、交流沟通能力等综合能力得到了明显提升，但学校对学生自主学习能力培养不够重视，学生在学习方法和学习策略方面知识掌握不足。

1. 形成了良好的自我概念

自我概念的优化会提升自我效能感，这对学生的身心发展和职业发展具有重要意义。12 位受访学生中，有 10 位认为在 C 校的四年对于他们自我意识的提升有很大帮助，学生自我评价较为积极，认为大学生活赋予了他们明显的成就感。

> S07：可能是自己心理上面比较成熟了些，你做事情呀不会盲目地跟风，开始有自己的想法，也更加成熟些，有担当一些……可能还有一种无形的帮助，就是在我的意识方面给我很大的帮助，我的视野变得更加开阔。

> S10：自己在大学的每一步都是按照自己的规划和目标在慢慢往前走，所以基本上一时半会儿想不起来有什么遗憾的，学习上也一直很努力，过得很充实，很快乐。

> S09：觉得以前的自己是很激进的那种人，要么白，要么黑。现在考虑问题就没有以前那么激进了，以前总是觉得，这个是不对的，那个是不对的，然后想办法把对方的观点驳倒……今后你走上社会了，不仅仅因为专业强，你的目标、个人价值就一定能实现，而是你这个人怎么样。专业强不是说你的未来之路就一定宽阔。首先是做好人嘛，然后你的专业又很突出，这样的话，就更好了。

2. 综合能力得到了提升

C 校翻译专业学生综合能力主要通过两种方式获得：一是专业课程小组学习活动，二是学生参与的课外组织、从事的管理活动。但这方面能力提升，学生个体差异比较明显。12 位受访学生中，有 7 人积极参加这两类活动，有 3 人少量选择性参加，有 2 人几乎未参加。针对访谈问题"你认为大学四年中，除专业学习方面的收获外，其他主要收获有哪些？"，受访的毕业生从工作体验、即将毕业的学生从求职体验出发，认为在校学习期间自己的综合能力提升效果良好。

> S02：我觉得（主要收获）应该是一个综合能力的提高吧。就是整个的综合素质的提高。不是说只是专业素质比较强，只是专业学得很好，但当把你扔到社会上，你就会觉得很多都不行一样，我一直觉得都不能

只是死学习那种，我大学 4 年也没有死学习，也是从各个方面都锻炼了自己。……包括我之前面试了很多各种的工作。我记得我之前面试的时候，别人跟我说过不要担心专业背景的问题。说这个都可以再学，主要看你的是其他方面的能力。

S01（注：该生在接受访谈时为英语教师）：我高中的时候不太喜欢和别人打交道。大学的时候，我开始有了改变。开始老师说我性格有问题，要不要有人给我疏导一下。我就是喜欢看书，不太喜欢和别人打交道，不太理别人。但之后我觉得自己不能再这样了……我觉得自己与人交流方面提高很多……与人沟通真的太重要了。现在喜欢我的学生就会找我聊心事，他们可能不会找自己的班主任，有问题就会来找我，我会回答他们，不会的也会上网查一下，然后告诉他们。现在就是很容易和别人沟通。

学生认为 C 校给学生提供了较为丰富的综合实践活动，但不足之处是专业性综合实践活动较为缺乏。

S12：文化生活挺丰富的。社会实践的话，我觉得可能是学校性质的关系，师范类学校，社会实践的话暑期支教的活动比较多，和咱们专业相关的活动就比较少了。这可能是学校性质的局限性吧。有一些志愿者活动可以参加，但是我觉得机会不是特别多，每个人得到这种机会的概率也不是特别大。

3. 学习策略知识和能力培养欠缺

当代社会知识快速更新，科学技术日新月异，学习不再是某一阶段的活动，而是一个人需要持续终生的努力，培养学生终身性学习的能力已经成为重要的教育内容，因此知识策略的学习和能力的培养日益得到重视，但在 C 校的翻译专业教学中，这方面的教学内容还未得到应有的重视。

S07：在大学四年我觉得还是没有学会怎样学习，没有形成自己的学习方法，没有就是把所学过的知识系统化，没有内化成为自己的。所以自己就是回头看自己专业课得到的就发现很少很少，就好像自己在专业知识上没有学到些什么东西。另外一个就是对我们这个专业没有系统的认识，也没有再往前自己深入地挖掘，再去深入地探索。最大的遗憾就是没有形成自己的学习方法，没有把知识内化为自己的，可能书本上的还是书本上的，老师的还是老师的。

（五）影响学生发展的因素

通过进一步整理与分析访谈语料，可归纳出 C 校翻译专业课程实施的主要影响因素。

1. 翻译专业教师的数量和水平因素

C 校的翻译专业教师均原为英语专业教师，根据教师教学兴趣和专业研究方向自愿加入组建，教学能力存在差异，教学风格各异。虽然自开设翻译专业以来，翻译专业教师的人数相对稳定在 12 人左右，但由于教师外出进修、攻读专业等原因，教师实际授课人数并不能满足专业教学的要求。此外，C 校的外籍教师资源也相对缺乏，为翻译专业分配的外籍教师数量每年只有 1—2 名，C 校师资方面的这些问题在本研究的访谈中也暴露了出来，具体如下。

1）翻译专业教师数量不足

S11：（教师）人数有点少，每个老师带的课门数有点多，可以引进新的老师来充实我们的教师队伍。如果说他们教学上的缺点的话，我没有注意到有太大的缺点，在咱们系里成长，收获还是很多的。

S03：不足的地方，我觉得有时候可以让学生参考一下外校的老师公开讲座什么的，或者其他老师的讲课方法，我觉得挺好的。就是换一种思路什么的。

2）教师教学能力水平存在个体差异

S10：我在口译实训这节课可能没有多大收获，这门课其实很大程度上取决于老师怎么讲，当时感觉收获不是很大。还有一个是口译课，口译课其实对我们来说是一个很重要的课……不同的老师上起来效果也不一样。

S02：像有的课程，老师带入的实践会比较多，但是有个别课程老师只会照本宣科。但是尤其是对于翻译吧，照本宣科这种方式我觉得就是可能不太好。

3）教学内容偏"学术化"

C 校翻译专业与一些翻译行业的单位建立了实践合作联系，但尚未形成系统化的合作关系，翻译专业教师与行业实践联系不够紧密，学生翻译实践类型和数量不足，这在一定程度上影响了翻译专业课程内容的专业化程度，也影响了学生职业规范、专门领域的翻译能力的提升。

S10：缺点是，我觉得我们理论方面的东西学得都很扎实，当时在参加中南大学的保研面试时，问到很多理论问题基本都能答上，答得很顺。但从实际运用方面来讲，真正做时问题就比较大。

4）外籍教师数量过少

S09：谈到师资力量，学校提供的教授英语口语的外教也属于其中之一吧。像我们大一大二有外教课，之后口语课程就结束了。我觉得有可能的话，一直开到大三吧。即使我们英语口语发音纠正到位，如果没有外教带的口语课程、没有讲语言的环境，我们（在）英语口语提高的进程（中）也是事倍功半。

2. 教学条件因素

1）实地翻译实践平台数量不足

C 校实地翻译实践机会不足，影响了学生翻译实践能力提升，这是受访学生反映出的普遍性问题。

S08：像我们实习的话，有些同学也会联系一些翻译公司，但是去了，他们不会让你做一些翻译工作，让你做得更多的还是复印资料呀、跑跑腿这样子的。所以，对我们来讲，我们的翻译实践，更多……是在课堂上。所以，老师如果不利用课堂这段时间的话，我们翻译实践的机会就很少。

S01：我觉得学校要是能多给学生一些出去实践的机会就更好了。实践机会还是有点少，因为我在南方上学的同学，他们外出实习的机会就特别多，每学期好几次，不像咱们一学期可能就一两次，可能都不到两次。

2）学校自主学习条件不足

高校专业教育不仅应重视学生通过课堂学习提升专业能力，也应重视培养学生自主学习能力，学校良好充足的自主学习条件是促进学生进行自主学习的重要保证，但 C 校的相关设备和场地还有待增加、完善。

S09：我觉得缺点是老师在激发学生的那种自主积极性上还不够，老师没有提供一种很好的激励方式。

S11：是真没地方上自习。能不能跟学院商量一下，一个是图书资料的问题，能不能允许学生去用，因为我也去图书馆找过外文资料，很困难。

S10：最大的问题就是图书馆经常不开，开运动会的时候同学们想去借书或者上自习，图书馆也是闭馆的。周末也总是闭馆。

除了以上所论及的方面，从访谈语料的分析中还发现 C 校的一些其他因素对学生专业发展和综合发展的影响，但这些因素在学生身上的影响及其程度具有个体性差异。

3）学校丰富的通识课程

C 校开设了丰富的通识课程，以学校职业规划课程为例，从访谈中发现这些课程的实施对学生的职业选择和职业发展准备产生了积极的影响。以 C 校 S01 的职业选择和相关准备为例：

S01：我觉得职业规划这方面挺好的。当时××老师给我们上的职业规划课，她问我们每个人以后要从事什么职业。上课的时候，她会通过逐个提问自己构想的方式，然后我当时就说了。我记得我们班上当时好多同学都说了自己的构思。大学四年之后，大家都得偿所愿了。

S01：我觉得一些公共选修课也是有帮助的。比如我之前公共选修课（有）一门（课）叫怎样做好 PPT，这门课对我现在真的非常有用。我现在 PPT 就做得非常好，比较新颖，高中生上课看见 PPT 里出现了动图什么的，就非常受吸引。还有一门公共选修课是关于礼仪的，我现在给小孩子讲当时在学校学到的那种礼仪，他们真的做得特别好。

3. 学院平台的隐性课程

1）正式隐性课程

《教学要求》在培养目标中指出翻译专业学生应具有较广的知识面和视野，但由于 C 校翻译专业学生英语能力起点相对较低，翻译实践机会相对较少，能够在课程计划中体现这一培养目标内容要素的课程较少。为了弥补这一不足，结合所在学院对本科生在 7 个学期内读完一百本书、看完一百部电影、听完一百场讲座的要求（简称"三个一"工程），C 校翻译专业对课外学习提出了相关要求，形成了虽未列入课程计划但每学期都在实施的隐性课程。对于这一课程，受访学生对其实施效果有明显的个体性差异，形成了明显的两极分化的评价。

> S12：其实让我觉得好的是我们那个"三个一"工程挺好的。如果是你写每一个东西，就要先读书，或者是看电影看完之后可以看那些影评，看完了之后可以自己再反思……然后你就会发现你有自己的想法，不再会人云亦云。就是那个我觉得真的对我来说，帮助挺大的，那个是我们学院的一个特点，设置比较好。

> S11：还有一点就是，我觉得 "三个一"对我而言真的没什么必要，没有帮助，刚开始可能会自己写点东西，到后来就越来越麻木了，有的书就是为了完任务而读。

2）观念性隐性课程

从受访学生的访谈语料分析可以看出，学生对 C 校的翻译专业教师一致评价是敬业认真、关心学生、尊重学生，教师及时的教导让他们在学业上持续进步。

> S11：不管是学业上的建议还是生活上的指导，在咱们系遇到了很多让我怀念和感激的老师。咱们的老师都很认真，这对我也是影响很大的。还是说个例子吧。我记得××老师给我的印象就挺深的。她给我们带过口译实务。因为当时自己的口语也没练好，这方面也欠缺。有一回我就

自告奋勇，上台播报一段一分钟的新闻，播报之后我就知道自己播报的水平可能也没多好。××老师当时也没有说什么，但是课后就找我聊了聊，说是你这次表现得不太好，希望你继续努力。像××老师这样的咱们系的老师，很注重基本功，对于听力、语音比较重视，这样比较好。对于自己的这种语言基本功的重视和训练，我觉得这是对我专业帮助最大的地方。

3）制度性隐性课程

为了使学生之间逐渐建立良好的友谊，促进课堂上互动与合作，C 校翻译专业在一、二年级以班级为单位选课，在三年级以后以个人兴趣爱好为导向选课；为了促进师生较为深入关系的建立，在班级管理上，由基础阶段担任课时量最多的"综合英语"的教师为班主任，一般该班主任中途不调换。这些制度性隐性课程的实施促进了学生合作能力的培养、学生心理健康发展和专业学习水平的整体提高。

> S04：对于我们两个翻译班来讲，班主任一直是××老师，感觉一直是一位老师在带领我们，所以四年来一直保持交流，感情也好。有些班四年来，会换好几位班主任老师，这样子跟学生沟通起来肯定有障碍。
>
> S01：我发现大家（同学）之前组成的小组成员，谁和谁一组，到最后都成了很好的朋友，现在都还联系。

4）心理隐性课程

受访学生对 C 校翻译专业非常留恋的一个方面是融洽的师生关系，教师在与学生交往中对学生表现出尊重、关心，亦师亦友的师生关系促进了学生身心的健康发展。

> S09：大学刚开始时，就觉得××老师的气场很强大，就觉得永远做不了朋友的那种，但是后来聊了聊，就觉得我们会是很好的朋友，亦师亦友。这种感觉好像之前高中、初中、小学遇到的老师，就感觉是我的父母，感觉像家长一样。老师们都挺和蔼可亲的，无论你有什么问题，他们都会主动热情地把他们的想法告诉你，真的是受益匪浅。有的时候我们不仅仅学习上有问题，有的时候生活上也会有，比如情感和一些生

活琐事，老师们都能给予帮助。老师们非常的好，从专业知识上老师也给予很大的帮助，总的来说非常好。我特别喜欢老师们。

S01：现在我真的觉得我受益颇多的除了专业性知识，就是他们（指任课教师）自己分享自己的人生感悟和心得，让我真的是受益匪浅……到了大学，虽然你觉得你自己长大了，但是老师提的意见确实很珍贵。

二、翻译专业课程实施效果：用人单位视角

学校教育的社会功能之一是为各个行业输送合格的人才，学校人才培养的质量应满足社会的要求。用人单位的评价是检验翻译院校课程实施效果的重要标尺。鉴于此，本部分从用人单位视角分析 C 校翻译专业课程实施效果。

（一）研究问题与研究方法

本部分有三个研究问题：用人单位对 C 校翻译专业学生专业能力评价如何？用人单位对 C 校翻译专业学生综合能力评价如何？对 C 校翻译专业有何建议？采用的研究方法为访谈法。用人单位的样本采取立意取样的方法，选取了 C 校翻译专业四家实习单位的四名负责人进行访谈。C 校与这四家实习单位的合作时间为 2—6 年，每年给这四家单位派送的实习学生数量相对较多，因此这四家单位对 C 校学生的特点有较为深入的了解。本研究采取了开放式访谈，受访者基本信息如表 4.47 所示。

表 4.47　C 校翻译专业用人单位受访者基本信息

受访者代码	所在单位	主要负责工作	合作时间（年）
E01	外语教学与研究出版社	"爱洋葱"阅读编辑部主任助理	2
E02	环球网大编译平台	"汽车频道"编译	2
E03	兰州欧朗翻译有限公司	笔译部经理	6
E04	甘肃省中国国际旅行社	外联部经理	4

由于受访者所在地分散，因而采用了电话访谈的方式，在征得受访者同意的情况下，对访谈内容进行了录音，其中有两位受访者表示更愿意用书面方式作答，

访谈提纲以电子邮件寄出。其他两位接受了录音访谈，研究者将音频文本进行了转录，校对后形成研究语料。

（二）用人单位对翻译专业学生的能力评价

1. 对 C 校翻译专业能力评价

（1）学生能够胜任一般难度的翻译工作。用人单位认为学生的专业知识与能力较为扎实，有较强的专业学习能力。

> **E01**：我们学校的同学专业技术功底还是挺好的，因为我们这边做双语在线阅读的就会涉及翻译稿的编校啊，包括帮我们抽查稿件翻译得合不合格。从总体来说，大家水平还可以，能够很快地掌握我们的要求。我觉得他们功底还不错，学习能力很强。如果有什么不足的话，可能就是说时间比较短吧，然后他们的熟练程度啊，还有对某些问题的敏感性啊，可能不是像我们这种天天做文字编辑的那么敏感，但是对于本科同学已经很不错了。

> **E02**：在汽车频道实习的××同学英汉双语基本功扎实，对于英语新闻稿件的理解准确，汉语译稿通顺、流畅、逻辑清晰。经过一段时间的稿件编译实践，能够较好区分编译与翻译之间的不同，将信息点较为零散的英文稿件提炼为主旨鲜明、客观准确的汉语稿件。对于汽车领域的专业知识已经具备量的积累，游刃有余。术语积累也越来越多，非常有潜力。不足之处在于有时候对于稿件细节的把握（欠缺），即（对）一些小的信息点（的处理上需要）尽量做到精益求精，提高准确性。

> **E03**：我们整体感觉学生的能力还不错，基础比较好，上手也比较快。主要专业基础比较好，专业能力也不错，综合能力也很好。我说的综合能力就指学生上手速度不错，反应能力好，接受能力也好。就专业能力这块来说，缺点不是很明显，因为让学生做的都是基础的翻译，不会太难。

（2）C 校翻译专业学生汉语能力较弱。实习单位受访者认为学生汉语能力堪忧，这与学生自我评价相互印证。

E01：我发现关键是大部分同学的汉语功底从小到大可能就是有问题的。很多意思看明白了，但是表达不出来，还受网络语言的影响，不论是书面话语，还是口头语，要说我们要表现出中文的语言风采、文风这就是更高的要求了。

（3）C校翻译专业学生难以胜任专业领域翻译任务，翻译效率未达到专业水准。

E04：本科大学生毕竟不是高职专业毕业生，语言方面没有问题，说明基础理论比较有优势，但是语言具体操作应用方面需要大量的实践；因为没有导游证，只能跟团，简单具体类型的沟通没有任何问题，涉及历史、地理等旅游文化方面知识尚待跟进。

E01：他们对公司的规章制度的遵守方面没问题。对工作的质量标准要求理解也都没问题。问题可能就是他们的程度和效率。毕竟他们是学语言的，学语言的本身就是有积淀的，然后我们这边的要求是达到出版级别的。这个要求比较高的。

2. 对C校翻译专业学生综合能力评价

（1）学生具有较好的团队协作能力，勤奋上进。

E01：（团队协作能力）方面都不错，因为他们在这边实习的话，咱们没法解决住宿，都是在外面自己找住处。饮食方面我们提供的是学校的餐馆，平时工作也有严格的考勤，他们会按时到。相应的工作会交代相关的要求。我们也有老师提供相关的指导，一定要提供成果出来。这方面还可以，比较用功，比较努力。

（2）学生综合能力个体差异较大。

E02：××同学责任心比较强，对于所做的事情能够坚持如一，对于稿件编译不仅仅是作为作业来完成，而是当作一项严谨的工作来对待。稿件能够保质按时完成，有事会提前请假，不会无故缺勤。

E03：除了专业业务能力外，学生各有各的优点，也各有各的不足。

比如有的学生擅长和别人打交道，就是说他的反应能力、沟通能力比较强。但有的学生就不太擅长，除了专业能力之外，其他方面欠缺一些。比如我们有时会出去办一些事务，有的学生没有接触过这方面的工作，也没有信心，有些怯场。还有些学生，在实习的时候，不是很认真，有的学生把实习只是当成一门课程，安排来实习只是个过场，他可能并未意识到实践的重要性，还有的缺少些吃苦的劲儿，累了或者身体不舒服就会来请假之类的。

（3）学生知识面不够开阔。

E01：不过也有一些问题，就是我觉得咱们现在的同学书读得比较少，视野不是特别开阔，知识面也不是一两天能变化或者说拓展的，就是需要他从小到现在，一直到大学这个阶段。其间包括他的社会阅历，包括读书的比例啊、数量啊，可以帮助他们度过实习期。

（4）学生的职场意识较薄弱。

E04：可能也是我们整体教育的缺失，注重发育智商，不注重情商，不注重生活能力，不注重社会生活中的沟通交流能力，不注重社会公关能力，也就是建立自己的完整形象，把自己个性张扬地推销出去的能力。

E01：就是除了在专业知识方面的能力，在和人的沟通交流的方面，因为咱们先后有两拨同学过来实习嘛，就是发现，可能也是他们还是学生的那种心态啊，没有融入职场。但是这个也有两面，在他们来的时候，在进行实习规划培训的时候，他们的小组都有组长。他们在小组内沟通时还比较好，但是如果跟我们沟通的话，就不是那么积极，沟通就是双向的嘛，得交流，而且得有反馈和结果，在这方面他们可能不太擅长。除了专业或者学校教学之外，要有这样的实习机会和提升。

（三）用人单位对 C 校翻译专业的建议

1. 应注重培养学生翻译职业能力，提高职业规范意识

用人单位认为翻译工作以应用型翻译为主体，翻译院校应该重视相关领域的

翻译教学，注重学生翻译实践能力的提升，使学生熟悉翻译工作流程，掌握职场中的必备技能和职场礼仪。

> E03：教学这块我个人不是很了解。在之前和英语专业学生交流的时候发现，教学中更侧重文学翻译。要说建议就是加强实践这方面吧，把实践和教学结合起来，应用性更强一些。也可以鼓励学生自己做一些兼职，比如找翻译公司之类的做一些尝试。还有考笔译证之后做兼职就更容易些。

> E03：从我个人感觉，应该加强学生的个人实践能力的培养，要更加贴近实际运用。要以翻译为职业来做的话，对学生除了要求专业能力之外，综合能力也有要求。比如对稿件质量的要求、格式排版等，从职业方向上，有对学生的职业规范。再就是专业的积累，要多做些实践的稿件或是业务，最好是有专攻的一些领域。再就是综合方面的，综合职业能力的问题。不论从事什么岗位，人际交往和职业素养都很重要，要让学生简单地了解，如职场礼仪、穿着打扮、如何接电话（沟通）等。

> E04：语言基础要讲求学术专业功底，职业工作需要长年累月的经验积累，不断创新。建议学生在校就多出去社会实践，多去阳光正能量的组织机构公司锻炼实习，学习传统文化的精髓，知书达理，实用所学，实学所用。

2. 应重视培养学生责任心

本科阶段是学生学习专业知识，提升综合能力的重要时期，也是不断提高自己作为社会人的综合素养的关键阶段，其中责任心是作为社会人的重要品质。从C校实习合作单位的反馈中可以发现，C校学生的责任心的培养是今后教育中应进一步重视的内容。

> E01：学生不管做什么事，不论是学习还是做事，一定要负责任，比如，做完这个有什么问题要如何改进，然后反馈、沉淀。而不是说做完就完了，反正已经交上去了，有问题最好不要找我。因为现在我们的工作是流程化的，每个人负责一个环节。如果一个环节没有做好，下一个一定马上就反馈回来的。所以你不负责任不行的，我觉得在教学中一

定要注重这一点，培养学生的这种意识。

E02：再一点就是责任心的培养。同学们需要认识到实习实践也是一项工作，大家是集体中的一员，有问题可以及时沟通解决。自己的译稿是自己的劳动成果，应该认真对待。实习的目的不仅仅是为了实习证明，而是对于自己专业素质的检验与锻炼（提升）。

3. 鼓励学生从事跨语言交流领域的工作

用人单位的受访者认为翻译是跨语言、跨文化的活动，翻译专业学生应对语言差异、文化异同的意识比外语专业的学生具有更高的敏感性，这在就业中有其自身优势，应通过多样化的专业实践活动，加强学生这一专业优势。

E01：他们从事文字方面的工作的话，应该说是有很大的优势的，因为毕竟学习两种语言是为了转换，他们是学翻译的嘛，对两种文字的敏感程度是比较高的，而且说他们有这样的实习基础的话，对出版的要求，对文字的要求，对质量的保证，这些会对他们有很大的帮助。

E02：首先也是最重要的我觉得在校学生应该奠定扎实的专业知识（基础），这是将来就业的根本与基础。外语应用的领域很广，不管是媒体还是教育，或是各领域的翻译，扎实的双语基本功都是必不可少的。翻译专业是非常灵活、与实践结合非常紧密的一大学科。我觉得在大学的前几年可以注重理论知识的教学与培养，在接近毕业的学年学校可以多提供同学们实践的机会，这样效果会更好，使同学们毕业后能更快地融入工作中，很快上手。

4. 应注重提升学生团队合作和沟通能力

在访谈中，实习单位的受访者认为团队合作、协作交流是工作中必不可少的能力，合作交流不仅包括同事之间的，也要学会如何与领导沟通交流，而 C 校实习生的合作沟通能力不足，有待提高。

E01：实际上沟通交流、团队合作已经是学习和工作的必须了。也就是说读书、在校求学，它都不是一个人的行为，当然也可以一个人做，但一个人做的效率、视野、思路是不开阔的。哪怕在学习过程中也是这样的，同样看一本书，你一个人看和两三个人一起看互相讨论，收益完全不一样。

E01：他们不是特别善于或者有意识地跟相关领导沟通啊，去商量解决办法啊，可能也是一个养成的习惯，不是一两天的事。但是至少我觉得在这段实习中，我们开例会什么的都会把他们叫上，然后让他们知道我们的工作流程，知道怎么向我们反映问题，找解决办法。

（四）用人单位对 C 校翻译专业校企合作的建议

1. 系统安排学生实习类型，促进学生多维度发展

实习单位受访者认为不同类型的实习工作可以让学生得到不同方面的锻炼，翻译院校应该将实习课程安排系列化，通过多种方式，促进学生全面发展。

E01：就是学校始终是以专业教学，专业培养为核心的。除了它，本专业的学习，本专业的素养的话，其他的像个人发展的东西相对比较缺失的。也许只能通过不同类型的工作、机会，他自己会有这样的感触，回去之后会有意识地进行弥补。因为我们学校要把一个学生培养成完人也是不大可能的……我觉得机会当中有各种类型的，从专业知识，到语言能力，到性格培养，到工作要求，能不能形成一个体系。因为我们是培养大学生的，培养人才的。那我们在学习的过程中主要关注的是专业学习，专业以外的，比如刚才说的沟通、人际和协作，是不是有这样的实习机会，这种途径让他们接触到。

2. 翻译校企合作需要规范化发展

目前的校企合作模式是各个翻译院校在发展过程中与企业单位逐渐建构形成的，C 校的校企合作还需要深化，从而形成更加清晰的合作模式与实施流程。

E02：翻译专业和企业合作是在近几年开始在社会上兴起的，还处于初期探索阶段。通过摸索，制定出符合企业与院校自身特点的合作模式，使合作正规化，有特定的流程，这样可以提高效率，事半功倍，减少不必要的人力或者精力的浪费。合作中及时沟通，定期反馈，双方充分了

解合作的进展与取得的效果，最后就是需要校企双方长期共同的支持与方法方式的创新。

3. 帮助学生进行职业规划，尽早准备

用人单位的受访者根据自己的从业经验，认为每一个领域都有其独特性，应引导学生根据自身兴趣，对人生立足长远，尽早进行职业规划，充分准备。

E04：英语有俗语说：滚石不生苔，转业不聚财。中国有句俗语道：男怕入错行，女怕嫁错郎。同学们在毕业以前，就有志向提前选择自己的人生与职业。就业不如择业，择业不如选择自己的事业去创业。学校尽力帮助他们找到合适的企业，也就是他们未来的理想选择，提前与企业合作，在毕业以前，就能够定位自己的职业与工作。

总而言之，从具体的实施效果看，C 校翻译专业学生的英语能力与汉语能力提升不同步。学生对在 C 校翻译专业所有课程模块中的"英语知识与能力模块"的教学效果满意度最高，毕业时学生的英语平均水平超过全国平均线；但学生认为自己的汉语知识与能力没有得到提升，甚至还存在退化的现象，在工作中感到汉语能力不足，用人单位认为学生汉语水平有待提高。此外，C 校学生的翻译基础能力与专业领域能力提升不同步。学生具有良好的基础翻译能力，能够胜任一般难度的翻译任务，能较快适应翻译职业工作，了解常用翻译软件的功能与使用方法；但学生认为应用笔译和应用口译类课程学时不足，学程太短，笔译和应用口译方面的能力没有得到足够的提升，在工作中难以承担专业领域的翻译任务，用人单位认为学生缺乏专业领域类的实践，学生对于翻译专业领域的实际需求不熟悉，翻译专业化、职业化领域的相关知识与能力准备不足。

在综合能力方面，C 校学生的自我概念、团队协调与合作能力得到了一定的发展，但是学习策略、学习方法和自主学习能力不足，公共关系等意识较为薄弱，与部门负责人沟通交流能力有待提高，职业规范意识和公关意识较为薄弱，礼仪知识缺乏。C 校翻译专业借助学院平台设立的正式隐性课程，实施效果存在较为显著的个体差异；观念隐性课程、制度隐性课程和心理隐性课程实施效果整体良好，对学生的专业发展、心理发展和综合能力的发展起到了促进作用。

第五章

翻译专业课程实施现状成因研究

影响课程实施的因素可从课程变革自身特征、课程实施的内部和外部系统的特征三个方面考察。本章从《教学要求》自身特征及课程实施的内部和外部系统的特征入手，探析翻译专业课程实施现状之成因。

第一节 《教学要求》自身特征对课程实施的影响

我国的翻译专业课程实施是基于《教学要求》进行的具有系统性、生态性的课程变革，具有自上而下纵向实施的独特性，提出了翻译专业学生应具备的翻译能力与综合素养内容要求，提供了翻译专业课程模块框架以及核心课程，提出了教学一般原则和测评学生翻译能力的基本标准，为翻译专业教育设定了基本要求；从实施要求而言，它为翻译院校留有一定的个性化发展的空间，兼顾了翻译专业院校作为实施主体的多元发展需求，体现了本科翻译专业教育的育人和专业人才培养的二元属性。但是《教学要求》作为我国第一个翻译专业教育的指导文件，其历史局限性也反映在翻译院校的课程实施的共性特征中。

本书通过对我国本科翻译专业教育历史的回顾和对课程系统发展的梳理，发现了《教学要求》的三个显著特征：在功能上具有宏观指导性与规约性，在专业教育上兼顾翻译专业整体发展与院校的自主发展，在课程设置上凸显了专业的特

殊性。访谈中发现以上这些特征得到翻译专业教师的普遍认同,例如 B 校 B4 教师在访谈中说道:

> 它的课程设置比较合理,它体现了翻译专业本科的特征,它和一般的英语教育、英语专业的学生有所区别,有自己的特色。另一方面比较注重基本功,尤其是文化,语言这方面对学生的一种要求。同时,在翻译专业本科《教学要求》里面,一些选修课没有做硬性的规定,让学校根据自己的情况来进行一些自由的调整。我觉得在这一点上它是既有基本的要求,又具有一定的灵活性。我对这个还是比较赞成的。

本书所发现的翻译院校课程的实施取向、中观课程体系建构的生态性和翻译专业教师实施课程的程度特征与前述《教学要求》的三个特征具有内在的关联。

一、对院校课程实施取向的影响

从翻译专业课程实施现状研究结果可知,翻译院校的培养目标、课程结构与核心课程与《教学要求》的主要内容相近。从样本院校的课程模块来看,在语言知识与能力模块、翻译知识与技能模块的学分所占比例方面,各个院校的赋值趋同,在这一方面,培养院校采取了忠实取向,这是《教学要求》规约性在翻译院校课程实施中的体现。

本书研究还发现,翻译院校的人才培养规格、毕业生拟就业领域的定位体现出较高的离散度;在课程结构中缔造了新的课程模块和课程元素,建立了新的元素关系,在这一方面样本院校采取的忠实取向、调适取向和缔造取向的程度体现出较为明显的个体差异。这是《教学要求》兼顾专业整体发展和翻译院校特色化发展的指导原则在课程实施取向上的体现。

二、对院校课程体系建构的影响

从《教学要求》的特征分析中可以看到,《教学要求》规定了翻译专业课程的核心课程,这些课程元素具有一定的普遍适用性,同时《教学要求》也给翻译院校提供了自主建构、多元发展的空间,因而在课程实施中,院校的课程结构表现出一定的校际差异。从翻译院校的课程结构现状分析可以看出，课程结构演进呈现出两种类型：一种是演替性建构，另一种是演化性建构。

（一）演替性建构

在本书考察的 34 所翻译院校中，31 所院校的课程结构表现出局部性变化，变化程度具有院校个体差异。有些学校在语言知识与能力模块的课程元素与该校英语专业的课程元素基本一致，如"综合英语""英语听说""英语口语""英语写作""英语阅读"等，这是英语专业与翻译专业在课程体系"母–子"关系的遗传性体现，也是系统功能转变过程的渐进性的表现；对本书访谈相关语料的进一步分析发现，对于和英语专业名称相同的课程，在课程实施实践中有些教师采取了与英语专业相应课程相同的教学模式，而有些教师根据翻译专业的特征在授课内容与模式上进行了调整。

这些翻译院校在相关知识与能力模块增加了中西文化对比类课程，体现出翻译双语转换的能力培养的内在要求；部分院校调整了一些课程在课程结构中的地位，因而它们的生态地位在课程系统中发生了较为明显的变化。以"英国文学""美国文学""语言学""西方文化"等为例，部分院校改变了这些课程的类型和学时，有的则进行了课程整合，如将"英国文学"和"美国文学"整合为一门课程"英语国家文学"或"英美文学名著选读"，而有的院校没有设置相关文学课程。

这 31 所院校中的课程元素数量和地位变化程度虽然有校际差异，但都体现出翻译专业课程功能对课程元素数量与关系上的新要求，部分翻译院校的翻译专业课程元素及其关系的演进为局部性变革，课程结构的建构属于演替性建构。

（二）演化性建构

本研究发现对外经济贸易大学、西安外国语大学和华中科技大学 3 所学校的课程结构产生了整体性变化，所建构的课程结构具有了显著的翻译专业特征，课程元素之间建立了复杂的非线性关系，课程系统体现较高的整体性，课程结构的变化具有演化性特征。

以西安外国语大学为例，该校翻译专业课程以技能型课程为主体，人文素养类课程门类较少，突出翻译能力的实践性特征，这与该校翻译专业的培养目标定位相一致，该校的培养目标如下：培养德智体美劳全面发展、双语基本功扎实，翻译技能较为娴熟，实际应用能力较强，具有国际视野和跨文化交际能力，能满足国际文化传播、经济合作、科技交流等领域一般需要的应用型翻译人才。该校翻译专业课程结构分为翻译专业技能模块、翻译专业知识模块和翻译相关专业知识模块三大部分，各模块的课程元素和《教学要求》中的相关课程元素已具有明显差别，形成了强烈的个性化特征。

翻译专业技能模块分为三类课程：①语言学习策略课程（"语言学习技巧"）；②语言技能类课程（包括"跨文化交际""基础听力""基础写作""专题写作""技术写作""影视英语"）；③翻译类课程（包括"句层翻译""语段翻译""文化翻译基础""商务翻译基础""科技翻译基础""网页编辑""对话口译""交替传译""视译""会议口译""传媒口译"）。翻译专业知识模块包括四类课程：①翻译专题知识与技能（包括"文化平行文本解析""时事平行文本解析""商务平行文本解析""科技平行文本解析""汉语新闻写作"）；②相关理论类课程（包括"翻译概论""语言对比与翻译""文体与翻译"）；③翻译技术类课程（"计算机辅助翻译"）；④翻译实践报告写作。此外，相关专业知识模块的课程有"西方文明史""目的语国家概况""中国文化解读"。

在该课程结构中，语言知识与能力模块的课程元素已完全与传统的英语技能课程元素区别开来，它从翻译能力视角，将听、说、读、写课程与翻译专业知识模块紧密联系起来。其中，"文化平行文本解析"课程取代了英语专业中的"综合英语（或精读）"等课程，使语言知识与能力模块在课程功能上直接指向学生翻译能力的发展；翻译专业技能模块的各个课程元素与翻译相关专业知识模块的课程元素在主题上形成了明确的衔接关系。

"课程的功能的变化是课程结构改变的直接依据。"（廖哲勋、田慧生，2003：239）为了达到翻译专业课程功能的要求，翻译院校专业课程结构必然要进行属性的转变，而这一转变不可能一蹴而就。《教学要求》为翻译院校课程计划的建构、微观层面教师的课程实施提供了依据，也给予了翻译院校多元化的教育实践空间。《教学要求》功能上的指导性、实施过程上的自主性和课程结构上的遗传性，这些特征影响着中观层面的课程结构的建构，体现在翻译院校的课程系统的共性特征与个体差异之中。整体而言，现阶段的翻译院校课程结构具有过渡性特征，这一现状也是翻译专业课程系统渐进发展的体现。同时，由于翻译院校的课程系统构建具有教育生态差异性，翻译专业课程结构的校际差异已经彰显。这是《教学要求》对翻译院校个性化发展原则在课程结构建构方面的体现，也是院校自身教育生态环境对课程结构影响的结果。

三、对翻译专业教师实施课程的影响

作为宏观层面的观念课程，《教学要求》是翻译学界专家与翻译专业教育管理部门对专业发展要求的凝练表述，具有理念的时代性和实施的规约性。本书研究发现，翻译专业教师对《教学要求》的价值、满意度、必要性、合理性、可调适性与内容陈述的清晰度认同度高。在教师课程实施关注阶段上，大多数翻译专业教师认为《教学要求》与自己的相关程度较高；在课程实施水平上，翻译专业教师已进行课程实施，在不同程度上实施了翻译专业课程变革，对专业课程进行了不同程度的探索和调整，对自己所教授课程的目标、内容和实施方法进行了一定的探索，促进了学生的发展。这些研究结果表明翻译专业教师认同翻译变革理念，并进行了目标一致的实施行为，这是翻译专业课程得以普遍实施的基础。

《教学要求》对翻译专业发展制定的是原则性、框架性的要求，为中观和微观层面的课程实施留出很大的自主空间，这对翻译院校和翻译专业教师发挥课程实施主体性的作用具有积极意义。

从中观层面的翻译专业院校来看，翻译专业教师课程实施水平现状呈现较大的校际差异，三所样本翻译院校教师中处于课程实施"整合"水平的共有 5 人，仅占 22.73%，处于"更新"水平的有 1 人，占样本教师总量的 4.55%，只有 2 名教师对翻译专业课程有重大调整或替换的讨论与思考；其中 A 校教师课程实施水平分布离散度较高，既有处于"更新"这一最高课程实施水平的教师，也有处于"定位"这一未实施水平的教师；B 校和 C 校中教师课程实施水平趋同性相对明显，约 50.00%的教师处于"精致加工"水平，约 30.00%的教师处于"整合水平"，但两所学校都没有具有较高实施水平的教师。这些研究结果表明，虽然《教学要求》给院校提供了自由空间，但如何高质量地利用这个自由空间，翻译院校之间存在明显的校际差异。

从翻译专业教师这一微观层面而言，他们作为一个教育生态中群体，具有作为独立子系统的整体特征，同时每位教师也是独立的实施个体，实施状况自然会具有个体性差异。翻译专业教师在课程实践中发现了诸多需解决的问题，也存在许多困惑。本书研究发现处于较高课程实施关注阶段和实施水平的教师人数少，有些教师在课程实施中较为被动，课程实施的关注阶段不高，而部分教师对翻译专业课程实施进行了较为深入的思考与课程变革，这表明教师在课程实施上存在显著的个体差异。此外，在教师认同感研究中发现，翻译专业教师对《教学要求》"实用性"维度的认同感较低，大部分翻译专业教师对课程实施具体操作存在较多疑问，他们希望有翻译专业的教育管理机构和翻译院校给其专业引领，以帮助提升教师的课程实施能力，改善课程实施条件，实现《教学要求》的实施效果。

第二节 翻译专业课程结构现状成因

翻译专业课程实施首先体现为翻译院校依据《教学要求》建构校级课程计划。课程系统是课程实施系统的核心成分。从主观视角看，翻译专业课程系统的建构体现了课程设计者的理念。从客观视角看，翻译专业课程系统是由各个课程元素构成的复杂系统，系统的生发与演进自有其规律，不以人的意志为转移。符合课程系统发展规律的课程建构会促进专业发展，而有悖于课程自身规律的课程系统建构会带来诸多负面影响，影响课程实施的方方面面。

课程结构的科学性是实现课程系统功能的重要保证。从第四章第三节对翻译专业课程结构的论述可知，可以从两方面分析课程结构：一是课程元素的数量与元素素质；二是课程元素关系。这里的课程元素既指单个课程要素，也指课程结构中作为子系统的课程元素。翻译专业课程结构中的元素数量、课程元素素质和元素关系只有符合课程的功能需求，符合翻译能力发展的内在规律，才能实现翻译专业课程的培养目标。从第四章对课程结构现状研究中可以发现，翻译专业课程结构呈现出课程元素数量、地位、素质及其关系的变化与校际差异。这些课程结构变化体现了课程系统的演进特征。在演进过程中，课程系统要根据该系统的新功能增减元素数量，提升课程素质，调整课程元素的地位；此外，还应根据新功能重新建立与深化课程元素之间的关系。课程元素及其关系的变化部分受翻译专业课程自身的演化规律的影响，部分受课程设计者的主观性影响。

本节从课程本体和课程设计角度，依据课程结构理论和翻译能力相关研究，探究翻译院校的课程结构现状的成因。

一、翻译能力构成和发展规律的作用

从翻译院校的课程结构现状研究中发现，一些具有翻译专业特点的新课程要素被纳入到课程系统中，这些课程是《教学要求》课程设置部分未提供的，是翻译院校自主缔造的新课程元素。

（一）翻译能力构成的多元性：新课程元素的缔造

从翻译能力构成元素的数量上看，虽然研究者对其构成元素种类、数量以及构成的方式观点不一致，但都认为翻译能力是由多种元素构成的复杂能力系统，时代不同，翻译能力构成元素也存在差异。翻译专业课程是培养学生翻译能力的重要载体，是连接学校翻译教育与社会翻译人才需求的结合点之一，因此翻译专业课程的元素构成应体现翻译能力构成的多元性与时代性。样本院校所打造的课程新元素有翻译资格认证与行业发展的相关课程：如"计算机辅助翻译"（部分院校该类课程名称为"翻译软件应用"）、"CATTI 专题"（或称为 "翻译测试"）、"翻译工作坊"（或称为"笔译工作坊"、"口译工作坊"、"翻译职业知识"和"翻译项目管理与企业经营"等）；翻译知识与技能模块中增设了专题领域的翻译，如新闻编译、旅游翻译、商务翻译、科技翻译、外事翻译和法律翻译等。

此外，在样本院校的翻译专业课程系统中也增设了翻译学科理论与素养类课程、人文素养类课程，如"翻译理论导读""翻译批评与鉴赏""中西翻译简史"等课程。这些课程元素体现出翻译学科知识内在体系性和本科阶段学生翻译能力发展的普遍要求。以上这些翻译新课程元素的缔造反映出翻译活动时代性和翻译能力的复杂性，也体现了翻译院校对翻译能力子能力同步发展的重视。

（二）翻译子能力的非线性关系：课程元素新联系的建立和强化

从翻译能力构成与子能力相互关系的研究可知，虽然翻译能力构成要素复杂，其中的子能力相互联系、彼此依赖，构成一个联动的复杂网络。从样本院校翻译专业课程结构的关系维度看，部分翻译专业课程元素之间的关系符合翻译能力子能力的联系规律。第四章对翻译专业课程结构现状的研究发现：翻译专业课程元素整合目前主要体现在语言知识与能力模块。从第二章对翻译专业课程历史回顾中可看出，翻译专业课程系统的部分课程元素与英语专业有相似之处，尤其是在语言知识与能力模块。长期以来英语专业的知识与技能课程以"听、说、读、写、译"五个技能类型进行分科设置，形成了"英语听力""英语阅读""英语写作""英语口译""英汉翻译""汉英翻译"等传统课程，这些课程名称在《教学要求》的相应模块中被沿用。在本书的样本翻译院校的课程计划中，语言知识与能力模块和翻译知识与技能模块的元素建立了新的关联，实现了课程整合，产生了具有翻译特质的新课程元素，举例如下："英语阅读"与笔译类课程相联系，产生了"英语读译"；"英语听力"与口译类课程相关联，产生了"英语听辨"；"英语口语"与口译类课程的关联产生了"英语口语与口译训练"；"英语听说"与口译类课程的关联产生了"英语听说与译述"和"听译"等课程。培养学生翻译能力是翻译专业课程的重要目标之一，课程元素新关系的建立均服务于翻译能力的培养，反映出翻译院校在课程实施中对翻译专业课程和翻译能力元素构成及其关系认识的深化。

二、课程功能对课程结构的作用

"课程结构决定课程功能，只是揭示了课程结构与课程功能的关系的一个方面，另一个方面是课程功能对课程结构的影响。"（廖哲勋、田慧生，2003：238）翻译专业课程具有育人与培养学生专业能力的双重功能。在翻译专业课程结构中，每个子课程模块都有其相对明确的功能指向。语言知识与能力模块旨在提高学生的双语能力，翻译知识与技能模块旨在培养学生的口笔译知识与技巧，相关知识与能力模块旨在拓展学生的百科知识与主题知识，这三个模块之间又形成非线性的关联。为了实现翻译专业课程的功能，就必须合理选择翻译专业课程元素，科学设置各个课程元素的比重，举例如下：部分样本院校将传统的"英国文学""美国文学"核心课程进行整合，合成"英美文学导读"或"英语国家文学"这一门课程，课时进行了大量缩减；"语言学"课程则以系列专题讲座形式开设。部分翻译院校将传统上为必修课的第二外语改为选修课程，学生根据自己未来发展意愿选择是否修读。部分传统英语课程在翻译专业课程计划中的地位发生了明显的变化，这是翻译专业课程功能对课程结构内在要求的体现之一。

"课程系统的功能不仅受课程内容的要素构成的影响,而且与各要素的素质有关。要素构成相同,但要素素质不同,课程功能可能有很大区别。"(郭晓明,2002:110)我国翻译院校的语对以英汉语对为主体,在课程结构中,英语能力模块课程大多沿用了英语专业长期以来形成的分科式课程,主要有"基础英语"(或者"综合英语""英语精读")、"英语阅读"、"英语听力"和"英语写作"等课程。在对教师的访谈中发现,部分教师基于翻译专业与英语专业的区别性特征,在具体实施中对这类课程进行了微调,结合具体授课内容,增加了翻译知识与技能的教学内容,使这类课程的功能与翻译专业课程系统的整体功能相适应,而有些教师并未做任何调整,仍按照英语专业课程的实施方式进行。

翻译专业课程实施研究发现,部分翻译专业基础课程元素的素质也有明显变化。例如,在《教学要求》翻译知识与技能模块有两门笔译入门课程——"英汉笔译"和"汉英笔译",沿用了长期以来英语专业中翻译类课程的命名方式。翻译专业课程实施现状研究发现:部分院校对这两门课程进行了调适,形成了以翻译能力层级发展为指向的笔译课程系列模块。对该类课程的教学目标、教学内容与教学方式也进行了调整,逐步转变了该类课程元素的素质。以 A 校第一门笔译课程的演进为例,可以看出该门课程在教学中的演进历程。在访谈中 A1 教师陈述了对该门课程的思考和实施变化过程:

> 这些年,(笔译)教学里面,具体的内容,涵盖哪几个方面,不断会有变化。我教授这种翻译课(注:第一门笔译课),比如说早期的时候,注重的是英译汉。汉译英在课程里面占的比例小一点,占到了三分之一。前面讲英译汉,后面讲汉译英。再往后呢,一半对一半(注:指英汉翻译和汉英翻译各占一半教学内容),现在的话,这几年做法,就是课堂上英译汉、汉译英是混着的,没有专门分出来。这是一点,再一个就是教学的内容方面做了一些处理,对翻译的宏观认识也占了一部分内容,再对翻译的具体的问题的解决占了一部分。再一个就是网络资源在翻译实践中的运用,这也占了一部分。

翻译专业课程系统中的每个课程元素都应符合课程整体功能的素质。A1 教师在该门课程的实践中,对课程在教学目标、课程内容以及教学方式上持续更新,促进了该类课程元素素质的演变,这反映了课程实施主体对翻译教育实践的探索，在教学内容中体现出翻译理论与实践的融合，同时也是课程系统功能对元素地位与素质交互性、整体性发展的要求。

三、课程体系发展的系统性

"课程作为一个系统，其功能不仅取决于内部的要素构成，而且还取决于各要素间的组合方式。"（郭晓明，2002：111）从本书第三章对翻译子能力关系的相关研究中可以看出，翻译能力的子能力彼此关联、相互作用，共同促进翻译能力的螺旋式上升和层级发展。翻译能力的子能力之间的关联是翻译能力发展规律驱动的结果，翻译专业课程系统的建构应符合翻译能力的元素构成及其发展规律。第四章对课程实施研究现状的研究发现：翻译院校课程体系中的课程元素体现出一定的整合趋势。

（一）翻译专业课程元素的分化：翻译专业课程系统的层级化

从本书对翻译专业课程系统发展的回顾中可知，起初翻译专业课程从单门课程逐渐发展为翻译专业课程模块，从翻译专业课程模块发展成为翻译专业课程群，最后成为一个具有独立性的专业课程系统。研究发现，在翻译专业课程的实施中，课程元素发生了进一步的分化。例如，笔译课程模块在《教学要求》中有两门课程"英汉笔译"和"汉英笔译"。但在课程实施实践中，有的笔译课程模块分化为一个系列化的课程，形成"英汉语言对比与翻译—初级笔译—中级笔译"这样纵向层级递进的新的课程模块。传统上的翻译实践类课程主要有两类：翻译专业实习和毕业论文。翻译专业的实践性在课程实施中也得到很多院校的重视，很多院校对翻译实践课程进行了模块化建构。对 34 所样本院校进行相关分析后发现，翻译专业实践课程呈现模块化发展的趋势，如一所院校将专业实践类课程划分为"翻译行业认知—翻译见习—翻译学年翻译成果—翻译实习"这样一个贯穿于一至三年级的实践课程子系统。

在翻译专业课程系统的发展过程中，各个课程模块进一步演进，在新课程元素的缔造方面还表现为由原来相对单一的课程元素分化为多个课程元素，形成了相对独立的新的课程子模块，使课程系统出现层级发展，从而增强该课程元素的功能，提升其在整个课程系统中的地位，这是翻译专业课程作为一个独立系统的层级特征的内在要求。

（二）翻译专业课程元素的整合：翻译专业课程系统的整体性

本研究也发现部分翻译院校从培养目标与定位出发，建构了具有学校特色的翻译专业课程系统，课程结构各模块之间建立了显著关联，课程结构体现出系统的整体性。以对外经济贸易大学为例，翻译专业课程体系形成了以商务与金融为纽带的课程模块，在语言知识与能力模块开设了"综合商务英语""商务英语听说""商科经典名著选读""金融英语阅读""商务英语写作""高级金融英语"等课程；在翻译知识与技能模块开设了"商务翻译""实用法律文书翻译""商务口译"；在相关知识与能力模块中开设了"商务知识导读""管理学""商业伦理学""营销学""企业公共关系"。该校课程系统的三个课程模块的内部课程元素以及模块之间呈现显著的共通性，体现出该课程系统的层级性和整体性的加强。

在课程实施中，课程元素的科学关联体现了翻译能力各个子能力之间相互关系的规律，也是翻译专业课程系统作为一个复杂系统整体演进的必然趋向，同时也是翻译子能力构成元素非线性联系以及学生译者翻译能力发展规律在课程实践中的反映。换言之，翻译能力理论研究结论在翻译专业课程实践中得到了现实的印证。

四、翻译专业课程设计者的主观性

样本院校在翻译专业课程元素选择中存在着一些共性问题，最突出的问题是对《教学要求》中所设定的课程元素的简单加和与随意删减，部分翻译院校在课程元素关系的建立上还存在一定的主观性与盲目性。

（一）课程元素的简单加和

第四章对翻译专业课程结构现状的研究发现，一些翻译院校的课程门类繁多，课程门数多。课程实施研究访谈发现，翻译专业教师普遍认为翻译专业课程门数太多，教学任务繁重，课程内容交叉和重叠较多。这种简单加和的课程给学生也带来繁重的课业负担，举例如下：一所样本院校在翻译知识与技能模块中同时出现"修辞与翻译"和"文体与翻译"两门课程，但它们在教学目标和内容上有较多重合之处，课程之间的关系不够清晰。翻译专业课程元素的数量增加了，但是课程元素之间的内在关系却不分明，给课程实施带来一系列负面影响。

此外，部分院校在翻译专业课程元素的选择上存在随意性和盲目性，如一所翻译院校设置了一门"美国幽默翻译与赏析"的课程，该课程在内容上过于狭窄，不适合作为一门独立课程开设，不符合本科阶段课程普适性的要求，该类课程可以作为专题类或应用类翻译，作为一个单元知识更为合理。翻译院校课程结构的研究还发现，部分课程从名称上难以体现课程目标与内容的关键信息，如"视阅口译""翻译与说服""翻译与思维"等，这些课程名称显示的信息比较笼统或模糊，这表明课程元素性质不清，课程目标要点不明。

翻译专业课程来源虽然丰富，但并不是所有内容都要体现为单一课程形式，翻译专业课程元素应有多样性，但并不意味着课程元素数量越多越好，某一课程元素数量过多会影响课程结构功能。例如一所样本翻译院校笔译课程有 15 门，但口译课程仅有 4 门。翻译专业课程元素数量体现出学生学习机会的多少。口笔译课程数量失衡会影响学生本科阶段笔译与口译能力的同步发展，翻译专业课程元素数量的设置应符合课程结构的整体功能要求。

（二）课程元素的随意删减

"课程系统由各成分、各要素构成。课程系统中有哪些成分、哪些要素，这是决定课程功能状况的最基本力量。课程结构中无论缺少某一大类课程，还是缺少某类课程中的某一要素，课程功能都将受到很大影响。"（郭晓明，2002：110）

翻译专业课程实施现状研究发现：与《教学要求》相对照，部分必修课程在一些翻译院校的课程体系中缺失。例如，有些样本翻译院校课程系统中汉语类课程缺失，有的学校未设置翻译史课程、翻译理论课程，有的学校的职业类课程门数太少，有些学校的口译专业课程在课程系统中的地位过于边缘化。课程是能力培养的载体，课程元素的缺失和随意减少会影响学生翻译能力中相应子能力的发展。

（三）课程元素关系混乱

课程系统的生成与发展受客观规律的驱动，但同时，课程系统的设计也是一种具有主体性的课程实践行为。第四章对翻译专业课程结构现状的研究发现，部分翻译院校的课程元素关系混乱。例如一所翻译院校在笔译类课程模块中开设了

"英汉互译"和"专题翻译",在口译课程模块中开设了"口译"和"专题口译"。但是从课程名称上看,"英汉互译"是从语对方向进行课程命名,而"专题翻译"是从翻译领域出发对课程命名,在"英汉互译"中涉及专题翻译方面的内容,在"专题翻译"中也会有不同语对方向的翻译任务;"口译"这一术语在翻译能力相关研究中是指翻译工作的一种类型,常与"笔译"形成相对关系,"口译"作为一门基础课程名称过于笼统,不能体现它与口译课程模块中另一门课程"专题口译"的关系。再看另外一所学校的课程结构,其在翻译知识与技能模块开设了"法庭口译""旅游翻译""工业翻译""新闻采访""标识语广告翻译""会展翻译""政治文献翻译""外事口译""古籍翻译"9门课程,专门领域类型面过多,此外该校的语言知识与能力模块、相关知识与能力模块的课程都不涉及翻译知识与技能模块课程的领域,因而翻译知识与技能模块在该校的课程系统中成为碎片化、孤立化的存在。

翻译专业课程元素的选择与元素关系的建立应以促进学生翻译能力发展为重要指向。翻译专业课程结构现状既表明了翻译实施的探索性实践经验,也暴露出存在的阶段性问题。从以上分析可以看出,一方面,有些现状特征是翻译专业课程系统自身演进规律推动的必然结果,成为翻译理论研究成果与翻译教育实践成果之间的互证,对这些实践经验的剖析和理论升华是翻译教育研究的重要内容。另一方面,翻译院校课程计划的自主建构中的问题,反映出部分课程设计者对翻译能力系统和翻译专业课程系统的构成及其发展规律有认识上的盲点。对该问题的研究有助于优化翻译专业课程及其实施、提升翻译专业教育质量。

第三节　翻译专业教师和学生现状对课程实施的影响

一、翻译专业教师现状对课程实施的影响

在翻译专业本科建设之初,翻译师资资质问题就引起学界普遍关注,部分学者提出该问题是制约高校翻译学科与教育发展的瓶颈(何刚强,2007;鲍川运,2009;谢天振,2011)。鉴于翻译师资的困境,2007年复旦大学召开了"首届全国翻译专业建设圆桌会议(师资建设专题)"(陶友兰,2007),学者们对翻译专业师资资质要素、翻译专业师资的培养途径、师资资源共享与协作方式、教师

评估体系以及我国高校翻译专业师资建设近期和长远设想进行了研讨。翻译师资的专业性不足是中外翻译专业的共性现象。根据皮姆（Pym，2001）的研究，国外的翻译专业发展阶段，教师大多也都来自于语言教学机构或学校。翻译专业教师群体的教育背景特点决定了师资专业化转向的内在需求，尽管一些翻译院校招聘专业译员进入翻译专业教学体系，但这些译员也需要翻译教学法和翻译理论的专题培训，如在 2001 年，西班牙的塔拉戈纳（Tarragona）、法国的雷恩（Rennes）和美国的蒙特雷（Monterey）都举办了翻译专业教师培训活动。国外翻译专业教师培训活动既是翻译院校数量增长带来的客观需求，也体现了翻译教学专业化程度的提升。从我国翻译专业成立以来，翻译师资问题一直备受关注。

翻译师资问题根源何在？有研究者认为（张瑞娥，2012：82-85）问题的根源是翻译专业教师具有三维角色：①教学过程中的角色；②翻译过程中的角色；③与翻译行业接轨过程中的角色。这些角色的圆满实现需要有一定客观条件的支撑，同时也受主观因素的影响，在翻译专业课程实施中，翻译专业教师难以同时有效实现这三个角色：其中翻译过程中的角色和与翻译行业接轨过程中的角色是很多院校的翻译专业教师难以实现的。此外，从翻译师资整体而言，翻译师资结构中学术型教师和实践型教师的数量比例不合理，这也是影响翻译教学质量的一个原因（张瑞娥、陈德用，2012：61-71）。韩子满（2008）从翻译行业和翻译专业教学的关系分析了翻译专业教师的专业发展困境。一方面，翻译行业日趋成熟，在学校翻译专业课程中必然要体现翻译职业的内容，然而无论是翻译专业教师参与翻译行业活动，还是职业译员参与翻译专业教学，在实际实施中都存在一定困难，翻译专业教育和翻译行业之间的信息与能量互动受阻；另一方面，翻译专业教师在教学中应清晰传授翻译职业的相关内容，然而翻译专业教师缺乏翻译行业的工作经验，难以完成相应的教学内容。所以该研究提出通过邀请译者加盟、教师参与翻译机构工作、教师创办自己的翻译公司三个途径来优化翻译师资队伍。此外，翻译专业教师的知识和能力结构与翻译专业的教学要求不相匹配的问题也引起关注（覃俐俐，2013；吕冰，2018；刘熠、刘平，2018），有研究者依据相关理论或所在学校的经验提出了提升翻译师资专业能力的途径（郭英珍，2010；芦婷婷，2012）。本部分通过结合第四章相关研究结果和对研究数据的进一步分析，从翻译专业教师专业素质现状、课程实施意愿现状和人口统计变量数据三方面探讨翻译专业教师与课程实施现状特征之间的关系。

（一）翻译专业教师专业素质现状对课程实施的影响

翻译专业教师的专业素质包含三个方面：翻译教学素质、翻译研究素质和翻译实践素质（仲伟合、赵军峰，2015）。本书的调查研究发现：翻译专业教师对自己的教学素质自我评价较低。从本书第四章对翻译专业教师的系统来源构成的分析信息可知，翻译专业教师多为英语专业出身，他们对自己的翻译实践能力自我评价较低。

> "翻译实践越多，就越会有话说，这是对师资的一个要求。我觉得作为一名翻译老师而言，我时常会想我是不是合格。有些文本离我们的专业很远。"（A校A3教师）

翻译专业教师的教学素质和实践素质现状导致课程实施的关注阶段和实施水平的整体趋同性，处于"关注"较高阶段和课程实施较高水平的教师的比例偏低，翻译专业教师对课程特征、目标、内容和实施方法形成了相对稳定的模式，对课程进行了不同程度的探索和调整，但对翻译专业课程变革的整体性和优化方案关注强度较低，讨论或思考对翻译专业课程进行重大调整或替换的教师的比例低，22名受访教师中只有1人达到课程实施的"更新"水平，而教师课程实施程度的高低是课程实施推进力度的重要标尺。

在对本研究的访谈语料的进一步分析后发现，翻译专业教师的教学素质和实践素质的不足增加了课程实施的难度。翻译专业旨在培养应用型翻译人才，因此翻译专业课程中与翻译行业工作内容、翻译职业流程等密切相关的内容必然是课程内容的重要元素，在具体的课程实施中，翻译专业教师若有一手的翻译实践经验，将之转化为鲜活的教学素材，将翻译理论和真实翻译现象融合在一起，学生所学就能和翻译工作实际紧密相连，奠定坚实的专业基础。但本书访谈发现教师认为学校的翻译实践教学是充满困难、耗时费力的教学环节。

> 我也都是在校内做（翻译实践），由老师布置东西让他们（学生）做。所以大部分的学生都没有真正做过市场上的实习……一个就是选择合适的材料让学生来练习，可能比较困难，要是选择有译文的材料，学生也能找到，要是选择没有译文的东西，有时候自己能力也有限。这种东西有时候不太好找。（B校B5教师）

此外，大多数翻译专业课程是技能型课程，工作任务本身隐含很多繁杂的细节，圆满完成课程任务所需要附上的隐性工作较多，也增加了课程实施过程的复杂性。

> 目前来讲，一名老师至少负责三门课程。翻译专业的老师不是上课讲讲就完了，找材料比较花时间，要看学生作业，还要讲评，有的时候还要给学生找出不好的原因来说服他，备课量特别大。（A 校 A3 教师）

翻译专业课程内容具有多样性和应用性，但翻译专业教师来自翻译实践的鲜活素材较少，他们在查找翻译任务资料、组织翻译任务素材等方面需要花费较多时间，但是这方面精力和时间上的付出难以体现在教师业绩考核中，这在一定程度上反过来又影响了教师参与翻译行业实践的积极性。

（二）翻译专业教师课程实施意愿现状对课程实施的影响

作为课程的执行者，教师是决定课程变革成败的关键性因素。课程实施离不开教师的参与，教师的变革意愿高低决定着课程实施的成败。从本研究的翻译专业教师认同感和关注阶段调查研究可知，翻译专业教师对课程实施基本原则、理念与框架的认同是《教学要求》在各个翻译院校付诸实施的重要基础。

翻译专业课程实施水平研究表明，所有样本学校翻译专业教师的课程实施水平都在常规化及以上水平，翻译专业教师对微观层面翻译专业课程的目标、教学内容、教学模式和评价模式等进行了自主建构，而且多数教师表现出对所教授课程继续更新的意向。

> 我对（课程）是有调整的，并且根据学生的不同也有调整，我针对每一级学生都有调整。不同的课程都有各自要求，有调整；同一个课程，随着教龄的增长，反过来再去看，也会再有调整。方向性的大调整，我们一般都是系上这样总体来做的，细节上的调整还是由个人来做的。（C 校 C1 教师）

翻译专业教师不仅表现出较为强烈的课程变革意愿，而且在翻译专业课程实施行为上体现出诸多探索，有力地推动了翻译院校的课程专业发展，体现了教学实践自下而上促进翻译教育发展的力量。

（三）翻译专业教师人口统计变量现状与课程实施

从本研究的调查问卷的翻译专业教师背景信息中可以看出：从学历或研究经历维度看，具有硕士研究生学历的教师是翻译专业教师系统的主体，占74.20%；从性别维度看，女性教师占64.60%，男性教师占35.40%；从职称维度看，讲师占49.40%；从年龄维度看，处于30—40岁年龄段的翻译专业教师占56.20%。综观之，具有讲师职称、研究生学历、处于30—40岁年龄段的女教师是翻译专业教师系统的重要群体。但从本书访谈中发现，该教师群体同时背负教学变革、学历或研究经历提升、职称晋升与生活责任的重担，她们的现实困境也间接体现在课程实施现状研究的结果中。翻译专业课程关注阶段的研究结果显示：处于管理/结果维度上的男女教师得分差异显著，女性教师的得分显著高于男性教师，在意识、信息/个人化、管理/结果这三个维度上，具有硕士研究生学历的教师、职称为讲师的教师得分显著高于具有博士研究生学历和博士后研究经历的教师和具有副教授、教授职称的教师。

因此整体而言，具有硕士研究生学历、讲师职称、年龄处在30—40岁阶段的女教师处在较低的课程实施关注阶段，但是她们是翻译专业教师中人数比例较高的群体。从课程实施水平来看，处于"更新水平"和"整合水平"较高实施水平的教师共6人，占样本的27.27%，对这部分教师的人口统计数据变量进一步分析后发现，该部分教师中4人具有副教授以上职称。处于"精致加工"水平的教师占了45.46%，从其人口统计变量可知，这一群体主要为具有硕士研究生学历、讲师职称、年龄处在30—40岁阶段的女教师。因此，关注具有讲师职称、研究生学历、处于30—40岁年龄段的女教师的专业发展困境，帮助她们有效应对现实问题，这是优化整个翻译专业教师系统的重要内容之一。

二、翻译专业学生现状对课程实施的影响

（一）生源现状对课程结构的影响

对本书访谈语料的相关主题进一步分析发现，翻译院校生源存在区域差异和校际差异，各省招生模式和院校自主权限也各不相同，因而翻译院校的学生群体特征千差万别，这成为影响培养院校课程建构的重要因素之一。以学生入校时的英语

水平状况为例，部分院校翻译专业学生招收类型划入非师范生类，而且相对英语专业来说，翻译专业学生的英语成绩较低，因而这类院校的翻译专业课程的目标定位、人才培养规格和将来就业领域的选择都需要适应生源特征与他们的发展需求，在该类学校的翻译专业课程结构模块中，语言知识与能力模块的课程门数相对多，赋予课时数较高，因而翻译知识和技能类课程的门数和课时数比例则会相应减少。

（二）生源现状对课堂组织的影响

在本书研究中的样本学校中，B 校和 C 校的翻译专业招生是属于非师范类，这两所学校学生的英语水平两极分化在三年级更明显，这在一定程度上影响了高年级阶段"翻译课堂"的组织。

> 有时候觉得学生进步方面，一部分学生进步较快，还有一部分学生，可能因为基础差，学习动机也不是很强，有个别学生的翻译能力和语言水平还停留在比较滞后的阶段。学生不平衡。（B 校 B5 教师）

C 校的教师认为学生学业两极分化给微观层面的课程实施带来明显影响：

> 学生进校的外语水平也是一个方面，我们系里的学生进校的时候他们的水平这种两极分化的现象非常明显。这种两极分化的现象就会影响我课程实施。我就会在做课程设计的时候会想这些内容对一部分的同学来说很简单，对另一部分的同学来说很难。（C 校 C3 教师）

然而，样本院校中的 A 校通过二次选拔的方式招收翻译专业学生，将英语专业的优秀学生选入翻译专业，采用选拔模式组成的翻译专业班级，学生英语水平整体较高，翻译专业学生成为优秀学生的代名词。

> 我们翻译系是挑好学生，学生招到外国语学院之后，想进翻译系还要进行考核，所以我们孩子的英语基础都还不错，凡是要上翻译系的孩子都比较用功，因为他们知道这个不容易，而且各方面配备也是很好的。明显翻译系的学生和其他系的学生不一样。（A 校 A4 教师）

无论翻译专业学生生源构成如何，课堂组织模式的校际如何相异，一个非常值得研究的现象是，在三个样本学校中，B 校和 C 校都以非师范招生模式招收的翻译专业学生，学生的入学成绩比英语专业的要低，但学生经过翻译专业的学习后，在全国高校英语专业四级和八级考试中，翻译专业的学生平均成绩一直比英语专业的成绩高。

> 你看我们英语专业是一本招生的，我们翻译呢，现在是二本招生。但是呢，通过往年学生专四（专业四级）和专八（专业八级）的考试效果来看，翻译系还占了上风。这些学生就入学的条件，可以说不比他们好，但发现（翻译专业学生）无论在学风方面还是考试效果方面，都比他们（英语专业学生）要强一点。（B 校 B6 教师）

从本书的研究可以发现，虽然三个样本学校的翻译专业的生源英语水平高低不同，但经过一定阶段的翻译专业课程的学习，三个样本学校的翻译专业学生的学业终结性评价结果都超出了英语专业学生，这从一个侧面反映了翻译专业至少英语知识与能力这一模块课程的实施效果良好，这在以 C 校为样本的翻译专业课程实施效果的研究中也得到了印证。

第四节　学校制度与组织生态对课程实施的影响

良好的课程实施效果需要学校制度生态和文化生态的支持。"教师如需实现个体生态基本格局转型，必需的条件既包括空间尺度的生态主体条件与生态环境条件，也包括时间尺度的生态主体与生态环境相互作用的时间条件。"（范国睿，2011：112-113）本研究发现翻译专业教师具有较为强烈的变革意愿，但现有的制度与组织模式难以充分支持教师的专业化发展和翻译专业课程实施。

一、业绩评价机制模式对翻译专业课程实施的影响

对三所样本学校的访谈研究发现，院校对翻译专业教师的评价机制主要以学术成果为中心，相对忽视了教师翻译实践工作的特殊性，或多或少影响了教师参与翻译实践活动的积极性，反过来也可能制约了翻译专业教师实践能力的提高，在一定程度上影响了翻译专业课程的实施效果。

被访谈翻译专业教师都表示需要更多参与翻译实践，参与到翻译行业真实的实践活动中，从而积累专业实践经验，翻译专业教师这一诉求是翻译专业特色化发展的内在要求。但是，遗憾的是院校对教师的评价主要以学术成果为导向，这与翻译专业教育的专业性和翻译专业教师专业化发展的需求产生了矛盾。翻译专业教师面临着难以在翻译实践上投入大量时间的困境。

> 这需要跟实践结合，但是整个的评价体制是学术化导向，所以（翻译实践）占用时间太多，对学术产出可能会造成一些冲击。（A校A1教师）

翻译专业教育的专业性决定了翻译教学内容特点、教学活动开展方式和学生学业评价方式，翻译专业教师需要为实践教学环节投入时间和精力，这是翻译专业的特点使然。以翻译专业技能类课程的作业批阅为例，该类工作是翻译专业教师工作量的重要组成部分，需要教师投入较多的时间与精力：

> 因为如果你不阅作业，学生就不会好好做。你要阅的话，如果只写一个"阅"也不起作用。你要是（认真）阅的话，这个工作量是很大的。（C校C8教师）

但在许多翻译院校，这些繁重的翻译实践教学工作所产生的隐性工作量未能体现在业绩考核中：

> 这个课下的（付出的）东西是完全没有的，工作量就是你的课时，课时是跟你的职称以及课堂人数有关系的。我们的课堂学生人数也不多，上下来的话从经济上体现不是特别高。（B校B4教师）

此外，翻译专业教师还需要负责学生课堂之外的翻译实践辅导，比如翻译见习、翻译学年实践、翻译毕业实践以及学生的其他社会翻译实践项目，但这些教学工作在学校的业绩评价上难以充分体现，这在一定程度上影响了翻译专业教师对课程实施的投入程度与翻译行业实践的参与度。

二、人事管理模式对翻译专业课程实施的影响

对三所样本学校翻译专业教学任务和相关教师所属人事管理系统的信息进一

步分析发现，翻译专业教师系统存在完全独立的教师管理系统模式和半独立的教师管理系统模式，不同模式给教师的课程实施带来的影响具有显著差异。三所样本院校中，C 校设立了翻译系，具有相对独立性，师资队伍从建系以来一直相对稳定，翻译专业教师所承担的授课任务相对稳定，因而教师对所负责的专业课程的目标、内容和教学方式在教学中逐渐形成较为清晰的认识，这一人事管理模式对课程实施程度有促进作用。A 校和 B 校的翻译专业教师的人事管理模式为半独立式，翻译专业教师同时在英语系和翻译系工作，教师的人事所属关系并非完全在翻译系，因而翻译系的教学研讨活动，部分授课教师并未参加，这在一定程度上影响了教师之间的交流和学习共同体的建立：

> 我不是翻译教研室的，我是跨系来代课的，他们的（翻译系教师的）讨论我不是很清楚。（B 校 B3 教师）

另外，这种半独立的人事管理模式也给翻译专业教师的课程整体性认识带来影响，他们在教学中容易孤立看待自己所承担的教学任务，已经有翻译专业教师关注到这一现状的负面影响：

> 这些老师可能需要经常在一起碰碰面，讲一讲，要不然这上课的内容或是材料有时候会重复，这对学生是不太好的事。（B 校 B3 教师）

三、学校课程管理对翻译专业课程实施的影响

在一所大学中，翻译专业只是它的几十上百个专业的其中之一，因此翻译专业的课程实施必然受制于所在学校的整体课程模式。翻译专业的课程建构和系统发展的自由度存在明显的校际差异，有些学校赋予翻译专业的课程建构和发展相对多的自由，而有些学校则设置了所有专业都依从的统一课程模式。

（一）对翻译专业课程结构模式的影响

从课程文件研究和课程实施效果的相关研究可以看出，目前翻译专业常见的课程结构模式有两种：一种是学院建立英语大类专业（包括英语专业、翻译专业和/或商务英语专业）平台课程，这些专业的所有语言基础阶段的课程是通过学生选课、随机组班的模式进行教学的，班里的学生流动性大；教师在基础阶段课程

的授课模式以英语专业的教学模式为主。另外一种方式是各专业有独立的课程系统，在该类模式下，在翻译专业基础课程教学阶段，以班级为单位的学生群体比较稳定。

从访谈研究中发现，英语大类平台课模式对翻译专业课程中的语言知识与能力模块的教学带来一定的负面影响。英语大类平台的课程有的由翻译专业教师承担，而有的由英语专业教师教授，这影响了翻译专业教师对该模块在翻译专业课程系统中的独特性的认识，也阻碍了翻译专业教师对该类课程实施模式的专业化探索，如A校一位教授英语基础课程的教师在访谈中说道：

> 我个人认为在实施过程中（语言知识与能力课程与英语专业的）没有较大的区别，因为这就是本科的一个课程，强调的是基础能力，听说读写译都会照顾一点。由于现在班里人数都比较多，学生说的机会也比较少，大部分就是老师在讲。（A校A5教师）

在以专业大类平台课为课程管理模式的翻译专业院校中，随之而来的一个问题是班级在专业基础阶段的流动性大，对课堂上的小组活动和课后合作学习的开展造成负面影响，不利于教师与学生建立较为深入的师生关系，也不利于学生之间深入了解，影响同窗之谊的建立，妨碍协作精神的培养。

> 跟学生形成一种情感上的连接，这个其实太重要了，不光是学生和老师的连接，还有学生和学生的连接。如果学生熟了，互动就会非常好……这种模式（平台授课、流动班级），我觉得有很多弊端，虽然对学生的自由度选择大了，但是效果……我不是特别喜欢。我不知道为什么换成这种平台授课模式，让老师也很被动。（A校A5教师）

（二）对翻译专业课程学分赋值和类型的影响

院校整体的课程模式要求也会在一定程度上左右翻译专业课程的学分赋值和类型。在C校，学校公共平台课程所占学分比例较高，翻译专业部分的核心课程的学分赋值只好降低，课程类型自然难以符合《教学要求》的设定。在B校，所有专业课程结构须按照学校的统一课程设置模板进行建构，该校的翻译专业课程为了给翻译知识和技能模块留出更多课时，只好将第二外语模块的课程类型变为选修课：

当时我们翻译系主任就说把二外改成选修课，就基于这个方面的考虑。可以腾出很多学分，不然的话专业的课程好多都完不成。（B 校 B6 教师）

但是如果该校课程模式符合翻译专业的特征就会有力促进它的发展，如 C 校以师范教育为特色，师范教育实践课程在该校已形成层级化的系列课程，该校对所有专业的实践课程设置有统一性要求，因而该校翻译专业课程实践课程模块的课程元素数量相对丰富，元素关系清晰，具有明显的层级性。

（三）对学校课程变革的影响

学校作为一个自组织系统，它对课程模式的要求不是一成不变的。学校的课程变革若与翻译教育特质相符，该校的翻译专业借助学校平台就可以较快提升翻译专业课程实施效果，使学校的课程变革成为促进该专业发展的推动力；但学校的课程变革若与翻译专业教育特质相悖，就会对翻译专业课程实施带来冲击。从对样本学校的访谈中发现，C 校的课程变革在三所样本院校中最为频繁，每次课程变革都会要求课程要素的增减和课程关系的更新，虽然教学变革在一定程度上促进了翻译专业课程的优化，但有效的课程实施离不开教师对具体课程的持续实践和不断反思，频繁的课程变革影响了该校翻译专业课程系统的相对稳定，不利于翻译专业教师在教学实践中改善课程实施效果。

这几年，我们课程的修改速度太快了，可能大家感觉不适应，这是一种学校层面的要求，但这样一来，我们在教学上容易感到忙乱。（C 校 C8 教师）

四、学校系统的开放性对翻译专业课程实施的影响

翻译专业课程实施是在学校教育生态系统中展开的，学校教育生态系统的开放性对翻译专业课程实施带来显著影响。翻译专业实施系统的开放性主要体现在校际交流、学校与行业的交流两个方面。在三所样本学校中，从校际交流来看，A 校翻译专业借助学校合作平台，不仅有国内高校翻译专业之间的校际交流，也与国外翻译院校联合办学，学生毕业时可同时拿到两个学校的毕业证；B 校和 C

校所搭建的校际交流相对较少，因此翻译专业的学生国内外交流人数有限。在三个样本院校中，A 校与翻译行业的交流最为深入，搭建了翻译专业与翻译行业单位的对接平台，该校翻译专业教师经常参与真实的翻译项目，他们也将这些实践内容引入到课程教学中。从个体看，三个样本学校中课程实施水平最高的教师为 A 校教师。

从对三所样本院校课程实施水平的研究结果可以看到，A 校教师课程实施水平分布离散度较高，既有处于"更新"这一最高课程实施水平的教师，也有处于"定位"这一未实施水平的教师。B 校和 C 校中教师课程实施水平趋同性相对明显，但两所学校都没有具有较高实施水平的教师。这一研究结果在一定程度上表明了制度与组织因素对课程实施的综合影响。

第五节　翻译专业课程实施外部系统的影响

翻译专业课程实施外部系统构成元素主要有翻译行业、翻译专业教育管理机构和相关社团组织，这些外部系统元素和翻译院校的课程实施之间存在信息与能量互动，在一定程度上影响着翻译专业课程实施的进程和效果。

一、翻译专业教育管理机构的功能及其影响

我国翻译专业教育的管理机构是教育部翻译教学协作组，其成员均来自我国各地翻译院校的知名教授，他们有丰富的管理经验、学术经验和教学经验。翻译教学协作组对翻译专业教学有规范、引领翻译专业教育的功能（仲伟合，2021；平洪，2014；肖维青、赵璧、冯庆华，2021）。

（一）宏观指导与规划的功能及其成效

翻译教学协作组负责制定翻译专业教育的指导文件，制定翻译专业教育的发展规划，引领翻译专业教育的发展方向，如制定和颁布《高等学校翻译专业本科教学要求（试行）》。

本书对翻译专业课程实施现状的研究结果表明，《教学要求》的内容体现出翻译专业教育的专业性与普适性。《教学要求》作为国家层面的观念课程，获得

翻译专业教师较高的认同感，这是翻译专业课程有效实施的重要基础。前述对教师关注阶段发展研究结果表明，大多数翻译专业教师已经开始实施翻译专业课程变革，但是《教学要求》在课程实施操作层面的指导比较欠缺。此外，在本书的实证研究中发现，翻译院校对学生的专业水平测试大多沿用全国高校英语专业四级和八级考试，部分院校将全国翻译专业资格（水平）考试的成绩纳入学分换算，但这些都是辅助性的专业能力评价方式。

（二）对翻译师资进行"干预"的功能及其影响

翻译师资专业化不足是我国许多翻译院校亟待解决的问题。针对这一突出问题，翻译教学协作组对其进行了"干预"，与中国翻译协会、全国翻译专业学位研究生教育指导委员会每年暑期联合举办翻译师资专题培训、翻译专业教师口笔译教学观摩周以及翻译教学学术研讨会等活动。每年来自全国各地翻译院校的专业教师参加该类培训活动，有力促进了翻译专业师资的专业能力的提升（罗慧芳、鲍川运，2018）。

翻译师资"干预"措施对课程实施所产生的积极作用在本书的研究结果中已经体现出来。在翻译专业教师认同问卷调查中，"校内支持"维度共有 6 个题项，其中有 5 题属于低分项，但在此维度上第 27 题"学校领导鼓励专业教师参加翻译教学相关培训"不属于低分项，这说明翻译专业教师在参加专业相关的培训方面得到有力支持。以第四章中的三所样本院校为例，B 校翻译专业教师参与专题培训人次最多、力度最大，根据翻译专业教师课程实施水平访谈研究结果，该校翻译专业教师精致加工的课程实施水平和整合层次体现出该校教师对翻译专业的认知程度整体较高。在访谈中，受访的 B 校 6 位教师都论及教师专题培训给他们带来的理念转变、对自己教学的反思与促进作用。

（三）搭建翻译院系交流平台的功能及其影响

翻译教学协作组自 2005 年以来每年召开全国翻译院系负责人联席会议，向翻译院系传达国家对翻译教育的规划与政策要求，分析翻译专业教育中的热点与难点问题，全国翻译院系负责人也会在会议中交流办学经验。该联席会议成为各个翻译院校了解国家相关政策、熟悉国家对翻译专业规划与要求的重要渠道，也是翻译院校彼此了解、相互交流学习的重要平台，这对优化翻译院校的办学理念、改善办学思路都起到了推进作用。但因会议时间有限，翻译教学实践的一线教师难以就翻译专业课程实施的经验与问题进行充分交流，这在一定程度上造成宏观课程系统、中观课程系统和微观课程系统之间的信息与能量互动的逆差。

二、翻译行业的地域差异及其影响

学校教育具有社会服务功能，培养社会所需的专业人才是高等学校教育的目的之一。翻译院校专业教育质量对毕业生的职业胜任力产生直接影响。然而，翻译知识是一种基于情境积累起来的知识，翻译能力的发展具有交互性和经验性特征，翻译能力是在情境化的实践中逐渐提高的。因此，翻译院校的专业教学与翻译行业需要紧密联系，两个系统之间需要有互动与信息能量交换，才能有力地促进学生译者的能力发展。

将翻译行业的内容纳入翻译专业课程实施，是受访翻译专业教师的共识，如C校C7教师论道：

> 我觉得学校的教育环境还是跟真实的（翻译工作场景）有区别，再模拟的话毕竟还是模拟的练习。我觉得理想的翻译专业课程就是把更多的模拟实战融入其中，哪怕他们刚进入大学二年级，也可以介入一些简单话题的模拟实战。让他们适应一个口译工作的状态，我觉得这是一个比较理想的状态吧。

本书对翻译专业课程实施现状的调查研究发现，翻译院校和翻译行业建立了教学合作联系，但联系密切程度存在地区和校际差异。以三所样本院校为例，A校与翻译行业的联系最为紧密，该校翻译系有自己的翻译公司，承担翻译项目，将翻译专业教师的真实翻译实践与教学实践相结合。B校和C校与所在省的翻译公司建立了合作实习联系，每年派送学生进行实地实习，C校还与在线翻译公司或平台建立联系，将在线翻译实践内容纳入翻译实践课程。

但是，这三所样本院校均位于三线城市，与东部沿海地区相比，这些城市翻译行业工作领域类型较少、翻译活动不够活跃，所能提供的实习实践活动的场所和任务有限，翻译行业发展的地域性问题给翻译专业课程实施效果带来比较明显的影响。

我认为主要困难是学生们的实践方面，实践是需要机会的，我觉得在 A 省学生的实践机会还是有限的，所以我希望学生们实践的机会多一些，当然我们老师有实践的机会也会带着学生们去，总感觉机会少，所以我觉得还是实践机会少的问题。（A 校 A2 教师）

B 校和 C 校该类问题更为突出。虽然在理论上讲，翻译专业学生可以去翻译活动活跃的地区实习，参加更多的翻译实践，但是学校对翻译实践课程实施的制度支持和经济支持存在差异，此外学生个体对翻译实践的态度以及实习相关的经费问题的态度也存在差别。

因为 C 地本身（实践机会）就比较少，给学生联系见习和实习机会不容易，如果联系到了，还有一个费用问题，尤其是去外地实践。如果我们联系到外地，我们大多数学生是没有这种经济实力的，短期去外地，哪怕一两个月的，食宿问题都没法解决。（C 校 C6 教师）

翻译专业教师的教学内容与翻译职业工作内容应有交集，这是翻译专业教育的性质所决定的，翻译专业教师们对此有明确的认识，他们希望能够参与翻译行业活动，积累翻译专业实践经验。本书对翻译专业课程实施现状的调查研究发现：翻译专业教师具有强烈的合作愿望，希望得到专家的指导和帮助。在访谈中翻译专业教师表示需要增加与行业的联系，多一些合作，丰富课程教学的内容和方式，增强翻译专业课程的专业性。

老师平时所教的和自己所做的应该是统一起来的。职业化对今后老师的转变也是挺重要的。课堂上教的东西应该是来源于鲜活的口译活动。（C 校 C7 教师）

但是翻译专业教师所在地区的翻译行业发展状况对教师实践参与度产生了直接影响。

主要的原因还是地域，受到地域的限制，相对来说，老师实践翻译任务应该很少，我们这边（翻译）资源比较集中的，主要在导游行业，老师去做导游，显然不是很可行。大家（翻译实践）的经验都比较少，这肯定会影响到我们的教学。（C 校 C5 教师）

三、翻译行业社团组织现状及其影响

　　中国翻译协会作为我国权威翻译社团组织，常与翻译教育管理机构等机构合作进行翻译师资专题培训。该协会主办了每年一度的全国笔译和口译大赛，这些大赛成为许多翻译院校提升学生专业能力、发展综合素养的一个平台。三个样本院校均鼓励学生参与此类比赛活动，将其作为学生综合实践学习的一个重要环节。

　　全国翻译专业资格（水平）考试中心为促进翻译专业教育和翻译行业评估的衔接，每年邀请全国翻译院校的口笔译教师参加翻译资格证考试阅卷工作。本研究中的 A、B、C 三个样本院校的部分教师参加了该项工作，建构了基于翻译行业评估体系的校本课程，如"CATTI 笔译""CATTI 口译""翻译测试""初级测试""高级测试"等课程，通过开设这些课程，丰富了课程内容，提升了学生的翻译行业资格准入意识。

　　综而观之，翻译专业课程实施系统构成元素复杂，元素之间形成了一定的联系，但系统的整体性和层次性不足，子系统之间的信息与能量交换还未达到课程实施系统的应然功能要求。翻译专业课程实施内、外系统尚未形成有效的系统反馈机制。这一现状反映出翻译专业课程实施系统功能的应然要求与实然现状之间的矛盾。

第六章

翻译专业课程实施现状本质及其优化路径

客观描述翻译专业课程实施现状是为了分析其中的经验与问题，探析该现状成因是为了寻找翻译专业课程实施过程中主要的影响因素，而这些研究都服务于解决问题之路、提升质量之道。本章从系统论和教育生态原理出发，探求翻译专业课程实施现状特征的本质，进而找出优化该系统的路径。

第一节　翻译专业课程实施现状的本质

所有系统都会经历从无到有、从一种形态演进到另外一种形态的过程。翻译专业课程的实施涉及学校教育的诸多层面，其影响因素具有多样性，之间的关系纷繁复杂，具有非线性特征，因此本节主要采用系统论的原理对翻译专业课程实施现状特征进行溯源，探析其核心问题，探寻系统性问题症结所在，有助于揭开翻译专业课程实施现状的本质。

一、现状溯源：课程系统属性的改变

翻译专业课程系统发展是从英语课程系统衍生而来的，二者存在系统的遗传关系。在社会发展需求的驱动下，从英语课程的母系统中逐渐分离出翻译专业课

程，进而完全独立出来，这催发翻译专业课程的元素数量、元素素质及元素关系发生相应的改变，形成一个有别于传统意义上的英语课程系统，因此课程本质属性发生了改变，但这一改变不会一蹴而就，而是体现为一个发展状态上的课程系统连续体。该课程系统的演进过程为：首先是英语专业单门翻译专业课程逐渐分化为具有一定层级性特征的英语专业的翻译专业课程模块，然后在英语专业内部生发出具有一定独立性的翻译方向，形成一个相对系统化的分支，最后发展为完全独立的翻译专业课程系统。《教学要求》属于国家层面的翻译专业观念课程，翻译院校的课程计划的建构及实施需要符合国家观念课程的要求，也需要结合学校翻译专业发展历史传统与学校教育生态的实际要求。

翻译专业课程实施系统由多个复杂子系统构成，其核心子系统是翻译专业课程系统，它是其他子系统相互联系、彼此互动的关键载体和媒介。当翻译专业的课程系统属性发生改变时，与之紧密相关的其他课程实施各子系统应在要素和功能上随之发生关联和变化，才能推动翻译专业课程实施按照其自身发展规律有序进行和发展，但从本书的研究结果可知，其他子系统并未能完全达到相应的要求，因此影响了课程实施的程度和效果。

二、现状特征：整体性涌现

一个系统整体性的问题、困难、特征或整体行为称为"整体性涌现"或称为"整体性突现"。每个系统具有其独特的整体涌现性。"整体涌现性主要是由它的组成成分按照系统的结构方式相互作用、相互补充、相互制约而激发出来的"（许国志，2000：20），从整体性涌现中可以发现更为本质的属性和特征。

本书从实施主体"翻译专业教师"对翻译专业课程变革的认同、课程实施程度与实施核心要素"课程系统"维度入手，对翻译专业课程实施现状进行了描述，所发现的共性现象是该系统现阶段特征的整体性涌现，其特征既存在积极的元素，也表现出系统发展所面临的困难和问题。从系统元素和元素关系视角，基于本书的实证研究的结果，可以发现目前翻译专业课程实施系统整体性涌现的特征。课程实施是在一定的教育生态环境中进行的。以翻译院校为切入点的翻译专业课程实施系统包含多个构成复杂的子系统，目前系统元素构成数量、各个元素的素质以及元素关系上都具有渐进特征。该系统出现了具有专业特征的新元素，但也可以看到部分元素数量的增或减不完全符合系统功能的需要，有些元素数量的变化有一定的随意性和盲目性。从元素关系来看，课程实施系统的一部分元素关系已建立，但有些元素还处于彼此割裂的状态，元素关系的强弱未能根据系统新功能的要求而发生变化。课程系统是课程实施的重要客体，翻译专业教师是课程实施的重要主体，在此以这两个核心子系统为例，重点阐述它们整体涌现出来的渐进性特征。

在翻译专业课程系统属性转变过程中，大部分院校的课程系统的演进属于局部变化，在它们的课程系统中体现出了英语课程系统的一些遗传性特征。只有少数学校的翻译专业课程系统的演化具有整体性特征，翻译专业课程系统调适已有的元素素质，增加新元素，同时对新旧课程元素进行整合，以满足翻译专业作为独立系统的新功能需求。从本书的课程系统现状研究结果可以看出，翻译专业院校的课程系统中，一些课程元素在数量和素质上符合专业的发展，缔造了具有显著翻译专业特征的新元素，一些原有课程元素出现层级性分化。但部分课程元素素质未根据专业要求发生改变，如有些院校的语言知识与能力模块课程与英语专业的相关课程并无二致，有些院校的翻译知识与技能模块的课程过于学术化，没有体现出翻译的实践性特征。此外，有些院校对翻译元素进行简单叠加或删减，出现课程元素繁多或元素不全的现象，如有些院校没有开设汉语类课程或翻译职业知识与技术类课程，而有些院校的翻译实践类课程或综合素养类课程的数量不足。从翻译院校的课程元素的关系来看，部分元素和元素关系体现出专业性特征，部分课程元素之间的关系得到建立，一些课程元素的非线性关联更加显著，如出现了"英语读译""英语听辨"等课程，系统体现出一定的整合趋势。但整体而言，翻译院校课程的共通性与时序性程度不足。一些课程元素之间联系不够明晰，有些课程要素之间的本质联系尚未体现，如有些学校课程的三个主要模块的横向联系不足，模块之间没有形成内在的联系，存在模块分割的问题。在翻译专业课程系统中，翻译专业知识与技能模块是翻译专业课程系统的核心模块，其他模块的课程目标、课程内容与教学模式都应与这一模块紧密呼应，以促进课程系统的整体性。然而，翻译专业课程体系中模块关系尚未完全建立，影响了翻译专业课程体系的整体性。从本书对翻译院校的课程计划特征和翻译专业教师课程实施程度的相关研究来看，翻译专业课程建构深受所在院校的教育生态的影响，因此目前中观层面的翻译专业课程系统存在明显的校际差异，整体上呈现出渐进性的特征。

翻译专业课程的应然系统是由多个相互联系、相互依赖、相互作用的课程元素构成的具有特定功能的有机整体，能够反映翻译专业课程存在和发展的本质特征，能够彰显翻译专业课程系统的独特性。但翻译专业课程发展具有历史性，中观层面的翻译院校和微观层面的翻译专业教师对翻译专业课程系统规律进行了探索，积累了重要的课程实施经验，但也遇到了翻译专业课程系统发展的阶段性和共性的难题。可以看到翻译专业课程整体性涌现特征是课程系统自身演进规律的作用的结果，同时，它也受到翻译专业课程系统本体之外的因素的影响，比如宏观层面对翻译专业课程设置的要求、翻译院校教育生态现状以及翻译专业课程设计者主观理念等。

从翻译专业教师系统来看，整体性涌现特征体现在两个方面。

一是体现在教师系统的元素数量以及元素关系方面。目前普遍存在的问题是翻译专业教师数量不足；在元素的素质方面，从心理维度上看，翻译专业教师对翻译专业课程变革高度认同，已开展课程实施，对课程实施进行了不同程度的探索，积累了来自实践的一手经验，翻译专业课程实施的效果可以体现出他们的探索式贡献。有些院校已将翻译行业的工作任务引入到教师工作内容中，以提高翻译专业教师的翻译实践能力，教师也将自己的实践内容转化为课程内容，促进了行业与课堂的衔接。从教师系统的元素关系上看，有些院校的翻译专业教师与行业脱节，影响了翻译专业教师教学素养和实践素养的提升，导致课堂教学内容专业性程度不足，造成教师自我效能感较低。

二是体现在教师的生态环境方面。目前部分学校的人事管理、教学管理和评价机制不能体现翻译专业教师工作特性，阻碍了翻译专业教师整体性专业化发展和课程实施的效果。虽然存在很多外在教育生态现状的制约，但从样本学校的课程实施现状研究结果中发现，三所样本学校均根据翻译专业特色，创建了一些具有特色的管理方式、课程组织方式和课外专业活动，促进了教师专业化、群落文化的建立与发展，翻译专业教师群体的共同认知、专业归属感逐步形成。在部分学校已经具有显著的群体特征，形成了一定的合作关系、共生或共栖关系。

从以上翻译专业教师的整体性涌现特征中可以看出，翻译专业教师系统既有作为系统元素受制于教育生态性的一面，同时该系统作为课程实施的主体系统，又有自组织性的一面，在与环境的互动中，翻译专业教师这一自组织系统自主演化，改进了系统组织行为结构，彰显出主体系统的自我调节能力和适应能力，虽然该系统的发展程度并未达到翻译专业教育的应然要求，但从中体现出阶段性发展的成就，也暴露了在专业发展中的困境。

三、问题核心：应然与实然的矛盾

翻译专业教育从从属地位转变为独立地位，成为一个独立的教育子系统，在教育系统中的地位发生了本质的改变，系统质的变化必然要求系统元素素质与元素关系产生相应的变化，要求内部系统与外部系统形成新的关联与互动。因而，从应然的维度看，翻译专业课程实施系统应具有整体性，元素关系相互协同，共同服务于翻译的育人与专业教育功能的实现；翻译专业课程实施系统应既具有开放性，同时也保持翻译专业系统的独特性，系统内部与外部具有通畅的信息与能量流动，推动翻译专业课程实施系统向更高阶段演进。从本质上看，翻译专业课程系统的属性变化要求课程实施主体和实施条件有相应的改变，以有效地实现课程功能要求。但从实然的维度看，翻译专业课程实施系统元素的数量、素质与关系的功能性改变具有复杂性，难以在短时期内完全实现。

因此，目前翻译专业课程实施中表现出来的整体涌现问题主要为系统元素的数量、素质与元素关系不能达到系统应然功能的要求。在课程系统上，每个课程模块的功能不再只是提高学生的语言能力，而是要服务于学生翻译能力的发展；翻译专业课程不再是外语学习的手段，而是要以提高学生翻译能力为目标，然而在翻译专业课程计划分析中发现，有些模块或者模块中的部分课程元素未能发生相应改变；在教师系统方面，翻译专业教师原有的知识与技能是以外语教育为目的而构建起来的，但在翻译专业课程实施系统中，教师的角色与功能应产生转变，然而实然的情况是翻译专业教师实践素质与教学素质有待提高，支持教师角色与功能转变的条件不足，这造成了教师进行翻译变革的愿望与变革行动之间的矛盾；在人事管理、教学管理及评价机制方面，课程实施存在较大的校际差异，表现出翻译专业发展的教育生态性，在翻译专业教师的人事管理和教学管理方面体现出转型发展时期的特点，存在人事制度与评价机制的独立与混合并存的模式，部分院校忽视了翻译专业实践性特质，人事制度与评价机制等这些隐性生态条件不符合翻译专业的独特性，影响了翻译专业教师之间交流合作的深度，影响了教师对于翻译教学的整体性认知，也影响了翻译专业教师参与翻译实践的意愿与可能性。

翻译专业课程实施系统作为一个应现实需求而生的新系统，内外系统要素之间的非线性联系逐步建立，系统之间的信息、能量与物质交换日趋频繁，表现出不断演进、逐步实现功能的趋势，这是翻译专业课程实施系统作为一个独立的新系统发展需求与规律的体现，也是翻译专业课程实施系统自组织性特征的体现，同时也存在一些发展过程的渐进性。

　　翻译专业课程实施系统发展是时间维度上的连续体，目前翻译专业课程实施系统具备了独立系统的特征，但在系统元素的组成、元素的素质和元素的内在关系上存在功能性缺失，尚未达到应然功能的要求。从系统演变观和教育生态观来看，翻译专业课程专业实施系统脱胎于英语专业课程实施系统，在具体的学校教育生态系统和特定地域行业系统中发展，目前翻译专业课程实施中的实践经验和问题体现了该系统演进的阶段性特征，也是系统所在教育生态的特征的投射，翻译专业课程实施系统整体性涌现特征的本质是这一新系统功能应然需求与它的功能实然现状之间的矛盾。

第二节　优化翻译专业课程实施的路径

　　翻译专业课程实施现状是翻译专业教育发展阶段性特征在教育实践中的具体反映，其影响因子多元，彼此之间的联系具有非线性特征。本节根据教育生态学基本原理，在分析影响翻译专业课程实施的众多因子时，首先明确其中的主导限制因子及将其转换为非限制因子的方式，在此基础上进一步阐述优化课程实施系统的路径。

一、明确系统限制因子，改善因子功能

　　根据生态学理论，限制因子是限制某个有机体进入环境的可能性的因子。有机体虽然能够生存，但限制因子会影响其整个新陈代谢。1840 年，李比希（Justus von Liebig）在研究各种化学物质对谷物的影响时，发现谷物的产量受微量元素的限制非常显著，提出了李比希最低量法则，这一法则得到其他生态学家的补充与发展（吴鼎福、诸文蔚，1998）。在教育生态学中，几乎所有的教育生态因子都有可能成为限制因子，它会对一个教育生态系统起限制作用，教育境脉（context）不同，各个限制因子所起的作用大小有异。因此，在优化一个教育生态系统时，

需首先找出主导性限制因子，采取策略以消除其负面影响，促进教育生态系统健康发展。

翻译专业课程实施离不开其实施主体——翻译专业教师，他们对课程实施认同的程度和课程实施程度会直接影响课程实施的效果。翻译专业教师也是翻译专业课程实施内、外部系统的重要主体纽带，是促进内外部系统互动的重要推动力。本书的翻译专业课程实施现状研究结果表明，翻译专业教师是课程实施的关键因素，促进翻译专业教师专业成长是优化课程实施的重要途径。

（一）翻译专业教师生态系统的主要问题

翻译专业教师的生态环境分为教师内部生态环境和外部生态环境。翻译专业教师内部生态环境既包括翻译专业教师的专业知识与技能、专业情境等内容，还包括翻译专业教师作为一个自然人和教师个体的社会化程度。翻译专业教师的外部生态环境主要包括所在学校的教育生态环境和翻译行业环境，翻译专业教师所在地区的翻译行业状况会影响教师翻译实践参与的类型与内容，翻译行业的活跃程度也会影响翻译专业教师对行业工作的参与度。教育生态的规范与制度特征是影响主体效能发挥的主要因素，学校的制度规范构成了翻译专业教师所处的制度环境，这是影响翻译专业教师课程实施系统的一个重要因素。

1. 翻译专业教师内部系统环境问题

翻译专业课程变革教师认同感部分的研究发现，翻译专业教师对课程变革的认同度较高，翻译专业教师注重自身的职业价值，注重教学工作带来的满足感，愿意积极实施翻译专业课程变革，虽然翻译专业教师有提升自己专业能力、优化能力结构的愿望，但是学校教学管理模式、人事管理制度和评价制度等不能充分支持翻译专业教师参与翻译实践，这严重阻碍了翻译专业教师的专业化成长。翻译专业教师作为课程实施生态系统中的重要子系统，其功能需求与自身发展所需的其他系统元素之间出现失衡现象，这对翻译专业课程实施产生了制约性影响。

翻译专业教师课程实施水平和院校课程计划的研究发现，教师在教学中有许多探索，形成了一些翻译专业课程实施的实践经验，他们表现出较为强烈的专业发展愿望，在课程实施中具有较为强烈的合作愿望，希望能够得到更多专家与资深教师的引领。这些在课程实施效果的访谈部分也多次得到了印证。

> 我特别希望从年长的老师那里学习，但是这样的机会更少，其实我们熟悉的年轻人较多，但是总体来说感觉还是交流比较少（C校C1教师）。

翻译专业教师对翻译专业课程变革的积极回应与专业发展愿望是顺利推进翻译专业课程实施的重要保证，但翻译专业教师的这些积极性需要科学合理的评价机制长期支持才能得以持续。

本研究还发现，翻译专业教师专业能力系统结构元素构成复杂多样（穆雷等，2022），翻译专业教师学科素养达到相关要求，但翻译专业教师参加翻译行业实践不足，他们对自己的翻译教学能力和实践能力满意度不高，认为需要进一步提高翻译实践素养和教学素养（罗慧芳、鲍川运，2018）。所以在课程实施中，出现课程内容与行业工作内容之间关联不足的问题，影响了翻译专业培养目标的充分实现。

此外，翻译专业教师系统存在数量和结构失衡。从样本学校的翻译师资基本信息可以看出，部分院校的专任翻译专业教师数量不足，口译教师和笔译教师比例不合理。整体而言，口译教师数量不能满足教学需要；教师在年龄结构方面青年教师较多，此外因教师进修、休产假或攻读学位等原因，在岗翻译专业教师的流动性较大。在调查中发现，在一个样本学校出现8位教师承担12位教师工作量的现象。

> "我感觉课时挺多的。每天就得去应付各种各样的课程，每个人一个学期大概都是四五门课程……当时的翻译系主任来回抓人去上课。"（B校B5教师）

翻译专业教师授课任务繁重，难以投入时间与精力于教师的专业化发展。

2. 翻译专业教师外部生态环境问题

从第四章的调查研究结果可知，翻译专业教师的发展缺乏符合专业特点的绩效评价机制的支持。学校教学评价、人事评价制度并未体现翻译专业教师对翻译实践活动和教学活动的投入，这不仅制约了翻译专业教师参与翻译行业活动的力度，而且影响了翻译专业课程实施的程度，这种情况若不改变，会继续制约翻译师资的发展，影响翻译专业教育质量的整体性提升。

翻译具有实践性特征，在翻译专业课程实施时，必然需要系统内外部元素的充分互动。翻译专业教师作为翻译专业课程实施的重要主体，他们的实践能力的发展离不开长期稳定的校企合作，但这需要制度支持。由于校企制度与文化差异，学校教学管理与翻译行业管理存在较大差别，翻译行业与教师常规化合作存在较多现实困难，因而翻译专业教师参与翻译行业，将翻译项目引进课堂等活动只能以教师个体化参与、自主承担的方式展开，在学校和院系层面缺乏常规化的机制支持，阻碍了教师翻译实践能力的持续提升，也不利于翻译教学中的专业化、职业化。

翻译专业教师系统也是一个教学、科研和翻译实践共同体，但是由于人事管理机制和课堂组织模式的影响，部分院校翻译专业教师合作较少。对翻译专业教师进行访谈后发现，翻译专业教师授课负担较重，教学任务繁重，部分翻译院校对教师的合作不够重视，教学交流活动较少。翻译专业教师群体是课程实施的主体，应形成一定的群聚类型和群聚结构。翻译专业教师群聚类型主要有正式群体、非正式群体、半正式群体和参照群体；翻译专业教师群体的结构既有同质结构，也有异质结构。本书第四章的翻译专业课程实施现状研究结果表明，样本院校翻译专业教师的群聚类型和结构并不完全符合翻译专业教育的目的。为了促进翻译专业教师系统的和谐发展，应建立符合教师群体的发展特征，形成适当的群聚度，优化群聚类型和结构。

（二）改善翻译专业教师生态系统的策略

翻译专业教师作为影响翻译专业课程实施的主导限制因子，应优化其内外部生态系统，将这一主导限制因子转化为非限制因子。改善翻译专业教师的生态系统可以从内部系统（生态环境）与外部系统（生态环境）两个维度进行。

1. 改善翻译专业教师内部生态环境的策略

从内部系统的特征来看，翻译专业教师在态度意向上具有比较强烈的专业发展愿望，因此问题主要在于如何改善翻译专业教师的知识与能力结构，改善的重点是提高教师学习变革的能力。教师学习变革的能力是指"教师在学校变革过程中不断与变革促进者、变革资源交互作用，进而改变自己的教育观念与教育行为的个性品质"（范国睿，2011：113）。教师学习变革具有明确的指向，学习内容与教育变革紧密相关，翻译专业课程实施需要教师在翻译教育的观念与信念、思维方式、价值取向等方面加以改变，也需要翻译专业教师对专业知识与能力加以重构。

1）优化师资培训的内容与模式

从本书的翻译专业课程实施现状访谈中可以发现，目前翻译专业教师的学习变革活动主要为翻译教育管理机构组织的师资培训活动。这些培训活动有助于翻译专业教师了解翻译行业发展对翻译人才培养的要求，对更新翻译专业教师的理念与方法具有重要的作用。该类培训既有属于表层的信息学习，也有属于深层次的学习变革，具有"过渡区"的特点。此外，从翻译专业课程实施现状访谈中也可以发现，翻译专业教师对翻译教育的理念和要求具有较为共性的认识，但其在教学内容与教学方法方面还处于初期的探索阶段，需要更多的指导与交流。因此，翻译教育管理机构和翻译院校应根据教师变革学习的需要，根据翻译专业教师的现实需要，进一步优化师资培训的内容，充分利用现代媒体优势，将短期的实地集中学习与在线专题辅导、虚拟教研室等方式相结合，给予翻译专业教师在教学能力和翻译实践发展上更多维度的指导；翻译教育管理机构和翻译院校还应利用现代网络技术，创建具有共享性质的资源平台和翻译专业教师交流平台，促进教师变革学习能力的提高。

2）提高翻译专业教师学习变革的时间效率

本书翻译专业课程实施现状调查发现，翻译专业教师具有比较强烈的学习愿望和参与翻译实践的意向，但是翻译专业教师教学任务繁重是比较普遍的现象，这与翻译专业教师参与学习变革产生了时间上的冲突。课程实施是课程变革的重要环节，变革本身需要时间，学习变革的内容也需要一定的时间。翻译院校可以通过专家讲座、集体学习、个体进修等方式增加教师学习变革的时间，促进教师变革学习能力的提高，还可以通过整合变革学习、日常教学活动与科研活动，将翻译教学理论的学习、翻译研究项目、翻译教学学术研讨与日常的教学活动有机结合，促进每个翻译专业教师逐渐形成自己的教学研究方向，从而提高翻译专业教师学习变革时间的利用效率。

2. 改善翻译专业教师外部生态环境的策略

翻译专业教师外部生态主要包括学校制度与其文化生态以及翻译行业制度与

其文化生态。学校制度与其文化生态对翻译专业教师的个体发展、对课程实施的过程与效果产生直接的影响，翻译行业制度与其文化生态对课程实施的有效开展产生间接但重要的影响。根据对翻译专业教师生态系统问题的总结，可以从两个方面进行优化。

1）建立专业化管理机制和教师评价机制

翻译专业教师专业化发展深受学校制度与其文化生态的影响。学校的规范制度、文化制度起着指向作用，对教师的教学活动与教师主体间的关系产生重要的影响。研究发现，受访翻译专业教师认为受访当时的评价制度在一定程度上制约了他们深化实践教学的力度，影响了其参与行业实践的程度。翻译院校应在制度上观照翻译工作和翻译教学工作的实践性、过程性特点；在翻译教学实践的管理中，根据翻译行业项目任务量大、时间要求节点性强等特点制定灵活的管理机制，鼓励翻译专业教师带领学生参与真实的翻译项目，将该部分工作体现在绩效评价机制之中，对翻译专业教师的实践指导工作和发表的翻译作品予以认可，以提升翻译专业教师自我身份认同和课程实施的积极性，提高教师的实践素质和教学素质，从而达到优化翻译专业课程实施效果的目的。

2）利用现代网络优化实践模式

虽然翻译行业文化生态与翻译学校文化生态差异较大，但在全球化、信息化的今天，翻译工作受到的地域和时间限制越来越少，很多任务可以在网络环境中完成，在时间和空间上具有较大的自由度。因此，翻译专业教师可以通过提高翻译技术能力，充分利用网络化环境，主动参与到翻译实践活动中，加强翻译实践活动与自己教学活动的联系，提升教学的专业化程度。此外，翻译院校应依据翻译专业教师专业发展的实际需要，促进翻译专业教师和职业译者的合作与交流活动，形成多元化的学习与实践共同体，促进翻译专业课程实施系统内部与外部的主体之间的双向交流。

二、关注生态效应，促进系统协调发展

根据教育生态学的基本原理，翻译专业课程实施系统成分多元复杂，且该系统也具有生态性，在优化该系统时不仅需要明确限制因子，还应针对系统的现状，发挥该系统的生态效应，提升其功能。

（一）发挥系统的"整体效应"

"整体效应"是教育生态学中的一个重要概念。教育生态学以整体关联思维方式研究教育生态主体与教育生态环境之间的关系，它认为系统中各个组成要素彼此之间应具有相互调节和制约的作用，以产生系统的整体功能。翻译专业课程实施系统组成要素多样，要素之间的关系错综复杂，各要素应形成彼此联系、互相影响、相互制约的关系。因此，教师在优化翻译专业课程实施生态系统时应从翻译专业课程实施生态系统的整体性出发，促进各个子系统的协同演化，发挥翻译专业课程实施生态系统的"整体效应"。从该系统的构成和子系统之间的关系来看，所应提升的"整体效应"主要有以下两个层面。

1. 系统的"整体效应"

系统无论大小，其要素组成和功能都有其独特性。在优化翻译专业课程实施时，需结合每个子系统自身的特性进行系统性优化。同时，生态系统主体与环境的物质、信息、能量流动推动着系统的演替与演进，翻译专业课程实施内部系统与外部系统关系的强弱影响着翻译教育的专业化程度和翻译人才培养的社会化程度，因此子系统自身的整体性与其外部系统不可孤立看待，二者是相互促进、互助发展的关系，具有整体演进的互惠价值。教师在优化课程系统时，要重视每个主干课程模块自身的整体性，增强其内部要素的关联，同时注重模块之间的关联性，促进翻译专业课程的整合，使课程系统形成一个有机的互相关联的整体。此外，每个课程系统又是特定学校教育系统的一部分，教师应充分发挥所在学校的办学优势，取其所长，避其所短，将专业课程和学校平台课程有机结合，依托学校的特色专业优势，使该校翻译专业在全国同类专业中实现差异化发展，以享有独特的生态位。在优化翻译专业教师系统时，应关注影响教师生态系统因素的多样性，既要注重翻译专业教师个体学科素养与翻译实践、教学素养的同步提升，又应将翻译专业教师群体视为一个整体，建立教师科研、教学和实践的共同体。要注重将教师发展与课程建设和开发紧密结合，促进翻译专业教师系统的课程实施水平的整体性提高。此外，应增加翻译行业的职业译者担任兼职教师的数量，推动翻译行业和学校的互动，促进翻译职业鲜活内容的教学转化、教师对翻译行业问题研究成果的实践转化，有助于提升教育需求与行业需求的相关性。

2. 显性结构与隐性结构的"整体效应"

教育系统有显性结构和隐性结构。"显性结构是指各级各类学校的构成及其比例，各级各类学校的规模和组织形式等有形的部分；隐性结构则为教育系统的管理关系、人际关系等无形的部分。"（吴鼎福、诸文蔚，1998：225）从本书的翻译专业课程实施现状调查研究结果可看出，该系统的现状问题既与系统的显性结构性状有关，也与系统的隐性结构性状有关。在优化翻译专业课程实施系统时，需兼顾显性结构与隐性结构，促进二者形成内在的统一性，形成系统整体发展的合力。

例如在翻译教学管理中，针对翻译行业工作时间灵活和有时地点跨度大的特点，可采取教学工作量累计制，将教师从事的翻译实践折合入教学工作量，纳入业绩考核；在翻译专业教师评价方面，可采取翻译学术研究评价与翻译实践绩效评价双轨制；在学生学业评价方面，可将翻译实践活动和社会活动进行学分累积计算，纳入学分系统，以此鼓励学生将课外翻译实践、社会实践与课堂理论学习结合，促进学生学术翻译能力和综合素养的提高；在翻译专业教师人事管理上，可建立符合翻译专业教师工作特征的管理机制，促进翻译专业教师群体的相对稳定性，促进翻译专业教师之间的深度合作、交流与实践；在班级管理上，将依托课程的流动班级与本科生四年相对稳定班级的管理相结合，促进学生学习共同体的形成，提高学生团队协作能力。

（二）发挥系统的"边缘效应"

在生态学中，"边缘效应"是指处于生物群落交界处物种的种类较多、生产力较高的现象。在教育生态学中，边缘效应既指因子构成异质性的重要性，也用来指处于教育生态边缘地位因子的状态与影响。

1. 翻译专业课程实施系统元素的异质性

翻译专业课程实施生态系统包含属性迥然不同的因子，一些子系统内部的因子在性状上也具有明显的异质性，举例如下：在课程系统中，既有语言知识与能力类模块，也有翻译知识与技能类模块，既有翻译学科知识与技能类课程，也有翻译行业知识与技能类课程；在教师系统中，教师的教育背景和研究方向多元，包括英美文学、语言学、符号学、课程与教学论等多个研究领域；现代翻译行业的工作除笔译与口译的常规分类之外，还有电话口译、社区口译、字幕翻译等多种形式。整体而言，异质性是翻译专业课程实施系统的突出特点。

2. 实现"边缘效应"的策略

表面看来，翻译专业课程实施系统的异质性导致了纷繁多样的因子关系，造成了翻译专业课程实施的复杂性，增加了课程实施的难度。但是，根据教育生态学中的"边缘效应"理论（吴鼎福、诸文蔚，1998），异质因子相互作用，会引起系统某些组分及行为的明显变化。在翻译专业课程实施过程中，有效利用因子之间具有的异质性特点，增加因子的横向联系，形成交叉性发展，丰富因子的属性与特征，将有助于形成翻译专业课程实施生态系统演进的推动力。

这一"边缘效应"在部分院校的翻译专业课程实施中体现了出来。本研究通过访谈发现，一些翻译专业教师有意识地将自己的学术研究方向与翻译教学活动结合，丰富教学内容与方法，开阔学生视野，提高学生的多维能力。本研究在对B校B5教师进行访谈时，他提到如何将自己的学术研究融入教学中。

> 语料库里边有一种双语平行语料库，我在上课的时候会给学生介绍，比如说我收集这些语料，课堂上会给学生演示它们对翻译的影响，给他们一些直观的认识。比如关于文学翻译的语料库，我在教文学翻译的时候，通过加入相关语料库内容，学生就会知道语料库可以提供给他们多少种可能的翻译。（B校B5教师）

因此若积极看待翻译专业课程实施生态系统的异质特点，促进系统中不同属性因子的互动，建立因子间的新关系，将会有效地发挥该系统的"边缘效应"。

（三）消除"花盆效应"

"花盆"可以看作一个半人工、半自然的小生态环境，在空间上有局限性，需要为之创造适宜的人工环境。花朵一旦离开此生态环境就会失去生存能力。在生态学上，"花盆效应"也称为"局部生态环境效应"，"花盆效应"有多种表现，如封闭的教育系对学生发展的作用和影响等。在翻译专业课程实施系统中，"花盆效应"表现为子系统开放性不足、子系统之间缺乏信息与能量交换。

要消除"花盆效应"，需要提高翻译专业课程实施生态系统的开放性，增加翻译专业课程实施系统内部系统与外部系统的合作与交流。从学校系统来看，需建立符合翻译实践特征的制度生态和校园文化生态，对校企合作给予政策支持。如果翻译专业教师与翻译行业联系少，翻译专业教师对翻译行业的认知与实践缺乏亲身体验，那么教学内容只能来自教材或他人的翻译成品，当教师带领学生进行真实的翻译项目时，会有力不从心之感，难以发挥教师的指导与示范作用，导致翻译专业教师群体的"花盆效应"。因此，翻译专业培养学校应打破以学术能力为标尺的教师聘用与评价机制，对翻译专业教师的学术化发展和实践化发展给予同等重视。本书的翻译专业课程实施现状调查发现，部分翻译院校的专业实践课程比例偏低，模块的层级性不足；在教学中情境式的模拟翻译活动居多，真实翻译任务的数量偏少，学生参与翻译实践的机会较少，因此学生对翻译职业工作的流程和规范等认识不足，对职业礼仪与文化感到陌生，造成学生系统的"花盆效应"。因此，翻译院校需增加翻译专业课程中实践课程的比重，建立科学有序的翻译实践教学管理机制，结合翻译能力的发展特点，让学生渐进地参与真实翻译实践，逐步提升其翻译实践能力。

此外，本书的研究结果表明，从翻译专业课程实施宏观、中观和微观三个层面的系统关系来看，"自上而下"的单向信息与能量的流动较多，但"自下而上"的信息与能量流动不足，未能形成系统之间的互动反馈机制。例如在翻译专业课程系统的建构与发展中，《教学要求》发挥了重要的引领与规范作用。在实施的过程中，翻译院校在课程实施的中观层面的经验、翻译专业教师在微观层面的课程实施探索的经验尚未得到足够重视，相关专题研究与经验总结不足。因此，中观和微观层面的翻译专业课程实施成果得不到及时反馈，也并未充分体现在宏观层面的观念课程中。

总而言之，在优化翻译专业课程实施时，首先应厘清影响该系统功能发挥的关键点，依据翻译专业课程实施生态系统现阶段发展特点，在众多影响因子中找到主导限制因子，促使其转化为非限制因子。其次可结合翻译专业课程实施的生态性特征，针对该系统元素数量不足、元素关系割裂等问题，促进子系统自身发展，促进子系统之间关系的建立，促进系统发挥"整体效应"；针对翻译专业课程实施内外部系统联系整体不足的现状，应加强校企合作的措施，减少教育实践中的"花盆效应"；从积极视角看待翻译专业课程实施系统构成元素的异质性和复杂性，促进系统元素之间的多维互动，发挥"边缘效应"，从而提升翻译专业课程实施生态系统元素的协同和整体化发展。

余论：新时期翻译专业课程实施展望

  时代前行的脚步从未停息。我国翻译专业教育在《教学要求》出台后的十年里得到快速发展，已成为国际翻译教育的重要组成部分。2017 年 1 月，在瑞士日内瓦联合国总部举办的 CIUTI 分论坛上，中国翻译协会常务副会长、语言大数据联盟（LBDA）联席主席黄友义发表"人工智能，大数据与语言的协同创新"的演讲，并与各国专家学者共同探讨 AI 时代语言行业发展。2018 年和 2019 年我国部分成员单位出席了 CIUTI 年会（北京外国语大学高级翻译学院，2018，2019）；2021 年北京外国语大学高级翻译学院院长任文教授当选 CIUTI 理事会副主席（北京外国语大学高级翻译学院，2021）。世界翻译教育联盟（World Interpreter and Translator Training Association, WITTA）2016 年成立时，将秘书处设在广东外语外贸大学，2020 年和 2021 年的年会均由我国翻译院校协办；2021 年有 29 所翻译院校入选"WITTA 翻译技术创新教学示范基地"。

  一切的发展成长于它的昨天，一切的现在预示着它的未来。《教学要求》作为我国翻译专业本科教育的第一个指导性文件，它对我国翻译专业教育系统化、规范化建设起着重要的推动作用。"迄今为止，很多开设翻译本科专业的高校还是以《教学要求》为指导文件进行专业建设。"（仲伟合，2021：20）随着我国专业教育改革的深化，语言服务业的兴起，2018 年，教育部颁布了《外国语言文学类教学质量国家标准》（其中包含《国标》）；2020 年，教育部发布了《普通高等学校本科外语语言文学类专业教学指南》（其中包含《教学指南》）。翻译院校遵照《国标》和《教学指南》陆续开展了新一轮的课程变革。因此，如何实施《国标》和《教学指南》成为当前翻译教育研究的新课题。

翻译专业课程实施问题是翻译教育研究的新领域，本书对基于《教学要求》的翻译专业课程实施进行了研究，运用了系统论的基本原理，从课程论、教育生态学和翻译能力相关研究等视角，采用教育学中的课程实施研究方法和工具，描述了翻译专业课程实施的现状，探析其成因，在此基础上阐述了现象之下的问题本质，提出了优化翻译专业课程实施的路径。希望此研究能够对《国标》和《教学指南》的实施及相关研究有抛砖引玉之用。在本章，笔者将对《教学要求》《国标》《教学指南》三者进行对比分析，结合前六章的研究，对今后翻译专业课程实施提出建议。

一、《教学要求》与新时期翻译专业的发展指南

《教学要求》《国标》《教学指南》是我国翻译专业发展的里程碑标志，也是翻译专业人才培养目标在观念课程维度的体现。它们既是院校建设翻译专业的重要纲领性文件，也是进行专业评价的重要依据。从历时维度而言，三者具有传承关系；从共时维度而言，它们体现了国家观念课程从系统建构走向系统内元素深化发展的演进之路。

（一）制定目的的异同

《教学要求》《国标》《教学指南》均在教育部的指导下，由翻译界专家精心研制、为规范和指导翻译专业的发展而颁发，但它们各自又是应翻译专业发展的历史需求应时而生的。《教学要求》作为翻译专业的第一个指导性文件，它是在翻译专业获批目录外专业、翻译院校从最初 3 所试点院校快速增至 42 所时制定。在之前，翻译院校对专业培养目标、培养定位、课程体系建构的理念与原则以及教学原则等核心问题的研究处于探索阶段，各个翻译院校的课程以自主建构的方式展开并实施。在此背景下，为了规范翻译专业管理，提升办学质量，翻译教学协作组经过数年的研制，于 2012 年颁布了《教学要求》。"这是我国针对翻译本科专业的第一份规范性文件，对此后近十年的翻译本科专业人才培养起到了十分重要的指导作用。"（仲伟合，2021：20）

2012 年—2018 年，教育部对《普通高等学校本科专业目录》进行再一次修订，在当时教育部减少本科专业总量的情况下，翻译从"目录外专业"进入了"基本专业目录"，翻译专业本科院校的数量在 2018 年增至 272 所，涉及 9 个语对（肖维青、冯庆华，2019）。在此期间，教育部提出了"制订实施本科专业类教学质量国家标准"的要求。《外国语言文学类教学质量国家标准》于 2018 年发布，其中《英语类教学质量国家标准》包含英语、翻译和商务英语三个专业。因此，《国标》成为翻译专业进入稳定发展规模、注重质量内涵提升时期的新纲领。《国标》提出了翻译专业准入的门槛，制定了翻译专业建设和评估的依据，因而《国标》既是新时期国家职能部门对翻译专业办学的引导，同时也为翻译专业院校办学质量的横向与纵向比较提供了依据。它是对专业办学质量的刚性规范，未达到《国标》要求的翻译院校不能开办翻译专业；建设之中的翻译院校需要依据《国标》，结合自身特色，制定校级翻译专业人才培养标准，完善翻译专业人才培养方案，以达到或者超过翻译专业质量要求的统一标准。

2013 年—2020 年，英语专业教学指导委员在参与研制《国标》的同时，研制了《英语类专业教学指南》，其中包含《教学指南》（仲伟合，2021）。在研制《教学指南》的过程中充分借鉴了《教学要求》的相关内容。"《翻译专业教学指南》在前期的起草、研讨与论证中，充分吸纳了《翻译专业本科教学要求》的编写理念和内容，又根据社会经济的发展及国家对专业化翻译人才需求的变化对课程设置做了一定的提升，增加了翻译技术等相关课程，以紧跟时代发展步伐。"（仲伟合，2021：21）

从此意义上，《教学要求》是《国标》和《教学指南》的基础，《国标》和《教学指南》是《教学要求》在新时期的发展。

《国标》和《教学指南》虽然颁布时间相近、制定的背景相似，但制定目的有别。《国标》主要功能是作为专业准入和专业评价的依据，而《教学指南》是对《国标》的进一步阐明，它的内容更为详尽，操作性更强，其目的在于推动《国标》精神生根，给翻译专业办学提供具体指导，促进翻译院校的质量提升和特色化发展（肖维青等，2021）。

（二）实施要求的一致性

《教学要求》《国标》《教学指南》均为国家教育职能部门对翻译专业发展的

规约性、指导文件，它们都是在国家对大学各个专业发展的整体规划和指导之下，针对翻译专业的快速发展和社会文化对翻译专业人才的新的历史要求而制定的。从实施原则来看，三者都提出了翻译院校特色化发展原则。在重视翻译专业规范化发展、制定专业办学的基本要求的同时，尊重各个翻译院校在办学历史、办学条件和办学特色上的差异性，这既突出国家办学指导性文件对原则性要素的界定和要求，也给予院校办学自主权和特色化发展的空间。

（三）构成模块的异同

《教学要求》主体包括"培养目标、专业定位、专业知识与能力构成、课程设置、实践教学、毕业论文/毕业实践报告、教学要求、教学原则、教学方法与手段、测试与评估"十个部分。《国标》和《教学指南》与《教学要求》的模块基本一致，它们根据时代发展在《教学要求》的基础上有所补充、阐发和细化。

在《国标》中增加了教师队伍和质量保障体系，这一要求体现了对师资、教学质量的过程性管理和教学环境的重视。教学条件方面的办学标准反映了翻译专业现代化、职业化发展在教学环境上的新要求。翻译专业教师系统建构的标准包含了教师结构、教师素质和教师发展三个层面。《国标》也对师资发展的内容与标准提出了具体要求。对师资结构与人员构成特征、教师专业能力和师生比提出明确要求，但同时为各个翻译院校的差异化发展留出了弹性空间，因而《国标》所提出的是最低标准，即专业准入标准，体现了《国标》作为专业建设的基本依据和质量要求底线的特征。此外，《国标》提出了质量保障体系的标准，要求翻译院校要建立"教学过程监控机制""毕业生跟踪反馈机制""持续改进机制"。质量保障体系的标准旨在要求翻译院校重视教学质量的过程性，体现持续性优化教学质量的要求。同时，这项要求也突出毕业生作为教学质量终端体现的价值。但《国标》对培养院校的质量保障体系建构方式与内容没有提出相关要求，这与国标作为基本标尺的功能相一致，便于各个翻译院校制定符合自身特点的体系与要求。此外，《国标》对素质、知识和能力进行了较为细致的分项规定，便于各个翻译专业院校参照标准进行自查自评，不断改善。

《教学要求》和《国标》"测试与评估"部分内容相对较少。《国标》提出了评价方式要求，但未设置专业能力测试的相关要求。在《教学要求》"测试与评估"部分，要求学生参加"全国专业四级、八级考试和相应的口语和口译考试"，毕业时参加由中华人民共和国人力资源和社会保障部主办的全国翻译资格（水平）考试中的三级口译和/或三级笔译考试，但学校翻译教育有其自身特点，翻译专业学生的知识与能力结构要求与职业译者存在共通之处，但也有一定的区别。翻译职业能力是翻译教育的内容之一，然而除了翻译职业能力之外，学校还应教授学生其他方面的知识并培养学生的能力与素养，如翻译理论知识与翻译史知识等。全国翻译资格（水平）考试以测评考生翻译能力为要旨，而按照翻译专业的培养要求，对学生译者的专业能力测评应至少包含双语知识与技巧、翻译知识与技巧和相关知识与技巧三个方面。

《教学指南》的研制是"以《国标》为基准，但在人才培养的理念、毕业生培养的目标、课程设置的具体内容等几个方面具有更加突出的特色"（肖维青等，2021：66）。从专业培养理念与人才培养目标来看，《教学要求》《国标》《教学指南》都提出翻译专业以培养德才兼备、翻译能力与相关能力兼具、富有良好综合素养的翻译通用型翻译人才为目标，体现了翻译专业人才培养的专业性与育人的双重属性，符合了翻译专业能力发展的阶段性特征，不过《教学指南》在具体的表述上体现出国家教育精神和行业变化提出的新要求。《教学指南》在培养目标和规格中突出了立德树人的教育目的，体现习近平总书记关于教育的重要论述和全国教育大会的精神，同时根据中国文化"走出去"和"一带一路"倡议等对翻译专业提出的新要求，在培养规格中将"中国情怀"和"国际视野"并重。在专业人才培养的定位上，《教学指南》将它和语言服务业这一更宽广、更体现翻译行业发展趋势的领域相联系，提出翻译专业旨在培养"胜任语言服务和国际交流工作的复合型人才"（肖维青等，2021：66）。

提高学生的翻译能力是翻译专业人才培养的目标之一，是建构翻译专业课程体系的理论基石之一，因此《教学要求》《国标》《教学指南》都提出了对翻译能力培养的要求。但是，国内外研究者虽然对翻译能力的概念和构成模型进行了长期探索，但并未达成统一的界定，所以在翻译专业建设的文本中体现出学界对翻译能力内涵认识的演进（赵朝永，2020）。《教学要求》和《国标》虽然对翻译能力相关构成都有所论及，但《教学指南》增加了"术语与释义"部分，以术语的方式对翻译能力进行了明确的表述，厘定了内涵及其构成要素，这有助于统一认识，为翻译专业人才培养提供依据。

（四）课程结构的异同

《教学要求》所提出的专业知识与技能结构三大课程模块在《国标》和《教学指南》中均有继承和发展。《国标》沿用了《教学要求》中的课程结构和元素，但补充了每个课程模块中的课程元素在历时方向的基本关系。在实践教学模块提出了课外实践量达到 1 万字这一具体的数量要求，明确了实践教学模块开展的原则与方式。鼓励学生参加全国翻译专业资格（水平）考试（三级）；此外，将国际交流纳入了社会实践内容，体现了学生实践内容的时代变化。在《教学指南》中，继续沿用《国标》中的所有核心课程，并将"翻译技术"和"翻译研究方法和论文写作"纳入核心课程模块，这体现了对翻译人才技术能力和研究素养的重视。在《教学指南》新增的教学计划部分，对 17 门翻译专业核心课程进行了逐一描述，明确了每门课程的培养目标和内容，界定了学时分配。此外，《教学指南》还提供了语言学、文学、文化、翻译以及国别和区域研究五大类别的专业选修课，以菜单的方式列出，以促进培养院校特色化、多元化发展。

二、对今后翻译专业课程实施的建议

从以上对比分析可以看出，《教学要求》《国标》《教学指南》作为翻译专业发展的重要依据，体现出该系统发展的延续性，反映出系统自身发展的活力，体现了翻译教育从专业建构走向课程建设的逐步深化和该系统社会功能的增强。

本书是基于《教学要求》的课程实施研究，研究结果表明翻译专业课程实施系统的独立性已经基本确立，其专业性本质特征也在逐步形成，这为《国标》和《教学指南》的实施奠定了教育实践基础。但从本书前六章对翻译专业课程实施研究结果来看，翻译专业课程实施系统处于系统初期发展阶段，在系统元素的组成、元素的素质和元素关系上，出现了更新与整合已有元素、缔造新元素、建立新的元素关系等系统演进现象，也存在元素缺失或者元素数量和关系失衡等系统发展滞后之处，以上现象反映出翻译专业课程实施系统的演进特征，从本质上看，翻译专业课程实施系统的实然功能尚未满足该系统的应然功能要求。正如前所述，《教学要求》《国标》《教学指南》作为翻译专业教育系统发展过程中的国家指导文件，具有系统演进连续体的内在关系，此外，每个翻译院校的课程实施系统的发展也有其自身的延续性，在此意义上，基于《教学要求》的翻译专业课程实施中的问题也有可能出现在《国标》和《教学指南》的实施过程中。结合本书对翻译专业课程实施现状的研究结果，今后的翻译专业课程实施应重点关注以下方面。

（一）优化翻译专业教师的制度系统

专业发展，师资是关键。从本书研究中可以看到，翻译专业教师具有较强的专业发展愿望和实施变革的意愿，但部分翻译院校的人事管理制度不利于翻译专业教师之间、翻译专业教师和翻译行业人士的合作与交流，导致教师难以建构教学、科研与实践的共同体；学校的绩效评价制度忽视了翻译专业教师教学的实践性特征，在绩效考核和职务晋升上难有体现，影响了翻译专业教师投入翻译行业工作，阻碍了教师翻译实践能力的发展，造成翻译专业教师与行业人员的互动交流不足，这些都对课程实施效果带来直接影响。但是学校制度的生态结构和功能具有一定的稳定性，学校的制度结构与功能生态需要符合大多数专业发展的需求，翻译专业教师难以以一己之力改变学校的制度生态。因而可以预见的是，在实施《教学要求》过程中所出现的翻译专业教师群体所面对的难题在短时期内难以得到解决，它们极有可能继续困扰《国标》和《教学指南》的实施。制度改变是一项系统工程，其优化力度将在很大程度上决定翻译专业课程实施系统演进模式和方向。

（二）提升翻译专业课程体系建设的科学性

翻译专业课程是翻译专业教育的重要载体。从本书的研究可以看出，翻译专业课程系统已经具有明显的专业属性特征，部分课程元素根据翻译专业属性得到了调整，部分课程元素呈现出整合趋势，同时一定量的新课程元素也得以缔造，有些新的课程关系逐渐建立，但是也存在翻译专业课程简单加和、课程数量比例失衡等现象，课程系统的整体性有待改善。但部分翻译专业院校的课程系统的建构并不符合翻译能力元素构成关系和能力发展的规律，在课程体系的建构中表现出了一定的随意性和盲目性。在《国标》和《教学指南》的实施中，应重视翻译专业课程变革的科学性。翻译专业课程系统建构和演进有其本质规律，依规律前行可事半功倍，在优化翻译专业课程系统的过程中，应重视翻译专业课程与教学理论和翻译能力理论的指导作用，充分利用相关理论研究成果，提升翻译专业课程变革的科学性和系统性。

（三）增强翻译专业课程实施系统纵向维度的信息和能量互动

我国的翻译专业课程实施系统具有自身特点，具有"宏观—中观—微观"三级纵向实施的流程方向，这一特点对促进我国翻译专业整体发展具有重要作用。但是在实施《教学要求》的过程中，系统纵向维度的三个层级的关联程度和互动性不足。整体而言，从宏观层面向中观和微观层面的下行信息和能量较多，有力推动了翻译专业教育的发展。但从本书的研究结果中也可以看到，翻译院校作为一个个相对独立的教育系统，翻译专业教师群体作为课程实施主体，他们都发挥出了自组织的重要功能，在翻译专业发展的实践中形成了一些凸显专业属性、符合专业发展规律的教育经验。但这些来自教育一线的实践经验需要有效的"自下而上"的流动与反馈机制。因此在《国标》和《教学指南》的实施过程中，应进一步促进国家宏观的规约与中观、微观的课程实施子系统之间的信息与能量的流动，从而进一步提升该系统的活力。

我国翻译专业教育进入了历史新时期，但是作为一个具有复杂构成和运行方式的教育系统，在其演进的过程中既有革新，也存在系统发展的历史延续性。因此，在实施《国标》和《教学指南》过程中，翻译院校和教师会遇到实施《教学要求》时的相似问题。鉴往旨在辨今。在此意义上，对基于《教学要求》的课程实施的研究对翻译教育的研究和实践而言有其自身价值。任何事物的发展都不是一蹴而就的，翻译专业课程实施系统作为一个不断演进的系统连续体，其优化具有其长期性。在每一个既定的历史时期，翻译专业的发展都有其特定的使命和挑战，虽道阻且长，但若遵循自身的发展规律，它必将更加全面地实现自身不可替代的社会价值。

参 考 文 献

鲍川运. 2009. 翻译师资培训：翻译教学成功的关键. 中国翻译，(2)：45-47.

北京外国语大学高级翻译学院. 2018. 高级翻译学院代表出席国际大学翻译学院联合会(CIUTI) 2018 年年会. https://gsti.bfsu.edu.cn/info/1130/1532.htm[2021-08-30].

北京外国语大学高级翻译学院. 2019. 我校教师参加国际大学翻译学院联合会 2019 年年会和学术会议. https://news.bfsu.edu.cn/article/276589/cate/0[2022-05-30].

北京外国语大学高级翻译学院. 2021. 北外任文教授当选国际大学翻译学院联合会(CIUTI)理事会副主席. https://news.bfsu.edu.cn/article/287622/cate/4[2022-10-30].

蔡小红. 2001. 以跨学科的视野拓展口译研究. 中国翻译，(2)：26-29.

柴明颎. 2010. 对专业翻译教学建构的思考——现状、问题和对策. 中国翻译，(1)：54-56.

陈朗，孙忠广. 2022. 口译能力研究多元构拟. 当代外语研究，(4)：58-69.

陈英祁，等. 2016. 语言与翻译服务行业人才需求的调查与分析——以全球 100 强语言服务提供商(LSPs)为例. 东方翻译，(4)：32-39.

丛滋杭. 2007. 翻译理论与翻译教学. 中国科技翻译，(1)：35-39.

崔启亮. 2013. 中国本地化行业二十年(1993—2012). 上海翻译，(2)：20-24.

邓静，穆雷. 2005. 《象牙塔的逾越：重思翻译》教学介绍. 外语教学与研究，(4)：318-320.

邓小泉，杜成宪. 2009. 教育生态学研究二十年. 教育理论与实践，(5)：12-16.

董晓华. 2013. CATTI 三级与翻译专业本科课程的衔接：实践与反思——以西北师范大学 CATTI 校本课程开发为例. 中国翻译，(6)：71-73.

范国睿. 2000. 教育生态学. 北京：人民教育出版社.

范国睿. 2011. 共生与和谐：生态学视野下的学校发展. 北京：教育科学出版社.

方然. 2021. 教育生态论纲. 昆明：云南大学出版社.

冯建中. 2009. 翻译教学专业化背景下的双语课程体系建设. 四川外语学院学报，(4)：79-82，112.

富兰. 2005. 教育变革新意义. 赵中建等译. 北京：教育科学出版社.

高等学校外语专业教学指导委员会英语组. 2000. 高等学校英语专业英语教学大纲. 北京：外语教学与研究出版社.

顾峰.2009. 浅谈翻译公司的译员观. 中国翻译人才职业发展——2009 中国翻译职业交流大会论文(未出版).

郭丽君，陈中.2016. 试析教育生态学的学科定位. 现代大学教育，(2)：1-5，112.

郭晓明.2002. 课程结构论——一种原理性探寻. 长沙：湖南师范大学出版社.

郭英珍.2010. 翻译专业的翻译教学探索——以河南师范大学的本科教学实践为例. 上海翻译，(3)：53-55.

韩子满.2008. 教师职业化与译者职业化——翻译本科专业教学师资建设中的一对矛盾. 外语界，(2)：34-39.

何刚强.2006. 译学无疆，译才不器——翻译(院)系培养人才应有长远的眼光. 上海翻译，(2)：39-42.

何刚强.2007. 精艺谙道，循循善诱——翻译专业教师须具备三种功夫. 外语界，(3)：24-29.

贺莺.2016. 高阶思维取向的翻译问题解决机制研究. 外语教学，(5)：86-90.

贺祖斌.2005. 高等教育生态研究述评. 广西师范大学学报(哲学社会科学版)，(1)：123-127.

胡安江.2018. 专业区分度 课程建设 职业前景——关于翻译专业人才培养的再思考. 东方翻译，(3)：4-8.

胡德海.2013. 教育学原理. 3 版. 北京：人民教育出版社.

黄甫全.2000. 大课程论初探——兼论课程(论)与教学(论)的关系. 课程·教材·教法，(5)：1-7.

黄甫全.2002. 课程与教学论. 北京：高等教育出版社.

黄小莲.2011. 课程实施研究谱系(1970—2010 年). 教育发展研究，(8)：31-38.

黄政杰.1995. 多元社会课程取向. 台北：师大书苑.

霍尔，霍德.2004. 实施变革：模式、原则与困境. 吴晓玲译. 杭州：浙江教育出版社.

贾兰兰.2017. 专题口译课程中的知识积累与技能强化——广外口译专业教学体系理论与实践(之三). 中国翻译，(2)：52-56.

姜秋霞.2014. 翻译专业课程实施的系统关系研究——兼议我国翻译本科专业课程实施中的问题. 中国翻译，(4)：39-43，128.

姜秋霞，曹进.2006. 翻译专业建设现状：分析与建议. 中国翻译，(5)：8-13.

姜秋霞，权晓辉.2002. 翻译能力与翻译行为关系的理论假设. 中国翻译，(6)：11-15.

姜荣华.2008. 课程实施程度的评价工具研究. 长春：东北师范大学博士学位论文.

焦鹏帅.2018. 西方翻译教学研究及中国翻译教学成果国际化：韦努蒂编著《翻译教学：教学计划、课程设置和教学法》(2017)介评. 上海翻译，(6)：89-92.

焦鹏帅，秦潞山.2022. 面向业界的澳洲翻译本科口译教学多维透析——蒙纳士大学荣誉院士秦潞山教授访谈录. 语言教育，(2)：12-27，29.

教育部高等学校翻译专业教学协作组.2012. 高等学校翻译专业本科教学要求(试行). 北京：外

语教学与研究出版社.

教育部高等学校翻译专业教学协作组. 2017. 全国翻译硕士及翻译本科办学院校名录. http://cnbti.gdufs.edu.cn/info/1006/1519.htm[2018-02-13].

靳玉乐. 2001. 课程实施：现状、问题与展望. 山东教育科研，（11）：3-7.

雷浩. 2013. 国外学校课程实施的评估方法研究及其启示. 教育研究，（24）：16-20.

李德凤，胡牧. 2006. 学习者为中心的翻译课程设置. 外国语，（2）：59-65.

李定仁，徐继存. 2004. 课程论研究二十年：1979—1999. 北京：人民教育出版社.

李明，仲伟合. 2010. 翻译工作坊教学探微. 中国翻译，（4）：32-36，95.

李瑞林. 2011. 从翻译能力到译者素养：翻译教学的目标转向. 中国翻译，（1）：46-51，93.

李希希. 2021. 国内外口译能力研究（1931—2019）：回顾与反思. 外国语文，（1）：113-121.

李正栓，申玉革. 2018. 本科翻译专业“校标”制定的原则与要求. 中国翻译，（4）：42-47.

李子建，黄显华. 1996. 课程：范式、取向和设计. 香港：香港中文大学出版社.

李子建，尹弘飚. 2007. 教师情绪与课程实施. 新课程，（2）：11-15.

国际 21 世纪教育委员会. 1996. 教育——财富蕴藏其中：国际 21 世纪教育委员会报告. 联合国教科文组织总部中文科译. 北京：教育科学出版社.

廖哲勋. 2001. 论高师院校本科课程体系的改革. 课程·教材·教法，（1）：56-59.

廖哲勋，田慧生. 2003. 课程新论. 北京：教育科学出版社.

廖志勤. 2008. 建构个性化笔译课程模式，培养本科生翻译综合素质. 外语界，（2）：40-46.

林煌天. 1997. 中国翻译词典. 武汉：湖北教育出版社.

刘和平. 2002. 对口译教学统一纲要的理论思考. 中国翻译，（3）：56-58.

刘和平. 2005. 口译理论与教学. 北京：中国对外翻译出版公司.

刘和平. 2013. 翻译教学模式：理论与应用. 中国翻译，（2）：50-55.

刘金龙. 2019. 上海地方高校翻译本科专业人才培养模式的探索与实践研究：以上海工程技术大学为例. 翻译论坛，（2）：41-45.

刘连娣. 2006. 职业道德与翻译资格. 上海翻译，（1）：74-77.

刘熠，刘平. 2018. 近十年国内翻译教师相关研究综述. 中国外语教育，（1）：55-60，79.

芦婷婷. 2012. 基于实践—反思取向的国内翻译师资培养模式探究. 西安：西安外国语大学硕士学位论文.

罗慧芳，鲍川运. 2018. 翻译专业师资培训路径与模式探索——以“全国高等院校翻译专业师资培训”为例. 中国翻译，（3）：60-64.

吕冰. 2016. 翻译专业的专业课程师资配置：问题与成因——对“外教社杯”全国高校外语教学大赛选手的案例分析. 外语界，（4）：50-57.

吕冰. 2018. 近二十年国内外翻译教师研究综述. 上海翻译，(2)：48-53.

吕立松，穆雷. 2007. 计算机辅助翻译技术与翻译教学. 外语界，(3)：35-43.

马会娟. 2017. 论中国翻译教育与翻译学科的发展——以北京外国语大学为例. 外国语（上海外国语大学学报），(3)：104-106.

马会娟，管兴忠. 2010. 发展学习者的汉译英能力——以北外本科笔译教学为例. 中国翻译，(5)：39-44.

马云鹏. 2001. 课程实施及其在课程改革中的作用. 课程·教材·教法，(9)：18-23.

马祖毅. 1998. 中国翻译简史："五四"以前部分. 北京：中国对外翻译出版公司.

马祖毅，等. 2006. 中国翻译通史. 武汉：湖北教育出版社.

苗东升. 1998. 系统科学精要. 北京：中国人民大学出版社.

苗菊. 2007. 翻译能力研究——构建翻译教学模式的基础. 外语与外语教学，(4)：47-50.

苗菊，高乾. 2008. 构建翻译专业教学模式——术语学的借鉴意义. 外语与外语教学，(5)：57-60.

苗菊，杨清珍. 2014. 崇尚质量，追求卓越——国际大学翻译学院联合会(CIUTI)的翻译教育理念. 语言教育，(3)：52-55，66.

穆雷. 1999. 中国翻译教学研究. 上海：上海外语教育出版社.

穆雷. 2004. 翻译理论在翻译教学中的作用. 外语与外语教学，(3)：43-46.

穆雷. 2008. 建设完整的翻译教学体系. 中国翻译，(1)：41-45，96.

穆雷，傅琳凌. 2017. 翻译职业的演变与影响探析. 外语学刊，(3)：85-91.

穆雷，梁伟玲，刘馨媛. 2022. 近三十年中国翻译教师发展研究综述. 天津外国语大学学报，(3)：1-10，111.

穆雷，郑敏慧. 2006. 翻译专业本科教学大纲设计探索. 中国翻译，(5)：3-7.

平洪. 2014. 翻译本科教学要求解读. 中国翻译，35(1)：53-58.

覃俐俐. 2013. 翻译专业教师研究的现状与展望. 外国语文，(5)：124-129.

任凯，白燕. 1992. 教育生态学. 沈阳：辽宁教育出版社.

邵朝友. 2013. 忠实取向视野下教师课程实施程度的测量框架. 现代基础研究，(3)：105-109.

施良方. 1996. 课程理论：课程的基础、原理与问题. 北京：教育科学出版社.

苏伟. 2011. 学习者视角下的口译专业课程需求调查与分析——以国内4所高校翻译本科专业的交替传译课程为例. 外语界，(5)：84-92.

谭业升. 2017. 新时期特色翻译教育的探索：理论、模式与问题——记第二届《外国语》翻译研究高层论坛暨全国"特色翻译教育探索"学术研讨会. 外国语（上海外国语大学学报），(3)：99-103.

谭载喜. 2004. 西方翻译简史. 2版. 北京：商务印书馆.

唐芳. 2017. 口译课程体系中的理论教学——广外口译专业教学体系理论与实践(之六). 中国翻

译，（5）：52-56.

唐昉. 2018. 基于翻译能力培养的计算机辅助翻译课程设计与实施. 当代外语研究，（2）：60-65，78.

陶友兰. 2007. 新形势下我国翻译专业师资建设的思考——"首届全国翻译专业建设圆桌会议
（师资建设专题）"综述. 外语界，（3）：30-34.

王爱琴. 2011. "实习式"翻译实践教学模式探索与思考. 外语教学理论与实践，（1）：83-88.

王斌华. 2012. 从口译能力到译员能力：专业口译教学理念的拓展. 外语与外语教学，（6）：75-78.

王传英，崔启亮. 2010. 本地化行业发展对职业翻译训练及执业认证的要求. 中国翻译，（4）：
76-79，95.

王传英，王丹. 2011. 技术写作与职业翻译人才培养. 解放军外国语学院学报，（2）：69-73，128.

王传英，杨靖怡. 2021. 我国本土跨国公司海外投资语言环境与语言服务业发展. 中国翻译，（4）：
106-114，192.

王华树，李莹. 2021. 新时代我国翻译技术教学研究：问题与对策——基于《翻译专业本科教学
指南》的思考. 外语界，（3）：13-21.

王嘉毅. 2007. 课程与教学设计. 北京：高等教育出版社.

王鉴. 2008. 课程论热点问题研究. 桂林：广西师范大学出版社.

王静. 2016. 翻译专业的国际学术交流枢纽——CIUTI 亚太办公室在上海外国语大学正式设立.
东方翻译，（6）：90-91.

王玲，胡涌，粟俊红，等. 2009. 教育生态学研究进展概述. 中国林业教育，（2）：1-4.

王少爽. 2011. 面向翻译的术语能力：理念、构成与培养. 外语界，（5）：68-75.

王树槐. 2001. 关于本科翻译教学的思考. 中国翻译，（5）：37-39.

王树槐，王群. 2006. 《翻译教学——从研究到课堂：教师手册》评介. 外国语（上海外国语大学
学报），（1）：74-77.

王天予. 2017. 翻译专业本科教学模式建构研究——以社会建构主义理论为基础. 外语学刊，
（4）：89-92.

文军. 2004. 论以发展翻译能力为中心的课程模式. 外语与外语教学，（8）：49-52.

文军. 2005. 翻译课程模式研究：以发展翻译能力为中心的方法. 北京：中国文史出版社.

文军. 2021. 《教学指南》背景下"翻译概论"课程设计的思考. 上海翻译，（2）：61-64，95.

吴鼎福，诸文蔚. 1998. 教育生态学. 南京：江苏教育出版社.

吴林富. 2006. 教育生态管理. 天津：天津教育出版社.

吴青. 2014. 学习日志呈现的笔译能力发展进程及其对笔译教学的启示. 中国翻译，（4）：45-53.

吴彤. 2001. 自组织方法论纲. 系统辩证学学报，（2）：4-10.

肖维青，冯庆华. 2019. 《翻译专业本科教学指南》解读. 外语界，（5）：8-13，20.

肖维青，赵璧，冯庆华. 2021. 推动构建中国特色本科专业人才培养体系——《翻译教学指南》

的研制与思考. 中国翻译, (2): 65-71, 190.

谢天振. 2011. 学科建设不能搞 "大跃进" ——对近年来国内翻译学学科建设的一点反思. 东方翻译, (2): 4-7.

谢天振, 何绍斌. 2013. 简明中西翻译史. 北京: 外语教学与研究出版社.

解月光. 2006. 高中信息技术课程实施阶段的教师课程认同研究. 中国电化教育, (1): 20-24.

徐彬. 2010. 计算机辅助翻译教学——设计与实施. 上海翻译, (4): 45-49.

徐传谌, 李松涛, 闫敏. 2003. 耗散结构、自组织与制度耦合——入世后国企制度变迁障碍及发展趋向的演进经济学解释. 当代经济研究, (2): 44-48.

许国志. 2000. 系统科学. 上海: 上海科技教育出版社.

杨晓荣. 2002. 汉英翻译能力解析. 中国翻译, (5): 16-19.

杨焱. 2011. 口译潜能中的 EQ 因素研究. 西安外国语大学学报, (2): 80-83.

杨英姿. 2011. 谈翻译专业资格(水平)考试的三个衔接. 中国翻译, (3): 81-83.

姚远, 冉玉嘉. 2019. 高校创新创业教育生态系统构建研究: 以 "立德树人" 为引领. 成都: 四川大学出版社.

尹弘飚. 2003. 基础教育新课程实施个案研究. 西南师范大学硕士学位论文.

于泽元. 2006. 课程变革与学校课程领导. 重庆: 重庆大学出版社.

袁军. 2014. 语言服务的概念界定. 中国翻译, (1): 18-22.

袁志芬. 2006. 农村中学新课程实施影响因素的个案研究. 上海教育科研, (11): 41-44.

张春柏, 吴波. 2011. 从翻译课堂到翻译工作坊——翻译精品课程建设的启示. 外语教学理论与实践, (2): 70-73.

张积家, 陈俊. 2009. 高等教育心理学. 北京: 高等教育出版社.

张瑞娥. 2012. 中国翻译师资现状与角色实现. 解放军外国语学院学报, (4): 82-85.

张瑞娥, 陈德用. 2012. 中国翻译师资基本状况变化分析. 外语研究, (2): 61-71.

张瑞娥, 刘霞, 陈德用. 2009. 翻译教学中的主体心理关注与多维导向教学模式构建. 外语界, (2): 2-9, 22.

张善培. 2007. 再论课程实施的测量. 新课程(综合版), (2): 8-13.

张生祥. 2021. 基于社会需求的翻译人才核心素养提升路径探究. 外语教学, (2): 55-59.

张文鹤, 文军. 2017. 国外翻译教学研究: 热点、趋势与启示. 外语界, (1): 46-54.

赵朝永, 冯庆华. 2020. 《翻译专业本科教学指南》中的翻译能力: 内涵、要素与培养建议. 外语界, (3): 12-19.

赵晗睿. 2021. 网络教育生态系统构建研究. 长春: 吉林大学出版社.

国际翻译家联盟. 1994. 翻译工作者章程. http://www.tac-online.org.cn/ index.php?m=content&c=index&a =show&catid=389&id=1253 [2018-02-24].

中国翻译研究院. 2017. 黄友义 CIUTI 2017：语言服务业面临人工智能挑战 构建资源共享平台. http://www.china.org.cn/chinese/catl/2017-01/18/content_40125987.htm[2022-7-30].

仲伟合. 2001. 口译训练：模式、内容、方法. 中国翻译，（2）：30 -33.

仲伟合. 2007. 口译课程设置与口译教学原则. 中国翻译，（1）：52-53.

仲伟合. 2011. 高等学校翻译专业本科教学要求. 中国翻译，（3）：20-24.

仲伟合. 2014. 我国翻译专业教育的问题与对策. 中国翻译，（4）：40-44.

仲伟合. 2015.《英语类专业本科教学质量国家标准》指导下的英语类专业创新发展. 外语界，（3）：2-8.

仲伟合. 2019. 改革开放 40 年我国翻译专业教育：成就、挑战与发展. 中国翻译，（1）：68-75.

仲伟合. 2021. 对《普通高等学校本科翻译专业教学指南》的几点看法. 当代外语研究，（5）：18-23，2.

仲伟合，赵军峰. 2015. 翻译本科专业教学质量国家标准要点解读. 外语教学与研究，（2）：289-296.

周晶，楚军. 2022. 翻译人才口译能力培养的数智化监测机制研究. 外语教学，（6）：107-112.

朱晓敏. 2010. 信息时代下的翻译教学：柯平教授的语言与翻译技术课程介绍. 上海翻译，（4）：50-52.

朱玉彬. 2018. 翻译技术类课程的教学反思——兼评根茨勒教授的《翻译、全球化与技术》课程. 中国翻译，（1）：51-57.

祝朝伟. 2014. 现状、问题与对策：重庆市翻译教育发展研究. 外国语文，（1）：106-111.

庄智象. 2007. 我国翻译专业建设：问题与对策. 上海：上海外语教育出版社.

邹振环. 2017. 20 世纪中国翻译教学史研究简评. 东方翻译，（4）：44-50.

Al-Salman, S. & Al-Khanji, R. 2002. The native language factor in simultaneous interpretation in an Arabic/English context. *Meta Translators' Journal*, 47（4）：607-626. http://www.erudit.org/revue/meta/2002/v47/n4/008040ar.pdf[2011-03-12].

Baker, M. 2004. *Routledge Encyclopedia of Translation Studies*. Shanghai: Shanghai Foreign Language Education Press.

Beeby, A. 2010. Language learning for translators: Designing a syllabus. In K. Malmkjær（Ed.）, *Translation in Undergraduate Degree Programmes* (pp. 39-66). Shanghai: Shanghai Foreign Language Education Press.

Bergen, D. 2009. The role of metacognition and cognitive conflict in the development of translation competence. *Across Languages and Cultures*, 10（2）：231-250.

Bernardini, S. 2010. The theory behind the practice: Translator training or translator education? In K. Malmkjær（Ed.）, *Translation in Undergraduate Degree Programmes* (pp. 18-26). Shanghai:

Shanghai Foreign Language Education Press.

Cao, D. 1996. Towards a model of translation proficiency. *Target Online*, 8 (2): 325 -340.

Cecot, M. 2005. Pauses in simultaneous interpretation: A contrastive analysis of professional interpreters' performances. https://www.openstarts.units.it/server/api/core/bitstreams/0f17d1 a0-58b2-47e5-9597-c3f000db20ac/content[2011-07-30].

Chesterman, A. 1997. *Memes of Translation: The Spread of Ideas in Translation Theory*. Amsterdam: John Benjamin.

Colina, S. 2003. *Translation Teaching, from Research to the Classroom: A Handbook for Teachers*. Boston, MA: McGraw-Hill.

Cremin, L. A. 1976. *Public Education*. New York: Basic Books.

Deborah, A. H. & Carol, E. W. 2003. Considerations when working with interpreters. *Communication Disorders Quarterly*, 24 (2): 78-85.

Durban, C., Martin, T., Mossop, B., et al. 2003. Translator training & the real world: Concrete suggestions for bridging the gap. *Translation Journal*, 7 (1). http://translationjournal.net/journal/2 3roundtablea.htm[2014-07-27].

Emery, P. G. 1991. Text classification and text analysis in advances translation teaching. *Meta*, 36 (4): 567-577.

Ferreira-Alves, F. 2006. Linking professional practice with translation training in a business-oriented setting: The Portuguese Association of Translation Companies example. In V. Pellatt & E. Minelli (Eds.), *Proceedings of the Bath Symposium* (pp. 42-56). Newcastle upon Tyne, England: Cambridge Scholars.

Fox, O. 2000. The use of translation diaries in a process-oriented translation teaching methodology. In C. Schäffner & B. Adab (Eds.), *Developing Translation Competence* (pp. 3-18). Amsterdam/Philadelphia: John Benjamins.

Fraihat, O. A. & Mahadi, T. S. 2011. Towards an inclusive mould of translation and interpretation requisite competence. http://www.translationdirectory.com/articles/article2351.php [2013-12-21].

Fullan, M. & Pomfret, A. 1977. Research on curriculum and instruction implementation. *Review of Educational Research*, 47 (2): 335-397.

Gabr, M. 2001. Toward a model approach to translation curriculum development. *Translation Journal*, 5(2): 1-13.

Gile, D. 1990. Scientific research vs. personal theories in the investigation of interpretation. In L. Gran & C. Taylor (Eds.), *Aspects of Applied and Experimental Research on Conference Interpretation* (pp. 28-41). Udine: Campanotto Editore.

Gile, D. 1995. *Basic Concepts and Models for Interpreter and Translator Training*. Amsterdam and Philadelphia: John Benjamins.

Gile, D. 2004. Translation research versus interpreting research: Kinship, differences and prospects for partnership. In C. Schäffner（Ed.）, *Translation Research and Interpreting Research: Traditions, Gaps and Synergies*（pp. 10-34）. Clevedon, England: Multilingual Matters.

Gölpferich, S. & Jääskelainen, R. 2009. Process research into the development of translation competence: Where are we, and where do we need to go? *Across Languages and Cultures*, 10（2）: 169-191.

Hargreaves, A., Earl, L. & Schmidt, M. 2002. Perspectives on alternative assessment reform. *American Educational Research Journal*, 39 (1): 69-95.

Hatim, B. & Mason, I. 1997. *The Translator as Communicator*. London and New York: Routledge.

Hoffman, R. R. 1997. The cognitive psychology of expertise and the domain of interpreting. *Interpreting*, 2(1-2): 189-230.

Horn, S. F. 1966. A college curriculum for the training of translators and interpreters in the USA. *Meta*, 11(4): 147-154.

House, E. R. 1979. Technology versus craft: A ten-Year perspective on innovation. *Journal of Curriculum Studies*, 11(1): 1-15.

Jeffrey, S. 2010. Bologna: Speaking the common language of competences—A symbiosis between the competences of summary writing and the competences of translation. *European Journal of Language Policy*, 2(1): 73-89.

Kalina, S. & Köln, F. 2000. Interpreting competences as a basis and a goal for teaching. *The Interpreters' Newsletter*, 10: 3-32.

Kasandrinou, M. 2006. *Training for Translation: The Case of Specialised Translation Training and Art Texts*（Doctoral dissertation）. Portsmouth: University of Portsmouth.

Kermis, M. 2009. Translators and interpreters: Comparing competences. (Master dissertation). Utrecht: University Utrecht. http://studenttheses.uu.nl/handle/20.500.12932/2426/[2018-07-30].

Kilary, D. 2000. *A Social Constructive Approach to Translator Education: Empowerment from Theory to Practice*. London: Routledge.

Kim, M. 2005. Translator education and sustainability. *Meta*, 50 (4): 1-13.

Kiraly, D. 1995. *Pathways to Translation: Pedagogy and Process*. Kent, Ohio: The Kent State University Press.

Korkas, V. & Pavlides, P. 2004. Teaching aspects of LSP（Language for Special Purposes）to nonspecialists: A case for background courses in translation studies programmes. *The Journal of Specialised*

Translation, (2): 21-33.

Lee, C. K. J. 2000. Teacher receptivity to curriculum change in the implementation stage: The case of environmental education in Hong Kong. *Journal of Curriculum Studies*, 32 (1): 95-115.

Mossop, B. 1994. Goals and methods for a course in translation theory. In M. Snell-Hornby, F. Pöchhacker & K. Kaindl (Eds.), *Translation Studies: An Interdiscipline* (pp. 401-409). Amsterdam: John Benjamins.

Mossop, B. 2001. *Revising and Editing for Translators*. Manchester: St. Jerome Publishing.

Neubert, A. 2000. Competence in language and in translation. In C. Schäffner & B. Adab (Eds.), *Developing Translation Competence* (pp. 3-18). Amsterdam/Philadelphia: John Benjamins.

Orozco, M. & Hurtado Albir, A. 2002. Measuring translation competence acquisition. *Meta*, 47 (3): 375-402.

PACTE Group. 2000. Acquiring translation competence: Hypotheses and methodological problems of a research project. In A. Beeby, D. Ensinger & M. Presas (Eds.), *Investigating Translation* (pp. 99-106). Amsterdam: John Benjamins.

Pöchhacker, F. 2003. *Introducing Interpreting Studies*. London: Routledge.

Popescu, T. 2013. Developing English linguistics students' translation competence through the language learning process. *Procedia-Social and Behavioral Sciences*, 93: 1075-1079.

Posner, G. J. 1974. The extensiveness of curriculum structure: A conceptual scheme. *The Review of Educational Research*, 44 (4): 401-407.

Pym, A. 2001. Trial, error and experimentation in the training of translation teachers. https://www.researchgate.net/publication/240622893_Trial_Error_and_Experime-ntation_in_the_Training_of_Translation_Teachers [2018-03-24].

Pym, A. 2003. Redefining translation competence in an electronic age. In defense of a minimalist approach. *Meta*, 48 (4): 481-497.

Razmjou, L. 2001. Developing guidelines for a new curriculum for the BA program in English translation in Iranian universities. https://www.researchgate.net/publication/234583939_Developing_Guidelines_for_a_New_Curriculum_for_the_BA_Program_in_English_Translation_in_Iranian_Universities[2014-06-27].

Riccardi, A. 2002. Translation and interpretation. In A. Riccardi (Ed.), *Translation Studies: Perspectives on an Emerging Discipline* (pp. 75-91). Cambridge: Cambridge University Press.

Roberts, R. P. 1988. The role and teaching of theory in translator training programmes. *Meta*, 33 (2): 164-173.

Sawyer, D, B. 2004. *Fundamental Aspects of Interpreter Education: Curriculum and Assessment*.

Amsterdam/Philadelphia: John Benjamins.

Shreve, G. M. 1997. Cognition and the evolution of translation competence. In J. D. Danks, G. M. Shreve., S. B. Fountain, et al. （Eds.）, *Coginitive Process in Translation and Interpreting* （pp. 120-136）.Thousand Oaks: Sage.

Shuttleworth, M. 2001. The rôle of theory in translator training: some observations about syllabus design. *Meta*, 46（3）: 497-506.

Singh, K. G. 2005. Parallelism between language learning and translating. http://translationjournal. net/journal/33edu.htm[2014-05-28].

Snell-Honby, M. 1992. The professional translator of tomorrow: Language specialist or all-round expert. In C. Dollerup & A. Lindegaard （Eds.）, *Teaching Translation and Interpreting: Training, Talent, Experience* （pp. 9-22）. Amsterdam/Philadelphia: John Benjamins.

Snell-Hornby, M., Pöchhacker, F. & Kaindl, K. 1994. *Translation Studies: An Interdiscipline*. Amsterdam: John Benjamins.

Snyder, J., Bolin, F. & Zumwalt, K. 1992. Curriculum implementation. In P. W. Jackson （Ed.）, *Handbook of Research on Curriculum* （pp. 402-435）. New York: Macmillan Publishing Company..

Tan, Z. 2008. Towards a whole-person translator education approach in translation teaching on university degree programmes. *Meta*, 53 （3）: 589-608.

Ulrych, M. 2005. Training translators: Programmes, curricula, practices. In M. Tennent （Ed.）, *Training for the New Millennium: Pedagogies for Translation and Interpreting* （pp. 3-33）. Amsterdam/Philadelphia: John Benjamins.

Waugh, R. & Godfrey, J. 1993. Teacher receptivity to system-wide change in the implementation stage. *British Education Research Journal*, 19 （5）: 565-578.

Waugh, R. & Punch, K. F. 1987. Teacher receptivity to system-wide change in the implementation stage. *Review of Educational Research*, 57 （3）: 237-254.

Weber, W. K. 1984. *Translators and Conference Interpreters*. New Jersey: Prentice Hall Regents.

Wheatley, J. R. 1996. Translation studies: Translation in an undergraduate setting. *Meta*, 41(3): 490-494.

Whitefield, A. 2005. Towards a socio-cultural turn in translation teaching: A Canadian perspective. *Meta*, 50(4). https://www.erudit.org/en/journals/meta/2005-v50-n4-meta1024/019906ar.pdf [2014-08-29].

附　　录

附录 1　翻译专业课程变革教师认同感调查问卷

尊敬的老师：

您好！

非常荣幸邀请您参加本次调查活动，衷心感谢您在百忙之中填写这份问卷。

教育部翻译教学协作组颁发了《高等学校翻译专业本科教学要求（试行）》（以下简称《教学要求》），为系统了解翻译专业本科课程实施现状，本研究设计了"翻译专业课程变革认同感调查问卷"。您的回答对我们分析翻译专业课程实施问题非常重要。本问卷所有信息仅作学术研究之用，请放心填写。

非常感谢您的帮助！

您的信息

| 学校 | 学历或研究经历 | 职称 |
| 职务 | 年龄 | 性别 |

第 一 部 分

以下为 9 对描述《教学要求》的形容词，每对形容词分别代表了两个极端。请根据自己的情况在 7 个等级中选择，并在每项后面的括号填写您同意的等级。

例如：

（1）不满意　　　　　　　　　　　　　　　　　　满意

　　1—2—3—4—5—6—7　　　　　　　　　　　（　**6**　）

请您在以下符合的情况后填写选项

（1）不满意　　　　　　　　　　　　　　　　　　满意

1—2—3—4—5—6—7　　　　　　　　　　（　　　　　）

（2）没有价值　　　　　　　　　　　　　　　　　有价值

1—2—3—4—5—6—7　　　　　　　　　　（　　　　　）

（3）不明智的　　　　　　　　　　　　　　　　　明智的

1—2—3—4—5—6—7　　　　　　　　　　（　　　　　）

（4）没有弹性　　　　　　　　　　　　　　　　　富有弹性

1—2—3—4—5—6—7　　　　　　　　　　（　　　　　）

（5）荒谬的　　　　　　　　　　　　　　　　　　合理的

1—2—3—4—5—6—7　　　　　　　　　　（　　　　　）

（6）理想化的　　　　　　　　　　　　　　　　　务实的

1—2—3—4—5—6—7　　　　　　　　　　（　　　　　）

（7）无效　　　　　　　　　　　　　　　　　　　有效

1—2—3—4—5—6—7　　　　　　　　　　（　　　　　）

（8）不必要的　　　　　　　　　　　　　　　　　必要的

1—2—3—4—5—6—7　　　　　　　　　　（　　　　　）

（9）复杂难懂　　　　　　　　　　　　　　　　　易于理解

1—2—3—4—5—6—7　　　　　　　　　　（　　　　　）

第 二 部 分

以下由 1 到 7 的七个数字分别代表态度由"极为反对"到"极为赞同"之间的七种程度：

1. 极为反对　　　　　　　　　　2. 反对

3. 略微反对　　　　　　　　　　4. 中立

5. 略微赞同　　　　　　　　　　6. 赞同

7. 极为赞同

请选出下表各题项与您情况相符的一个选项，并用"√"标在相应的一栏中。

序号	题目	1 极为反对	2 反对	3 略微反对	4 中立	5 略微赞同	6 赞同	7 极为赞同
1	考虑到我对教学的满足感，我认为尽管工作量大，但依据《教学要求》进行翻译专业课程变革是值得进行的。							
2	考虑到翻译专业课程变革可以更好地满足学生的需要，我认为尽管工作量大，但翻译专业课程变革值得进行。							
3	我同意《教学要求》中所倡导的翻译教育理念。							
4	《教学要求》中建议的教学方法符合我的教学风格。							
5	我有足够的时间进行翻译专业课程实施。							
6	学校在通识类课程上安排了充足的时间。							
7	虽然我所承担翻译专业课程的变革难度较大，但我认为值得投入。							
8	尽管指导学生翻译实践的工作量大，但是为了提升学生翻译能力，我认为值得投入。							
9	我可以在学校或学院的教学会议上提出对翻译专业课程实施的疑虑。							
10	无论何时出现实施翻译专业课程方面的问题，我总可以向一位资深同事请教解决办法。							
11	所在省市教育管理部门支持翻译专业课程建设。							
12	教育专家和翻译专家提供了足够的支持来帮助我校教师实施翻译专业课程。							
13	我将积极而公开地支持本校进行翻译本科课程建设。							
14	我赞同本校实施《教学要求》。							
15	考虑到学生综合素养的提高，我认为尽管工作量大，但翻译专业课程建设值得进行。							
16	考虑到翻译专业教师的发展，我认为尽管工作量大，但课程变革值得进行。							
17	《教学要求》所倡导的学习方式有助于提高学生的翻译能力。							
18	翻译本科生培养应知识与技能并重，学术与实践并举。							
19	学校提供了足够的教学资源支持。							
20	学校经常有翻译教学研讨，我可以从中学习如何进行翻译专业课程教学。							
21	《教学要求》所要求的学生评价方式在我的教学中实现了。							
22	《教学要求》中的课程设置能满足我校学生学习需要。							
23	为实施《教学要求》，我已具备了足够的知识和技能。							
24	我将推动（或继续推动）本校进行翻译专业课程变革。							
25	我将与同行同事交流《教学要求》实施的可行性。							

续表

序号	题目	1 极为反对	2 反对	3 略微反对	4 中立	5 略微赞同	6 赞同	7 极为赞同
26	我校翻译专业大部分教师都支持实施《教学要求》。							
27	学校领导鼓励专业教师参加翻译教学相关培训。							
28	在学院的会议上，主管领导强调实施《教学要求》的重要性。							
29	所在省市翻译行业机构对建设翻译专业提供了充分的支持。							
30	学生家长对孩子学习方面支出可以提供相关支持。							
31	出版机构提供了令人满意的教材与教学资料。							
32	我将与同事交流《教学要求》对翻译本科专业建设的重要性。							
33	学院的师资建设会配合《教学要求》的相关要求。							
34	我校学生可以达到《教学要求》翻译专业能力要求。							

附录 2　翻译院校课程计划数据 SPSS 录入代码表

第一部分　学校信息代码

学校名称：（汉语输入，可缩略，如北京语言大学缩略为北语）

学校批次代码

第一批代码 1　　　　第二批代码 2　　　　第三批代码 3

第四批代码 4　　　　第五批代码 5　　　　第六批代码 6

第七批代码 7　　　　第八批代码 8　　　　第九批代码 9

所在区域代码

华北 1；华东 2；华中 3；西南 4；华南 5；东北 6；西北 7

所属类型代码

外语类院校 1；师范类 2；综合类 3；理工科 4

总学分信息：按课程计划上的输入

专业课学分信息：按课程计划上的输入

第二部分 翻译专业课程代码

1 双语语言知识与能力模块 A

1.1 英语知识与技能类课程 A1

听说 A101（包括以下类型课程：视听说、视听、听力、口语）

　　初级视听说 A10101　　中级视听说 A10102　　高级视听说 A10103

读写 A102

　　初级读写 A10201　　中级读写 A10202　　高级读写 A10203

语法 A10301　词汇 A10401　语音 A10501

演讲与辩论 A106

　　演讲 A10601　辩论 A10602

英语语言学习策略 A107

综合技能型课程 A108

专门用途英语 A109

1.2 汉语类知识与技能类课程 A2

　　古代汉语 A20101　　　　现代汉语 A20102

　　汉语阅读与写作 A20103　大学语文 A20104

2 翻译知识与技能模块 B

2.1 笔译类课程 B1

基础笔译类课程 B101

　　初级笔译 B10101　　　　中级笔译 B10102

应用笔译类课程 B102

　　商务翻译 B10201　　　　科技翻译 B10202　　　　旅游翻译 B10203

　　文学翻译 B10204　　　　媒体翻译 B10205　　　　典籍翻译 B10206

　　法律翻译 B10207　　　　工程翻译 B10208　　　　翻译工作坊 B10209

　　体育文化翻译 B10210　　外事 B10211　　　　　　其他 B10212

2.2　口译类课程 B2

基础口译类课程　B201

　　基础口译 B20101　　　　　视译 B20102　　　　　　联络口译 B20103

　　交替口译 B20104　　　　　同传口译 B20105　　　　高级口译 B20106

应用口译类课程 B202

　　商务口译 B20201　　　　　时政外交口译 B20202　　旅游口译 B20203

　　媒体口译 B20204　　　　　法庭口译 B20205　　　　会议口译 B20206

　　工程口译 B20207　　　　　口译工作坊 B20208　　　其他 B20209

2.3　翻译职业知识与技术类 B3

　　机器辅助 B30101　　　　　翻译职业知识 B30102

　　翻译项目管理与企业经营 B30103

2.4　翻译专业实践类 B4

　　翻译实习 B40101　　　　　翻译见习 B40102　　　　翻译情景模拟 B40103

3　学科理论知识与学术实践模块 C

3.1　翻译学科知识类课程 C1

　　翻译理论一 C10101　　　　翻译理论二 C10102　　　中西翻译简史 C10103

3.2　语言、文学与文化理论类 C2

　　语言学（包括汉语文化语言学）C20101　　　　　　跨文化交际 C20102

　　英国文学 C20103　　　　　美国文学 C20104　　　　文学批评 C20105

　　文体与修辞 C20106　　　　语用学 C20107　　　　　英美文学史 C20108

3.3　学术训练类课程 C3

　　论文写作 C30101　　　　　科研方法训练 C30102

3.4　学术实践类课程 C4

　　学年论文 C40101　　　　　毕业论文 C40102

4　相关知识与能力 D

4.1　英语人文素养类课程 D1

英美概况 D10101　　　　　西方文明史(包含圣经、希腊罗马文化、西方文化)D10102
作品选读 D10103

4.2　汉语人文素养类课程 D2

中国文化概论 D20101　　　中国思想史 D20102　　　　古汉语选读 D20103
现代汉语选读 D20104　　　中国文化经典导读 D20105

4.3　其他素养类课程 D3

国际商务实务或谈判 D30101　　　国际关系 D30102
市场营销 D30103　　　　　　　涉外礼仪 D30104
速记 D30105　　　　　　　　中西方文化 D30106
社会专题 D30107　　　　　　其他 D30108

4.4　综合实践类课程 D4

学术 D40101　　　　　　竞赛 D40102　　　　　　公民素养 D40103
证书 D40104　　　　　　社会实践 D40105

附录 3　翻译专业课程实施水平访谈提纲

一、分支访谈

1. 《教学要求》颁布后您是否实施了？（若回答为"是"，继续问题 2；若回答为"否"，直接到问题 5）

2. 在使用《教学要求》的过程中，您是否做了变化或调整？

3. 您是否与其他教师或行政人员一起合作、共同实施翻译专业课程？

4. 您是否在实施《教学要求》时，对其做较大调整，或以其他教学方案（或培养方案）来彻底替换？

    5. 后来您什么时候开始实施《教学要求》？

    6. 您是否查找了有关《教学要求》方面的信息？

二、焦点访谈（课程实施水平七个分类点访谈提纲）

    7. 能否结合您的经历，谈谈您是如何理解《教学要求》教育理念、要求内容和实施现状的？

    8. 在翻译专业课程变革过程中，您了解国家关于翻译专业课程建设的信息和资源的途径有哪些？对于翻译专业课程变革，您如果遇到不太理解的内容，会向谁咨询？贵校有没有专门的人员或机构解答您的疑问？

    9. 在贵校翻译专业课程建设过程中，您是否会和其他教师交流对于实施《教学要求》的观点和计划？是否会和其他教师一起分享课程变革资源或是教学心得？如果在实施中遇到问题和困难，你们是否会一起讨论和解决呢？您能回忆并描述一下相关的情况吗？

    10. 您如何评价目前或曾经出现在课程实施过程中的一些情况？（如出现的典型问题、实施的方法、合作实施的情况、实施的任务和安排等）

    11. 在实施《教学要求》过程中，您（或您所在的单位）是否制定了短期或长期的课程实施计划？（如对资源、实施日程、师资配备等方面的统筹安排）；若有计划，计划制定之后是怎样采取行动的，您能否谈一谈呢？

    12. 如果由您来做一个翻译专业课程实施汇报，您会论及哪些方面的内容，能否简要叙述一下呢？

    13. 能否回忆并谈一谈您实施翻译专业课程的主要活动或遇到的困难？

三、关于翻译专业课程实施的辅助问题

    14. 您理想中的翻译专业本科课程是什么样的？《教学要求》传达给您的（观念）是什么样的？二者是否一致？您认为您是否忠实于《教学要求》的理念，如果没有，原因有哪些？

    15. 您是怎样理解翻译专业本科课程建设的？是否考虑过《教学要求》对您

个人会产生什么样的影响？

16. 请您描述一下贵校翻译专业课程推进的过程、方式、组织结构与机制。

17. 在翻译专业课程变革过程中，管理者具体是怎么做的？

18. 您认为哪些因素最影响翻译专业教师的课程实施，能解释或举例说明一下吗？

19. 作为教师，您希望通过翻译专业课程实施使学生获得怎样的成就？

20. 您在教学中是如何把握翻译专业课程的目标的？能否举例说明？您是怎样理解翻译本科教育或您所教授的翻译专业课程的？

21. 您能否列举出一些事例来说明翻译专业课程变革后贵校的变化？

22. 能否谈一谈您在进行翻译本科课程设计时考虑了哪些方面？

附录4　翻译专业课程变革教师关注阶段测量问卷

尊敬的老师：

您好！

非常感谢您参加本次的问卷调查。

教育部翻译教学协作组颁发了《高等学校翻译专业本科教学要求（试行）》（以下简称《教学要求》），本问卷是为研究《教学要求》在翻译专业本科培养院校中的实施程度而设计，您的回答对我们分析翻译专业课程实施现状非常重要。请根据您目前所关注的事情，或参与翻译专业课程建设以来所持有的感受来回答下列问题。问卷所获信息仅供研究使用，不做个人评价；研究中将采取匿名的方式，选项无正误之分，请勿顾虑。

一、您的基本情况（在以下符合情况后的括号中填写选项，有些题目可多选）

1. 性别：

A 男　　　　　　　　B 女　　　　　　　　　　　　　　　（　　）

2. 年龄（岁）：

A 26—30　　　　　　B 31—35　　　　　C 36—40

D 41—50　　　　　　E 51—60　　　　　F 61 岁以上　　　（　　）

3. 教龄：

A 1—3 年　　　　　　　　　B 4—6 年　　　　　　　　C 7—10 年

D 11—15 年　　　　　E 16—20 年　　　F 20 年以上　　　　　　（　　）

4. 最后学历或研究经历：

A 本科　　　　　　　B 硕士研究生

C 博士研究生　　　　D 博士后　　　　　　　　　　　　　　（　　）

5. 教授课程方向：

A 翻译理论　　　　　B 笔译课程

C 口译课程　　　　　D 语言文化基础课程　　　　　　　　　（　　）

6. 所在学校类型：

A 综合类　　　　　　B 理工类　　　　　　C 外语类专业院校

D 师范类院校　　　　E 医学类　　　　　　F 财经类　　　　　（　　）

二、关注阶段九级量表 （请您在以下符合的情况后填写选项）

数字从 0—8 表示所陈述的事情与您现状的相符程度的九个级别，其中

- ·　　0 表示该题与您不相关；

- ·　　1 表示该题与您的现状完全不符合；

- ·　　2 表示该题与您的现状很不符合；

- ·　　3 表示该题与您的现状有些不符合；

- ·　　4 表示该题与您的现状稍微不符合；

- ·　　5 表示该题与您的现状稍微符合；

- ·　　6 表示该题与您的现状有些符合；

- ·　　7 表示该题与您的现状很符合；

- ·　　8 表示该题与您的现状完全符合

例如："我不知道教育部翻译教学协作组颁发的《教学要求》包含什么内容。"
这句话如果完全不符合您的现状，则在数字"1"的一栏内用"√"标出，这句话
如果有些不符合您的现状则在数字"3"的一栏中用"√"标出。

请您在以下符合的选项一栏中用"√"标出。

序号	题目	0 与我不相关	1 完全不符合我的现状	2 很不符合我的现状	3 有些不符合我的现状	4 稍微不符合我的现状	5 稍微符合我的现状	6 有些符合我的现状	7 很符合我的现状	8 完全符合我的现状
例题	我不知道教育部翻译教学协作组颁发的《教学要求》包含什么内容									
1	《教学要求》与我不太相关									
2	我想知道当我按照《教学要求》进行教学时，会得到哪些资源和帮助									
3	我想知道《教学要求》需要我在教学工作中付出多少时间和精力									
4	我想知道与原来的翻译专业课程相比，《教学要求》到底有哪些优点									
5	我希望能有更多的机会与其他教师进行有效的交流与合作									
6	我想对《教学要求》中的一些内容在实践中进行调整和修改									
7	我根本不知道《教学要求》是什么									
8	我想知道当前实施《教学要求》需要哪些条件									
9	我担心每天没有足够的时间来安排我的教学工作,如备课、指导学生的翻译实践、批改作业等									
10	我很关心《教学要求》会对学生产生什么影响									
11	我想知道其他院校或本校教师实施《教学要求》的理解和经验									
12	我正要寻找更好地实施《教学要求》的途径									
13	我对了解《教学要求》一点也不感兴趣									
14	我想知道《教学要求》对教师的要求是什么									
15	我担心我没有能力达到《教学要求》中所提的要求									
16	我想知道实施《教学要求》后将怎样评价我的教学									
17	我希望能得到专家或督导的清晰的指导和帮助									

序号	题目	0 与我不相关	1 完全不符合我的现状	2 很不符合我的现状	3 有些不符合我的现状	4 稍微不符合我的现状	5 稍微符合我的现状	6 有些符合我的现状	7 很符合我的现状	8 完全符合我的现状
18	我想尝试《教学要求》中未提及的翻译专业课程建设方式									
19	关于《教学要求》，我知道点儿，但真的非常少									
20	我想知道《教学要求》将对我个人发展产生什么影响									
21	我担心我不得不将大量时间花费在处理与《教学要求》相关的形式化问题上									
22	我很关心学生家庭和社会对翻译本科专业的态度									
23	我希望与同行的合作能加强									
24	我想根据学生和学校的具体情况来调整《教学要求》的实施方式									
25	我目前不怎么了解《教学要求》，但我对此很关注，想知道更多									
26	我想知道当我实施《教学要求》，我在教学中的角色是否改变									
27	我想知道怎样处理翻译实践教学和翻译理论教学的矛盾									
28	我担心我校的翻译教育难以达到《教学要求》的标准									
29	我希望我的同行能将他们实施《教学要求》的经验分享给我或者分享给那些仍没能较好实施《教学要求》的同行									
30	我想在本次实施《教学要求》的基础上继续深化和提高我校翻译专业建设的成效									
31	我想知道当我实施《教学要求》时，我的角色将怎样改变									
32	我想知道在《教学要求》的教育理念下如何提高学生的翻译能力									
33	当考虑到我校学生情况时，我对《教学要求》的价值有疑问									

续表

序号	题目	0 与我不相关	1 完全不符合我的现状	2 很不符合我的现状	3 有些不符合我的现状	4 稍微不符合我的现状	5 稍微符合我的现状	6 有些符合我的现状	7 很符合我的现状	8 完全符合我的现状
34	我想知道当我实施《教学要求》时，我的教学任务将怎样变化									
35	我担心我不能根据《教学要求》有效地运用其中所要求的教学技能、教学方法与评价方式								.	

附录 5　翻译专业课程实施水平访谈维度编码及维度内容要素编码表

问题维度及编码	维度所含要素及编码			
1.0 知识	1.01 专业特点	1.02 培养要求	1.03 课程设置	1.04 教学理念与方法
2.0 获取信息	2.01 翻译培训	2.02 多媒体或期刊查询	2.03 同事分享	2.04 同行分享
3.0 分享	3.01 教学进度	3.02 教学问题	3.03 教学资料	3.04 课程观摩
4.0 评估	4.01 教学管理	4.02 课程设置与课程内容	4.03 评价方式	4.04 翻译实践
5.0 计划	5.01 教学计划	5.02 师资	5.03 教学资源和教学内容	5.04 教学管理
6.0 观点陈述	6.01 培养理念	6.02 课程与教学模式	6.03 评价模式	6.04 现状评估
7.0 执行状况	7.01 课程设计	7.02 翻译实践	7.03 评价模式	7.04 教学方法

附表 6　变革实施水平层次和决策点的界定

变革实施水平层次和决策点的界定	知识	获取信息	分享	评估	计划	观点陈述	执行状况
各级实施水平指的是互不相同的实施状态，反映出来的是某个体或团体表现出来的可观察到的不同类型的行为和实施者的不同的实施方式。这些实施水平表现的是实施者在掌握新技能以及实施变革过程中取得的进展。每一级实施水平都包含一系列行为，以一组可辨识的决策点为界。为了方便描述，我们把每一类别进行描述，平分成为 7 个级别进行描述	是指实施者对变革的特征实施某的特征，以及实施结果的可观方法，以及实施结果的理解。它是对实施变革的不同类型的行为方式，变革的一种认知维度的理解，而不是指对变革的感受和态度	是指通过多种方式来获取关于变革的信息，包括向掌握资源的人咨询，写信给资源机构，阅读相关资料，以及参观正在实施变革的一些单位	是指与别人一起讨论变革。与大家共同分享实施变革的计划、观点，以及在实施变革过程中遇到的问题	对变革可能实际的实施情况，或者其中的某些方面进行检查研究。它既可能是一种隐性的评估过程，也可能包括资料的收集和分析等真实性评估活动	在采纳变革的过程中，对即将采取的短期和长期变革实施行动进行规划和概述。即为了组织实施变革和合作实施变革对资源、日程进行统筹安排	描述实施者在当前实施变革的过程中所持有的个人观点和立场	执行实施变革所要求完成的行动和任务
层次 0　不实施　这个层次的实施者几乎或根本不了解该领域变革，也没有参与到变革中来，甚至根本就没有做任何参与实施变革所需的准备	对此次变革或其他类似变革一无所知，或者只是对该领域变革实施所需付出的努力有大概的认识	只有碰巧看到，该层次的实施者才会浏览一下有关变革的描述性材料，很少或根本不主动寻求这方面的信息	除了承认变革的存在，该层次的实施者不会与他人谈论有关变革的事情	没有采取任何行动来分析变革的实施特征，可能他人会该实施方法，或实施的结果和影响	没有为研究或实施变革安排时间或制定进步骤	几乎不汇报变革实施情况，或者根本就没有参与实施变革	没有任何明显的行动表明他们在了解或实施变革。没有发现他们在使用实现变革所需的配套设施与程序

续表

变革实施水平层次和决策点的界定	知识	获取信息	分享	评估	计划	观点陈述	执行状况
决策点 A 采取措施来了解更多关于变革的详细信息							
层次 I 定位 在这个层次中，实施者开始收集正在收集有关变革的信息，并且已开始研究或改正在研究变革的价值取向，以及它对实施者和整个实施者系统的要求	对变革有一个大致的了解，比如变革的原因、特征和实施要求	寻找关于变革的描述性材料。通过讨论、观摩或观研讨班来了解别人对变革的认识和意见	用一般的术语来讨论变革所需要的资源，与大家交流有关变革的描述性信息、材料、观点，以及实施变革所蕴含的意义	在做出实施变革的决定之前，先对各种资料、实施的要求进行分析	为做出是否实施变革的决定，准备和收集所有必需的信息和资源	在该层次，目前只会陈述变革是什么，不是什么	通过与别人讨论变革、评论各种描述性信息和资料，参加培训，观察其他已经实施变革的人是怎样做的，来研究实施变革及实施变革所应具备的条件
决策点 B 决定实施变革，并确定了开始实施的时间							
层次 II 准备 该层次的实施者已经准备开始实施变革	该层次的实施者知道开始实施变革所需要的资源和时间，以及应该为当事人提供怎样的经验	在自己的组织环境中，寻找与实施变革工作相关的信息和资源	与大家讨论首次实施变革所需要的资源。与其他实施者一起参加实施前的培训班，一同计划实施变革所需要的资源、后勤服务、时间安排等，共同为实施变革做准备	为初次实施变革，对各种具体的资源和供给的进行分析	确定获取资源、组织活动，或开始实施变革所需要经历的阶段和程序	汇报的内容一般是自己目前对实施变革的准备	深入研究各种参考资料，组织安排实施变革所需要的资源和日程服务、日程表，接受实施变革前的技术培训

续表

变革实施水平层次和决策点的界定	知识	获取信息	分享	评估	计划	观点陈述	执行状况
决策点 C　实施者根据自身的需求来实施变革或改变变革。在实施过程中，可能会有限地考虑当事人的利益，但实施者的行为对决定于领导的管理，时间或有限的变革知识							
层次III　机械实施 在该层次中，实施者把大量的精力都放在短期、日常都放在短期，日常工作上。几乎不花时间去反思。在实施过程中所做的调整更多的是根据实施者自身需要，而不是当事人的需求来进行的。实施者首先考虑的是要逐步掌握要求他们进行变革的任务，往往会导致出现表面化地实施变革的现象	根据日常的经验来了解实施者把大量的要求，对实施过程中的短期活动和影响比长期活动的调整更为了解，更有见地	寻求关于后勤、日程安排以及减少实施者工作时间和工作量等管理方面的信息	对实施变革的管理和后勤问题进行讨论。为了减少实施变革过程中的管理、后勤和流动问题，与他人共享一些资源和资料	检查自己实施变革的状况，主要关于后勤管理、时间安排、资源供给以及当事人反馈等问题	为进一步实施变革制定计划，包括如何组织和管理资源，开展活动。计划内的变化主要涉及管理和后勤服务方面的问题	主要是针对个人在实施变革的时候所付出的努力，来汇报有关后勤服务、时间安排、管理、资源等内容	以不同的效率来管理变革实施情况。通常不会对实施的即时效果进行预测，实施者对变革的反应和行动通常彼此地滞后。如果在实施上出现变动和调整，主要是后勤服务和管理方面的问题
决策点 D-1　形成了实施变革的稳定模式。可能会根据当事人的需求定期对变革进行某些调整，但是在实施模式之外，不会马上发生变化							
层次IVA　常规化 在该层次，变革实施稳定、常规化，几乎不对实施进行任何调整。很少准备或思考如何继续根据变革实施的实施效果来实施变革	对实施长期和短期变革的要求都比较了解，而且还知道该如何以最小的压力来实施变革	由于变革实施已经常规化，因此不再专门且还花时间去查找如何继续实施变革所需要的信息	向别人描述变革的状况，但几乎不提任何有关变革实施方式、改变变革实施方式的问题	评估活动一般限于管理层面，极少为改变实施方式而去关注一些新的发现	任为短期和长期行动制定计划的时候，很少考虑到将来一些新的在实施变革的时候会有什么变化。主要针对资源、人事的常规使用和安排来制定计划	汇报的内容主要是个体对自己实施变革的状况表示满意，几乎没有出现实施变革的什么问题	变革实施得十分顺利，管理上遇到的问题极少；随着时间的延续，实施方式几乎没有什么变化

续表

变革实施水平层次和决策点的界定	知识	获取信息	分享	评估	计划	观点陈述	执行状况
决策点 D-2 为了提高当事人的成就，根据一些正式或非正式的评价来调整变革的实施状况。而且这些调整很快就会出现							
层次ⅣB 精致加工 在该层次，实施者不断调整变革的实施状况，希望能在力所能及的范围内增强自己对变革的影响。其根据自己对变革的短期、长期效果的了解来调整变革的实施	了解变革对当事人的认知和情感方面的影响，并且知道如何增强变革对当事人的影响	为了影响当事人的成就，专门去寻找变革实施状况的信息和资料	与别人讨论自己是如何为提高当事人的成就而调整变革的实施方法的	根据一些正式或非正式的评价来提高当事人的成就，对变革的实施状况进行评估	制定短期和长期的计划，来对改变当前的实施方法进行提高当事人成就所可能需要取得的调整	汇报的内容主要是实施者为了提高当事人的成就，在实施变革上所做的调整和必需的措施、资源和活动进行预测	为了最大限度地提高当事人的参与程度和优化他们的成就，对现有变革实施方法的各种替换方案进行研究和实验
决策点 E 根据同事实施变革的状况以及与其相互协调的过程中所获得的新信息，对自己实施变革的方法进行新调整							
层次Ⅴ 整合 在该层次，实施者把自己实施变革的努力和同事的相关活动结合起来，争取在他们力所能及的范围内对当事人产生一种集体的影响	实施者知道该如何把自己实施变革的努力和同事的相关活动结合起来，对当事人产生一种集体的影响	为了在实施变革的过程中与其他同事进行合作，实施者会去寻找合作，对当事人产求意见	讨论如何通过与他人合作来提高实施者的成就	根据当事人的成就及整合实施的状况及整合实施者在合作实施的优点与缺点，对合作实施变革的时间情况进行评估	为了与其他实施者合作实施变革以提高当事人的影响，对具体计划出合作实施需要采取哪些行动	主要汇报自己在整合实施变革时与其他合作者在合作上所投入的时间、行动等，在与他人合作时的候，对原先变革的实施方式进行调整和改变
决策点 F 开始探究目前正在被实施的变革的替代方案，或对其做重大调整							
层次Ⅵ 更新 在该层次，实施者重新评价变革的实施质量，并努力尝试重大调整，或采取另一种方法来实施变革，以提高其实施结果的质量。产生更大的影响，并研究该领域的最新发展动态，为自己和整个系统探索新的发展目标	知道有替代方案可以用来替换或调整目前正在被实施的变革，或采取一种方法来实施变革，以提高实施结果的质量	寻找作为替代方案的变革的信息和资料，或做重大调整信息	针对当前变革方案大调整或替换进行讨论	对变革实施中的重大调整或替换方案的益处和弊端进行分析	为了改进或替换变革，对各种调整、修改活动进行计划	主要汇报对变革实施考虑做哪些重大调整	为了提高当事人的成就，尝试发展一种更为有效的方式，研究能够与当前变革进行整合或替换现有变革的一些方案

附录7　翻译专业课程实施效果访谈提纲（学生）

1. 你认为 C 校翻译专业的课程有哪些优点？有哪些缺点？
2. 你认为 C 校教学管理方面有哪些优点？有哪些缺点？
3. 你认为 C 校的教学资源够用吗？
4. 你认为 C 校的师资有哪些优点？有哪些不足？
5. 你认为 C 校的翻译实践教学如何？
6. 你认为 C 校的社会实践活动如何？文化生活如何？
7. 你认为在学校四年专业上最大的收获是什么？
8. 你认为在学校四年最怀念的是什么？觉得遗憾的是什么？

附录8　翻译专业课程实施效果访谈提纲（用人单位）

1. 您认为 C 校的学生在实习期间，他们专业能力表现如何？有何优点？有何不足？
2. 除专业能力以外，您认为其他方面的能力如何？有何优点？有何不足？
3. 从职业工作的要求看，您认为我们学生应加强培养哪些方面的能力？
4. 您对我们翻译专业有何改进建议？
5. 您对我们翻译院校与企业的合作有何建议？